浙江省高职院校"十四五"重点立项建设教材

高等职业院校新形态通识教育系列教材

课版

# 中华传统文化

唐丽　谢力　李红丽◎主编

甘婷◎副主编

人民邮电出版社

北　京

图书在版编目（CIP）数据

中华传统文化：微课版 / 唐丽，谢力，李红丽主编.
北京：人民邮电出版社，2025. -- （高等职业院校新形态通识教育系列教材）. -- ISBN 978-7-115-67730-3

Ⅰ．K203

中国国家版本馆 CIP 数据核字第 2025PZ0502 号

## 内 容 提 要

　　本书以培养读者的传统文化素养为核心，重点介绍了与当代生活密切相关的中国古代哲学、中国古代生活、中国古代科技和中国传统艺术等内容，向读者普及中华优秀传统文化，从而提高其道德素养、文化素养和创新素养。本书共五大专题，以"任务驱动"教学法编排内容。同时，本书依托浙江省精品在线开放课程，在各个专题内附多个微课视频，以拓宽读者的学习空间。通过对本书的学习，读者不仅能够理解中华优秀传统文化知识，而且能够掌握中华优秀传统文化的精髓，并将其运用到实际生活中，从而实现传承和弘扬中华优秀传统文化的目标。

　　本书可作为中、高等职业院校的通识课程教学用书，以提升广大青年学生的综合人文素养；也可作为面向社会读者的通识文化读本，向广大社会读者普及中华优秀传统文化知识，以帮助其形成对中华优秀传统文化的系统认识，为传承和弘扬中华优秀传统文化打下坚实的基础。

◆ 主　　编　唐　丽　谢　力　李红丽
　　副主编　甘　婷
　　责任编辑　姚雨佳
　　责任印制　王　郁　彭志环
◆ 人民邮电出版社出版发行　　北京市丰台区成寿寺路 11 号
　　邮编　100164　　电子邮件　315@ptpress.com.cn
　　网址　https://www.ptpress.com.cn
　　三河市中晟雅豪印务有限公司印刷
◆ 开本：787×1092　1/16
　　印张：13.75　　　　　　　　　　2025 年 6 月第 1 版
　　字数：320 千字　　　　　　　　2025 年 6 月河北第 1 次印刷

定价：59.80 元
读者服务热线：(010)81055256　印装质量热线：(010)81055316
反盗版热线：(010)81055315

# 前言

中华优秀传统文化博大精深，积淀着中华民族最深沉的精神追求，是中华民族独特的精神标识，对延续和发展中华文明、促进人类文明进步有着重要作用。青年是国家和民族的未来。在新时代的发展过程中，青年是不可或缺的力量。青年要成长为"立大志、明大德、成大才、担大任"的时代新人，离不开中华优秀传统文化的滋养。为深入落实中共中央办公厅、国务院办公厅发布的多个关于加强中华优秀传统文化教育的文件的精神，推动中华优秀传统文化创造性转化和创新性发展，根据教育部有关高等教育人才培养的要求，编者特编写本书，以向广大青年学生普及中华优秀传统文化知识，使其了解中国的历史与文化，坚定理想信念，提高道德素养、文化素养和创新素养，并传承中华优秀传统文化。

中华优秀传统文化的内容丰富多样，本书重点选取思想、生活、科技、艺术等方面的内容，介绍中华优秀传统文化。本书共5个专题，分别为：专题一"中华传统文化总览"，介绍文化、中华传统文化等基础知识；专题二"睿智的哲理：中国古代思想"，着重介绍中国古代的哲学思想，如儒家、道家、法家、墨家四大学派及其思想等内容；专题三"绚丽的生活：中国古代生活"，介绍中国古代的生活方式，包括服饰、饮食、节日、礼仪、体育等方面的内容；专题四"超群的智慧：中国古代科技"，介绍中国古代的科学技术，包括农学、天文学、理学和工艺学等方面的内容；专题五"璀璨的星空：中国传统艺术"，介绍中国古代的艺术，包括书法、绘画、雕塑、音乐、建筑和文学等方面的内容。

在编写本书的过程中，编者积极探索与创新，力求使本书具有科学性、新颖性和实用性，能够使学生认同中华优秀传统文化，坚定文化自信，从而担负起弘扬和传承中华优秀传统文化的使命。本书具有以下特色。

## 一、编写体例创新

本书的编写注重知行合一，突出学生的主体地位。本书根据"任务驱动"教学法的要求编排内容，每个专题遵循"从感性认识到理性认识再到应用融通"的逻辑顺序，均按启（"金句启学""任务清单"）、学（"溯文之源""文以培元"）、行（"文化漫谈""文以践行"）3个层次展开。首先，以"金句启学"激发学生的学习兴趣，"任务清单"列明了学生在每个专题中应完成的各项任务，明确了学习目标，能满足学生的自主探究式学习需求。其次，以"溯文之源"使学生了解现代生活中涉及的与专题相关的内容，通过"文以培元"系统地介绍专题理论知识，并在其中嵌入"文化名片""微课""文以立心"等模块以丰富学生的学习体验。最后，付诸实践，知行合一，以"文化漫谈"拓展专题内容，在"文以践行"中体现了"做中教，做中学，做中求进步"的职业教育特色，该模块设计的创新性实践活动不仅能激发学生探索创新的欲望，培育其创新精神，而且可以提升其团队协作能力。

## 二、素质教育方式创新

为发挥好课程的育人作用，本书在编写时紧紧围绕学生的素质教育。本书的"金句启学""文以立心""文以践行"模块将素质教育贯穿整个学习过程，围绕家国情怀、文化素养、道德修养、法治意识、职业素养等重点内容优化素质教育内容。每一任务下设"文以立心"模块，以提升学生的道德素养和人文素养，厚植学生的家国情怀，力求实现以文育人、以文化人、以文铸魂。素质教育融入点如表1所示。

表 1　素质教育融入点

| 素质教育元素 | 本书专题 | 素质教育融入点 | 文以立心 |
|---|---|---|---|
| 文化自信 | 专题一　中华传统文化总览 | 文化的特点 | 中华文明突出的连续性 |
| | | 中华传统文化对世界的影响 | 东学西渐 |
| | 专题三　绚丽的生活：中国古代生活 | 汉服文化 | 中国华服日 |
| 家国情怀 | 专题一　中华传统文化总览 | 中华传统文化的基本精神 | 范仲淹有志于天下 |
| | 专题五　璀璨的星空：中国传统艺术 | 汉字形体的演变 | 保护传承甲骨文 |
| | | 中国古代散文 | 柳宗元的担当精神 |
| 全球视野 | 专题二　睿智的哲理：中国古代思想 | 道家思想的影响 | 天人合一理念 |
| | | 墨家思想的核心内容 | 墨子的思想对构建人类命运共同体的启示 |

| 素质教育元素 | 本书专题 | 素质教育融入点 | 文以立心 |
|---|---|---|---|
| 文化素养 | 专题三 绚丽的生活：中国古代生活 | 中国古代礼仪的价值 | 传统礼仪与时俱进 |
| | 专题五 璀璨的星空：中国传统艺术 | 中国古代诗歌 | 境界说 |
| 道德修养 | 专题一 中华传统文化总览 | 中华传统文化对中国人的影响 | 怀素蕉叶学书 |
| | 专题二 睿智的哲理：中国古代思想 | 儒家思想的主要特征 | 君子的人格魅力 |
| | 专题三 绚丽的生活：中国古代生活 | 酒文化 | 酒德 |
| | | 中国传统节日 | 传统节日与敬老爱老 |
| | | 中国传统体育项目 | 君子无所争，必也射乎 |
| | 专题五 璀璨的星空：中国传统艺术 | 中国书法艺术的发展历史 | 字如其人 |
| 法治意识 | 专题二 睿智的哲理：中国古代思想 | 法家思想的现代价值 | 法家的"法治"精神 |
| 科学精神 | 专题四 超群的智慧：中国古代科技 | 古代的农学家 | 实事求是的贾思勰、严谨求实的宋应星 |
| | | 古代的天文学家 | 崇尚创新的苏颂 |
| | | 古代的地理学家 | 追求真理的赵友钦 |
| 职业素养 | 专题四 超群的智慧：中国古代科技 | 织绣工艺 | 勤劳且富有智慧的黄道婆 |
| | 专题五 璀璨的星空：中国传统艺术 | 中国古代山水画 | 独具匠心的"米家山水" |
| | | 中国古代雕塑的发展历程 | 秦始皇兵马俑 |

### 三、内容具有时代性、可读性和丰富性

本书内容具有时代性，有机地融入当代生活元素，如"溯文之源"模块着力引导学生了解现代生活中的中华优秀传统文化。本书内容具有可读性，采用图文并茂的方式，把中华优秀传统文化的精髓用通俗易懂的语言和生动的图片呈现出来，易教、易学、易懂。本书内容具有丰富性，紧跟"互联网＋"潮流，依托浙江省精品在线开放课程（其中有微课视频 44 个，拓展资源 32 个，各类题目 442 道）制作，学生可通过后文所述方法在互联网获取上述资源；教师可在线答疑、在线选题、发布任务、智能批改，并查看学生的学习分析报告，从而提高教学效率。

学生可以通过 PC 端进入"浙江省高等学校在线开放课程共享平台"或智慧职教平台获取本课程资源，注册登录后搜索课程"中华传统文化"，即可开始学习或获取资源。

本书由嘉兴南洋职业技术学院唐丽担任第一主编并统稿，谢力为第二主编，李红丽为第三主编，甘婷为副主编，甘佳莉、吴晓琼参与编写。专题一由唐丽编写，专题二由李红丽编写，专题三由谢力编写，专题四由甘婷编写，专题五任务一、任务六由唐丽编写，任务二、任务三由甘佳莉编写，任务四、任务五由吴晓琼编写。在编写过程中，编者参阅了大量资料，在此向这些资料的作者表示衷心的感谢。

由于编者水平有限，书中难免存在疏漏和不足之处，诚请广大读者批评指正。

编　者
2025 年 6 月

中华传统文化（微课版）

4

# 目录

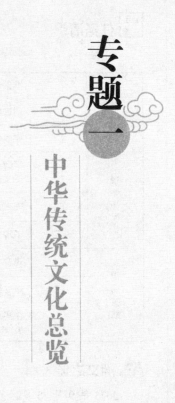

专题一

中华传统文化总览

金句启学

　　文化是民族生存和发展的重要力量。"'求木之长者，必固其根本；欲流之远者，必浚其泉源。'中华优秀传统文化是中华民族的精神命脉，是涵养社会主义核心价值观的重要源泉，也是我们在世界文化激荡中站稳脚跟的坚实根基。""增强文化自觉和文化自信，是坚定道路自信、理论自信、制度自信的题中应有之义。"中华优秀传统文化是中华民族智慧的结晶，它历经岁月的洗礼延续至今，滋养着一代又一代中华儿女。作为新时代的中国人，特别是青年学生，有责任肩负起传承和弘扬中华优秀传统文化的神圣使命。让我们走近中华优秀传统文化，了解中华优秀传统文化，从中汲取养料，为传承中华优秀传统文化和发展社会主义新文化作出应有的贡献。

##  任务清单

完成一项学习任务后，请在对应的方框中打钩。

| 课前预习 | ☐ | 准备学习用品，预习课本知识 |
|---|---|---|
| | ☐ | 通过网络搜集有关文化、中华传统文化的资料 |
| | ☐ | 完成每一任务下的分项任务，准备进行课堂分享 |
| 课堂学习 | ☐ | 了解并掌握文化、中国文化与中华传统文化的基本内涵，能够区分不同语境下文化的意义，能够厘清三者间的内在联系 |
| | ☐ | 理解并掌握中华传统文化的基本精神，厚植家国情怀，传承中华优秀传统文化 |
| | ☐ | 了解中华传统文化的形成及影响 |
| 课后实践 | ☐ | 观看本专题中的微课，并完成任务分配表 |
| | ☐ | 能够结合课上所学知识，发现并记录自己身边的中华传统文化 |
| | ☐ | 在实践中，能够与同学友好沟通，主动参与合作，用微视频的形式呈现自己身边的中华传统文化 |

## 溯文之源

2023 年 9 月 23 日，第 19 届亚洲运动会开幕式在浙江杭州揭开神秘面纱，满满的东方文化元素"刷屏"现场。东道主中国以绵延 5000 年的文化印记，向八方宾朋展现了一场体育盛会如何牵手"中国式浪漫"，一个文明古国如何在守正创新中彰显文化自信。

此次亚运会开幕式以文化为底色，融科技之力与艺术之美，绘出满是中华优秀传统文化意韵的动人画卷。

在运动员入场仪式上，展示国家名称的花窗背景镶嵌着梅、兰、竹、菊图案，中心场地不时切换梅、兰、竹、菊的精致刺绣纹样。作为中国传统绘画中的常见题材，梅、兰、竹、菊也被称作"四君子"，是千古仁人志士追求的风骨所在。这一设计以君子之风迎八方来客，为"同住亚细亚"的广阔胸怀添上生动注脚。

中华文化源远流长，实证中华 5000 年文明史的良渚文化在开幕式中多次亮相。在迎宾表演《水润秋辉》中，演员们所击之鼓以良渚玉琮为原型，传递来自远古的呼唤，以良渚之光交映秋分之辉。在短片《相约杭州》中，良渚少女与现代少年跨越时空同频共振，展现出"爱达未来"的古今相融瞬间。

此次开幕式聚焦秋分与桂花、水与潮、宋韵与诗词 3 组文化元素，将东方美学娓娓道来。

（节选自张煜欢、鲍梦妮《从风雅颂歌到梅兰竹菊，亚运开幕式彰显文化自信》，有删改）

## 思考讨论

中华传统文化底蕴深厚，意蕴悠远。近年来，中国在举办一些世界级赛事时，都会有机融入中华优秀传统文化元素，彰显出中国人日益增强的文化自觉和文化自信。除了第 19 届亚洲运动会开幕式，你还知道有哪些类似的赛事吗？你认为还可以通过哪些方式来增强文化自信？

## 任务一　理解文化与中华传统文化

**【分项任务1】**

1. 搜集两条关于文化概念的定义，并简要陈述选择它们的理由。

2. 搜集中华优秀传统文化的代表性成就，以"中国传统十大××"（如中国传统十大绘画）为主题制作一张数字海报。

3. 搜集体现中华传统文化精神的经典故事。

### 一、文化的内涵

人生活在文化中。文化使不同的国家有了自己的辨识度，文化使人们具备千差万别的个性、气质、情操，文化使人们树立起各种各样的人生观、价值观。文化是一个综合的概念，人们对于其内涵的界定各不相同，要想了解文化的内涵，有必要先厘清文化的词源。

#### （一）文化的词源

文化既是中国古已有之的概念，又是一个在近代被赋予了新含义的词。在中国古代，单音节词占优势，至少在西汉之前，"文"与"化"还是独立的两个字。

**1. "文"的释义**

"文"最初指动物身上的纹理、器物上的纹样，也指各种事物的颜色混杂在一起。许慎的《说文解字》对"文"的释义为："错画也，象交文。"《易传·系辞下传》中说："物相杂，故曰文。"因此可以看出"文"的本义是指各种各样交错的纹理，后引申出包括文字在内的各种象征符号、各种典章制度和礼乐制度、彩画、装饰；文也有个人修养之义，与"质""实"相对，如《论语·庸也》中说："质胜文则野，文胜质则史。文质彬彬，然后君子。""文"还指人的品质，如美德和善行，如《礼记·乐记》中说："礼减而进，以进为文。"郑玄将"文"注为："犹美也，善也。"

**2. "化"的释义**

"化"最初是指改易、生成、造化，如《易传·系辞下传》中说："男女构精，万物化生。"《庄子·逍遥游》中说："化而为鸟，其名为鹏。"《礼记·中庸》中说："可以赞天地之化育。"后由此引申出"教行迁善"之义。

**3. "文化"的释义**

"文"与"化"并用始于《周易·贲卦·彖传》："刚柔交错，天文也；文明以止，人文也。观乎天文，以察时变；观乎人文，以化成天下。"天文，指天道自然规律；人文，指人伦社会规律，即社会生活中人与人之间纵横交织的关系，如君臣、父子等。此处"文"与"化"并用，可以理解为：治国者须观察天文，以明了时序之变化；又须观察人文，使天下之人均能遵从文明礼仪。虽然"文"与"化"未连接成词，但"人文"与"化成天下"

紧密联系，"文治教化"的思想已十分明确。

"文"和"化"合为一词，最早出现在《说苑·指武》中："圣人之治天下也，先文德而后武力。凡武之兴，为不服也，文化不改，然后加诛。"这里的"文化"是指以礼乐典章制度为依据教化臣民，明确了"文治教化"的含义。中国古代的"文化"一词更强调行为过程，即用"道德、哲学思想、艺术"等"文"去教化、消除野蛮。它往往与"武力""武功"相对，如《昭明文选》中说："言以文化辑和于内，用武德加于外远也。"这反映出中国古人治理社会的方法和主张。"文化"的词源演变如右图所示。

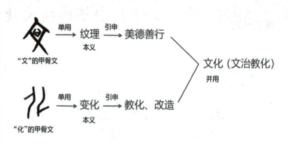

● "文化"的词源演变

当前，"文化"一词具有更丰富的内涵与外延，但人们对于"文化"的概念基本达成了共识。根据对"文化"内涵的不同理解，可将文化分为广义文化和狭义文化。《辞海》对"文化"的解释是："广义指人类社会的生存方式以及建立在此基础上的价值体系，是人类在社会历史发展过程中所创造的物质财富和精神财富的总和。文化可分为3个层面：①物质文化，指人类在生产生活过程中所创造的服饰、饮食、建筑、交通等各种物质成果及其所体现的意义；②制度文化，指人类在交往过程中形成的价值观念、伦理道德、风俗习惯、法律法规等各种规范；③精神文化，指人类在自身发展演化过程中形成的思维方式、宗教信仰、审美情趣等各种思想和观念。狭义指人类的精神生产能力和精神创造成果，包括自然科学、技术科学、社会意识形态。"

### （二）文化的特点

文化是一个复杂的整体，具有为一个群体、一个社会乃至全人类共享的特性。但人类的活动是在不同的时间、不同的地域和不同的社会环境中进行的，这又使文化具有差异性。对文化的共性和差异性进行归纳，可以发现文化主要具有以下特点。

**1. 社会性**

文化的社会性是指文化与人类社会密切相关，它是人类社会活动的必然结果，是人们在共同的认识、生产和相互评价过程中形成的。它是人类社会共同创造的，反映了人类社会的历史、传统和价值观念。文化的存在以人类社会的存在为前提，文化的发展也与社会的发展方向息息相关。自然存在物及其运动不是文化，如山川河流、日月星辰本身都不是文化，但人类根据它们创造出来的历法、文学以及其他事物却是文化。比如中国是茶的故乡，中国的茶文化源远流长，中国人通过沏茶、赏茶、闻茶、饮茶、品茶等流程，赋予茶特定的文化内涵和礼仪内涵，形成了具有鲜明的中国文化特征的文化现象。

**2. 时代性**

文化的时代性是指文化在不同的时代会被打上不同时代的烙印。文化作为特定群体共享的价值观念、共同信仰、思维方式和生活方式，总是随着时代的变迁而不断发展。例如，人类历史上先后出现过奴隶制文化、封建文化、资本主义文化和社会主义文化等。文化的时代性包括传承和变异两个方面的内容。文化的传承表现为文化经过积累和较长时间的发展，会不断延续下去。文化的传承相对稳定和持久，是一个动态的历史过程。例如，中国文化是绵延不绝的、具有极强生命力的文化体系，它历尽沧桑，饱受磨难，于跌宕起伏中传承不辍。文化的变异是指文化不是静止不动的，而是处于变化中的，会随着文化交流与融合而不断发展。例如，博大精深的中国文化是在一次又一次的文化交流和文化融合高潮中逐渐形成的。

**文以立心**

中华文明具有突出的连续性。中华文明是世界上唯一绵延不断且以国家形态发展至今的伟大文明。这充分证明了中华文明具有自我发展、回应挑战、开创新局的文化主体性与旺盛生命力。深厚的家国情怀与深沉的历史意识，为中华民族打下了维护大一统的人心根基，成为中华民族历经千难万险而不断复兴的精神支撑。中华文明的连续性，从根本上决定了中华民族必然走自己的路。如果不从源远流长的历史连续性来认识中国，就不可能理解古代中国，也不可能理解现代中国，更不可能理解未来中国。

### 3. 民族性

文化的民族性是指由于受到各民族特定群体的价值观念、共同信仰、思维方式和生活方式等的影响，文化呈现出不同的民族特色。文化是每一个民族生存和发展的重要基础。各民族间经济、政治、历史、地理的因素存在差异，而这些差异使各民族由此产生和发展起来的文化存在差异。每个民族形成的独特文化是世界文化不可缺少的组成部分。不同的民族即使处于同一时代，其文化也各有特色，比如在中国这片广袤的土地上，就出现了世代生活在草原地区的少数民族创造出的游牧文化和世代生活在中原腹地的汉族在长期农业生产中形成的农耕文化。

## 二、中国文化与中华传统文化

中国文化是与外国文化相对的概念，是中华民族在中国这片土地上，根据自己的美学或哲学观点与思维模式，在不断认识自我、改造自我、认识自然和改造自然的过程中创造与积累的全部文明成果，包括独具特色的语言文字、惠及世界的科技工艺、精彩纷呈的文学艺术、充满智慧的哲学思想等内容。

**文化名片**

**何尊**

何尊是西周早期一名叫何的贵族铸造的一件青铜酒器，1963年出土于陕西省宝鸡市，通高38.8厘米，口径28.8厘米，底纵19.8厘米，底横20.2厘米，重14.6千克。尊为圆口方体，圆口外侈，通体饰4道透雕的扉棱，造型典雅庄重，方圆相继，富有变化。尊上颈部饰以兽形蕉叶纹和蛇纹，腹部及圈足饰饕餮纹，饕餮巨目利爪，粗大的卷角翘出器面；纹饰采用高浮雕与地纹相结合的表现手法，繁复华丽。其内底铸铭文12行，约122字，现存119字（破洞处损泐约3字），尤为珍贵。其中，"宅兹中国"更是"中国"一词最早的文字记载。

● 何尊

文化是发展的，从历时角度看，中国文化既包括产生于农业时代的传统文化，也包括近现代文化。中华传统文化是中华民族在中国古代社会形成和发展起来的比较稳定的文化，是中华民族智慧的结晶，也是先辈传承下来的丰厚的历史遗产，记录了中华民族和中国文化产生、演化的历史。中华传统文化是一个博大精深的体系，包括哲学思想、价值取向、道德情操、生活方式、礼仪制度、风俗习惯、宗教信仰、文学艺术、教育科技等诸多层面的丰富内容。本书重点介绍的中华传统文化主要包括中华传统文化的精神，以及中国古代的哲学思想、生活方式、科学技术和艺术创造等方面。

微课

中华传统文化的内涵

### 三、中华传统文化的基本精神

中华传统文化源远流长，虽历尽沧桑、饱经忧患，却薪火相传、生生不息，一个非常重要的原因是中华传统文化的基本精神一脉相承。中华传统文化的基本精神实际上就是中华民族精神。中华传统文化的基本精神众多，由于篇幅原因，此处仅介绍以下3种基本精神。

### （一）胸怀天下的爱国精神

在中华传统文化发展的历史长河中，爱国主义传统源远流长。胸怀天下的爱国精神就是忧国忧民、关心国家和人民命运的高尚情操。古往今来，胸怀天下的爱国精神体现在许多人身上，他们因为身份的不同、时代的不同，有不同的爱国表现，有的保持气节、虽死犹荣，有的保家卫国、抵御外辱，有的忧国忧民、为民请命，有的勇于创新、振兴中华，等等。屈原用自己的生命践行爱国誓言；陆游一生都在为国思虑，临终还写下了令人泪目的《示儿》；文天祥在国家生死存亡之际，不怕牺牲，被俘后保持气节，留下了"人生自古谁无死，留取丹心照汗青"的千古名句。爱国精神是中华民族精神的核心，积淀着中华民族最深层的精神追求，在 5000 多年的历史长河中，激励着一代又一代仁人志士，铸造了一座又一座历史的丰碑。中华民族之所以能够经受住无数难以想象的风险和考验，始终保持蓬勃的生命力，与中华民族深厚的爱国主义传统密不可分。

**文以立心**

范仲淹二岁而孤，家贫无依。少有大志，每以天下为己任，发愤苦读，或夜昏怠，辄以水沃面；食不给，啖粥而读。既仕，每慷慨论天下事，奋不顾身。乃至被谗受贬，由参知政事谪守邓州。仲淹刻苦自励，食不重肉，妻子衣食仅自足而已。常自诵曰："士当先天下之忧而忧，后天下之乐而乐也。"

### （二）仁者爱人的人本精神

中华传统文化始终强调以人为本，并将天、地、人并列，以人为宇宙的中心，认为人是万物之本，强调要尊重生命，并以此建立自己的价值体系。中华传统文化的人本精神在政治上体现为"以民为本"，即民本思想。中国历史上，民本思想源远流长，从春秋战国时期一直到封建社会末期的进步思想家、政治家几乎都主张和宣传民本思想，渐渐地，民本思想成了中华传统文化的重要组成部分。《尚书·泰誓上》中就有"惟天地万物父母，惟人万物之灵"的记载；到春秋时期，管仲更是明确提出了"夫霸王之所始也，以人为本。本治则国固，本乱则国危"的治国理念；在先秦时期，无论道家还是儒家，都提出了以人为本的思想。老子说："故道大，天大，地大，人亦大。域中有四大，而人居其一焉。"天和地是宇宙，道是宇宙的本体，而人与道、天、地并列为"四大"，可见人的地位之崇高。《论语·乡党》记载了孔子的经典故事："厩焚。子退朝，曰：'伤人乎？'不问马。"孔子先问人不问马，充分彰显了其对人的重视和以人为本的理念。正是基于对人的尊重，孔子提出了仁者爱人的思想，他赋予"仁"这个概念丰富的伦理含义："仁者爱人""克己复礼为仁"。儒家对人的关爱反映在国家的治理上，就是执政为民。孟子提出了"民为贵"的思想："民为贵，社稷次之，君为轻。"用现在的话说，就是人民至上。因为有了人民，国家和君主才有存在的理由和必要。中华传统文化的人本精神，关注现实人生，强调对人的关怀、对现实人生的重视，以及对人格完善的追求。

### （三）天人合一的和谐精神

天人合一思想是中华传统文化的主要精神之一，它在几千年的历史流变中，不但塑造了中国人普遍持久的和平心理，而且对于今天人类追求和平、发展以及社会和谐仍具有重要启迪作用。"和"是中国古代哲学的一个重要范畴，它不仅是一种思想观念，也是中华民族的基本精神。中华民族一直秉承"和而不同"的处世原则，推崇"协和万邦"的社会理想。中国古代的思想家主张天人合一，他们把天地万物视为一个有机联系的整体，认为人与万物只有和谐相处，才能得到发展并生生不息。人不是万物的主宰，而应实现天人协调。张载在《西铭》一文中基于前人"天人为一"的说法，提出了"民吾同胞，物吾与也"的命题，指出天地万物本来就是一个和谐的宇宙家庭，人与人是兄弟，人与物是朋友，应该亲密无间，共存共荣。传统的和谐思想对国家的统一、民族的团结、经济的发展、社会的安定、文明风尚的养成、人才的造就、政德政风的淳化等起到了重要的促进作用。时至今日，"和为贵""和气生财""家和万事兴"等饱含传统文化意蕴的用语仍经常出现在我们的日常生活中。

微课

"和而不同"

## 任务二　了解中华传统文化的形成及影响

**【分项任务2】**

1. 用思维导图归纳中华传统文化形成的独特条件。
2. 以"中华传统文化对于世界文明发展的推动作用"为主题，分组召开小型讨论会。

### 一、中华传统文化的形成

中华传统文化传承至今，已有5000多年的历史，其间经历了朝代的更替，但始终绵延不绝。中华传统文化的连续性和持久性是整个人类文明史上独有的。这与其形成过程中受到的地理环境、经济环境和制度环境等因素的影响密不可分。中华传统文化产生的背景独具特色：地理环境上是一个相对独立而广袤的大陆型国家；经济环境上是以农业为主的自给自足的自然经济；制度环境上是以血缘为基础的宗法制度和封建专制主义中央集权制度。这些都是中华传统文化形成和存在的基础。下面仅介绍经济环境和制度环境。

#### （一）中华传统文化形成的地理环境与经济环境

文化总与地理、经济紧密相连。源远流长的中华传统文化的形成、发展与中国的地理环境、经济环境密不可分。独具特色的地理环境孕育了中华民族以农耕经济为主体的经济生产模式。早在新石器时代，中国就已经出现了农业文明的痕迹，其中最具代表性的是发源于黄河流域的仰韶文化和长江流域的河姆渡文化等。黄河流域因其发达的农业成为中国上古时代的政治、经济和人文中心。

中国传统社会的经济是农业与家庭手工业相结合的小农经济，其生产目的主要是自给自足，但也有少量的交换。在中国古代社会中，自给自足的自然经济占据统治地位。自先秦以来，历代统治者都将农业生产作为立国之本，这大大促进了农业文明的发展，为中华传统文化的产生和发展提供了经济基础。

文化名片

### 河姆渡文化

河姆渡文化，是世界著名的新石器时代遗址，它是长江流域及其以南地区的东南江海文化的先驱。因浙江省余姚市河姆渡镇河姆渡村遗址发掘最早，故称之为河姆渡文化。它主要分布在杭州湾南岸宁波绍兴平原和舟山群岛一带。经科学的方法测定，它的存续年代为公元前5000年至公元前3300年。1973—1974年和1977—1978年进行的两次考古发掘，出土了骨器、玉器、陶器等各种材料制成的生产工具、生活器具、原始艺术品等文物6700余件，还发现了大量的人工栽培稻谷、大批干栏式木构建筑构件和丰富的动植物遗存。

● 河姆渡遗址考古发掘现场旁的石碑

## （二）中华传统文化形成的制度环境

文化是一种人类社会特有的现象，而人类只有形成一定的社会结构，方能创造并发展文化。中国古代的社会政治结构以血缘宗法制度为核心，在血缘宗法制度演变发展的过程中，中华传统文化无不带有这一制度的痕迹。

所谓血缘宗法制度，就是以血缘关系的远近亲疏来区别高低贵贱的制度。血缘宗法制度源于氏族社会家长制家庭公社成员间的血缘关系。

作为一种庞大、复杂却又井然有序的血缘政治社会构造体系，血缘宗法制度是在古代社会宗族普遍存在的基础上形成的。其实质是族长对整个宗族或成员实行家长式的统治。这一制度绵延数千年而不变，构成了中国传统社会的一大基本特征。这种制度的特殊性在于，其上与国家权力结合，下与每个宗族成员联系。

血缘宗法制度规定，社会的最高统治者是"天子"，即天帝的长子，奉天承运，治理天下土地和臣民。从政治关系而论，天子是天下共主；从宗法关系而论，天子是天下大宗。天子之位由天子的嫡长子继承，世代保持大宗地位。嫡系非长子和庶子则被封为诸侯，他们相对天子为小宗，但在各自封侯的地区又为大宗，其位由嫡长子继承，诸侯其余的儿子封卿大夫。卿大夫以下，大、小宗关系依据上例。由此可以看出血缘宗法制度的基本内容为：嫡长子继承制、分封制等。具体如右图所示。

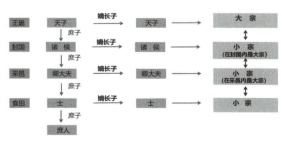

● 血缘宗法制度示意图

在血缘宗法制度下，"家族－宗族"是以血缘关系为纽带、以尊崇秩序为内核的政治、经济和道德的共同体。族权与政权结合，"家国同构""君父一体"，个体被纳入宗法集体，个体必须服从宗法集体。这种制度促进了人与人之间的联系，维护了尊老爱幼、夫妻相敬、兄弟相亲的家庭美德，具有维系国家与社会秩序的功能；同时，对国民性格的塑造也有着深刻的影响，比如中国人的血缘观念十分浓厚，重视传统、崇拜祖先、注重族系延续等。

## 二、中华传统文化的影响

中华传统文化历经千年，积淀了丰厚的底蕴，在其形成和发展过程中对中国及世界产生了深远的影响。

### （一）中华传统文化对中国人的影响

中华传统文化对我国的影响是多方面的，而其中最主要的方面体现在对中国人的影响上。中华传统文化对中国人的影响主要在于塑造了中国人诸多优良的品德。

#### 1．勤劳俭朴

中国人向来以勤劳勇敢、吃苦耐劳著称于世。《尚书·周书·周官》中写道："功崇惟志，业广惟勤。"这体现了对劳动的肯定和赞美。中国人依靠勤劳和智慧创造了举世瞩目的灿烂文明，在建筑、科技、手工业、天文、地理等诸多领域都取得了灿烂辉煌的成就。万里长城、天文仪、龙门石窟、都江堰、大运河、素纱单衣、榫卯结构、记里鼓车等，无一不是凝聚着中国人的勤劳与智慧的伟大成果。中华传统文化中有诸多歌颂勤劳的神话，比如后稷因勤劳能干而被尧封赏土地等，无一不在勉励人们要勤劳勇敢、踔厉奋发。劳动的艰辛也促使中国人格外珍视自己的劳动成果，追求俭朴的生活，古代经典著作中对俭朴的阐释更是不胜枚举，如《左传》曰："俭，德之共也；侈，恶之大也。"不少家规家训也教导子女谨记勤劳之风，例如，被魏象枢赞誉为"天下第一清廉"的陆陇其，在治理嘉定期间，对于克己修身、节俭持家、清廉为官等方面有着独到的见解，著有《治嘉格言》一书，其中就有"勤俭在家，切勿贪吃，切勿生事坏法"的警句以示后人。另外，"奉公以勤，律身以俭""静以修身，俭以养德"等传世名言，都说明了中华民族具有勤劳俭朴的传统美德。

### 它山堰

它山堰，位于浙江省宁波市海曙区，与郑国渠、灵渠、都江堰合称"中国古代四大水利工程"，太和七年（833 年）由县令王元暐主持建造。它山堰是中国水利史上首次出现的用块石砌筑的重力型拦河滚水坝，至今所见它山堰长 134.4 米，堰顶宽 4.8 米，堰坡左右有石级，堰体用巨大条石砌成。该堰选址合理，设计科学，具有阻咸、灌溉、泄洪等功能。2015 年 10 月，在法国蒙彼利埃召开的国际灌溉排水委员会第 66 届国际执行理事会上，它山堰入选世界灌溉工程遗产名单。

它山堰历经千年仍巍然屹立，正是中国人勤劳智慧的结晶。

● 它山堰掠影

### 2. 忠心报国

中华民族有一种可贵的美德——忠心报国。很多忠勇之士把民族和国家利益置于至高无上的地位，这一深刻的社会责任意识是中华民族性格的重要体现。例如，屈原追求真理，吟唱"路漫漫其修远兮，吾将上下而求索"，始终把自己的人生理想和追求与对祖国的热爱融为一体；他"长太息以掩涕兮，哀民生之多艰"，关注国家兴衰、心怀百姓，他伟大的爱国主义精神激励了无数后来者。在历史的长河中，在民族危难之际，中华民族进行了英勇的反抗和奋争，涌现出文天祥、戚继光、郑成功等诸多可敬可爱的民族英雄，留下诸多可歌可泣的爱国故事，比如戚继光不仅组织"戚家军"英勇抗倭，让倭寇闻风丧胆，而且赋诗明志"封侯非我意，但愿海波平"，充分彰显了这一美德。

### 3. 崇尚和平

中华民族是崇尚和平的民族，中华传统文化从诞生之日起，就倡导和平的理念。在春秋战国诸子学说之中，"和"一直被推崇，"和"与"非攻"都是先秦诸子崇尚的核心思想。《论语·学而》中说："礼之用，和为贵。"自中华民族在秦汉时期实现大一统之后，"和"从价值层面跃升为治国理政的重要理念。儒家思想对于"和"的推崇，使"和"在后世2000多年的中华文明中始终占据着主要位置。中国人以"和"为标准处理内部矛盾，对待他国和其他民族也是如此。例如，郑和七下西洋，不侵占他族一寸土地；明清时期，远邦来朝，中国以礼相待且厚加馈赠。和平思想已深深地嵌入了中华民族的精神世界。

### 4. 注重礼仪

礼仪是人们在社会活动中按各自身份遵循的行为、规矩。中国自古即有"衣冠上国，礼仪之邦"的美誉，古人强调"不学礼，无以立"，人人都要学礼仪，要尊重他人、礼尚往来。礼仪早在三皇时期就形成了，神农时期便有了较为系统的礼仪，到了春秋时代，礼仪更加完善。《周礼》《仪礼》《礼记》完备地记载了中国古代的礼仪规范和制度。另外，礼仪也渗透到了中国社会生活的方方面面，政治权力关系、家族血缘关系、人际交往关系、婚嫁丧葬、迎宾待客、言行应对等，无一不有礼仪可循，这些礼仪体现着中华民族高尚的道德准则和人文理念，也是中华传统文化重要的组成部分。

## 5．重视亲情

农耕文化下，家是基本生产单位，"国之本在家"。中国人的家族意识，父母、兄弟等亲情与讲究亲疏的血缘关系，是中国社会的特色之一。"中华民族自古以来就重视家庭、重视亲情。家和万事兴、天伦之乐、尊老爱幼、贤妻良母、相夫教子、勤俭持家等，都体现了中国人的这种观念。'慈母手中线，游子身上衣。临行密密缝，意恐迟迟归。谁言寸草心，报得三春晖。'唐代诗人孟郊的这首《游子吟》，生动表达了中国人深厚的家庭情结。"只有处理好家庭关系，保证家庭关系和谐，才能维护国家的发展、民族的进步、社会的和谐。做人的根本在于孝敬父母，尊爱兄长，正如《论语·学而》中所说："其为人也孝弟，而好犯上者，鲜矣；不好犯上，而好作乱者，未之有也。君子务本，本立而道生。孝弟也者，其为仁之本与！"《三字经》也倡导"首孝悌，次见闻"，即一个人只有先做到了"孝悌"，才有资格去做其他事情，才能做好其他事情，才能做成其他事情，简而言之，就是要"先做人，后做事"。这些观点深刻地影响着中国人，使中国人重视家庭、重视亲情，使历史上涌现出诸多流芳百世的典范。

### 郑绮

郑绮（1118—1193年），浙江浦江人，字宗文，赐号"冲素处士"，为郑义门同居始祖，善读书，通晓《春秋》，有《谷梁合经论》传世。据《宋史·孝友传》载，郑绮是个大孝子，他临终前，召子孙到先祠，要求子孙守孝悌，同釜而炊。此后，郑氏同居子孙恪守郑绮遗训，以其为楷模，孝义为宗，耕读传家，绵延不绝。洪武十八年（1385年），朱元璋授予郑氏家族"江南第一家"荣誉称号，以表彰其家族代代秉承孝义家风。郑氏家族从南宋到明初长达360余年时间内，一直共居，没有分家，几千人同财共食，和睦相处。宋、元、明三代正史都将该家族列入"孝义传"，这在中国历史上是绝无仅有的。

● 郑义门掠影

### 6．自强不息

"自强不息"一词充分体现了中华民族不屈的精神。这种精神是中华民族历尽艰难、不断走向强盛的强大动力，也是独立意识和自觉能动性的鲜明标志。自强不息典出《周易·乾卦·象传》，其曰："天行健，君子以自强不息。"这反映了中国古人在认识自然规律时的感悟，宇宙天体的运行周而复始，刚健有力，从不休止，君子也应当效法天的精神，不断克己自律，努力不懈，力求进步，以造福天下。《论语》中也强调人要自强："不怨天，不尤人。"自强不息是中华民族效法天地精神生发的一种建立在道德自觉基础上的进取精神。从精卫填海、愚公移山等神话传说，到越王勾践的卧薪尝胆、怀素的蕉叶学书、范仲淹的断齑画粥……他们自强进取、励志奋发的故事成为鼓舞后世的重要精神源泉。

**文以立心**

> 怀素居零陵时，贫无纸可书，乃种芭蕉万余株，以蕉叶供挥洒，名其庵曰"绿天"。书不足，乃漆一盘书之，又漆一方板，书之再三，盘板皆穿。

## （二）中华传统文化的其他影响

中华传统文化不仅始终保持着独立、一以贯之的发展系统，而且长期以来对周边国家和地区甚至整个世界都产生了深远的影响。

中国唐代的文化对日本后来文化体系的形成以及历史社会的发展都产生了重大影响。例如，日文中的平假名就是以汉字草书为基础创造的，如今日本文字仍保留了1000多个简体汉字。另外，日本的书法还是用汉字书写的，在一些正式的场合，也多用汉字的读音。汉字传入朝鲜后也被长期使用，例如，明代弘治年间，朝鲜官员崔溥偶入浙江布政司台州府临海县，他无法与中国人口头交流，但能看懂汉字，彼此通过书写汉字交流。现在的朝鲜文字谚文是朝鲜人参考汉字方体形态的方块拼音文字，结合朝鲜语音，创造出的表音文字。

中华传统文化的影响范围不限于周边的国家和地区，早在西汉时期，中国就通过丝绸之路和许多西方国家进行了广泛的交流。明代以后，新航路的开辟、外国传教士来华，都促进了中国与世界各国的文化交流，使中国文化对世界文化产生了广泛而深远的影响。中国古代四大发明（火药、指南针、印刷术、造纸术）传到西方后，对西方资本主义社会的形成和发展产生了积极作用。

除四大发明这些中国科技外，中国的哲学也给欧洲的启蒙主义思想家以极大的启示。早在16世纪，利玛窦等早期传教士就对孔子的思想赞誉有加。笛卡尔、卢梭、伏尔泰、孟德斯鸠、狄德罗等人都对中国古代文化非常感兴趣，据传，伏尔泰在自己的书房挂孔子的画像，并朝夕朝拜。他极为推崇孔子的思想，在其《论孔子》一书中说道："没有任何立法者比孔夫子曾对世界宣布了更有用的真理。"据说他还称自己是因为孔子的教导而将《赵氏孤儿》改编成《中国孤儿》，该戏剧在巴黎公演后曾轰动一时。莱布尼茨等人也研究过中国哲学，并深受其影响。以情感、人生、生命等主题为中心的中国古典文学对世界文学创作的影响颇深，比如普希金等著名作家在作品中表现了类似中国文学的情感主题。此外，中国传统绘画中独特的审美观念和表现手法对世界绘画艺术也有重要的启示。

●《在若弗兰夫人的沙龙里诵读伏尔泰悲剧〈中国孤儿〉》

中华传统文化对世界的影响是深远而广泛的，对世界文化乃至文明的启迪引领作用是毋庸置疑的。中华传统文化和世界文化的互通融合，在今天这个全球化时代依然具有重大的现实意义和实用价值。

## 文以立心

西学东渐，是指从明代后期到近代西方学术思想向中国传播的历史过程。人们对此很熟悉，但东学西渐（即中国的文化大量西传的现象）往往会被人不自觉地忽视。季羡林认为在过去相当长的历史时期内，中国文化对世界文化的发展产生了影响，这是我们的骄傲，也是一个历史事实。他在《从宏观上看中国文化》中指出："中国经籍西传，不但影响了欧洲哲学，而且也影响了欧洲政治。在德国，莱布尼茨与华尔弗利用中国哲学推动了德国的精神革命。在法国，思想家们则认为中国哲学为无神论、唯物论与自然主义。这三者实为法国大革命之哲学基础。百科全书派全力推动革命的发展。法国大革命实质上是反宗教之哲学革命。法国的启蒙运动，也是以反宗教为开端的。这种反宗教的气氛，归根结底是中国思想传播的结果。法国大革命前夕，中国趣味在法国以及整个欧洲广泛流行。宫廷与贵族社会为中国趣味所垄断。而宫廷与贵族又是左右法国政治的集团。则中国趣味对法国政治之影响，概可想见了。"

文化漫谈

比较文化或比较文明是20世纪人文科学研究的一大热点。它的兴起不仅得益于人类在走向现代化进程中相互交流与合作的加强，也与后现代语境下价值多元化的趋势密不可分。随着后殖民时代的到来，长期处在边缘的文明纷纷崛起，向西方中心主义的文化霸权发起挑战，形成了要求平等和对话的时代潮流。在中国，比较文化研究的兴衰则是与20世纪前后两次对外开放的潮流对古老传统的冲击，以及重新审视和发展中华民族文化的要求息息相关的。

当我们以文化的视角放眼全球，对本土文化的认同与对未来发展方向的选择成为需要首先解决的课题。什么是中华文明的优秀传统？什么是当今世界的先进文化？只有将它们放到人类文明发展演化的大背景下，放到全球文化多元共生的大视野中，才能得出清醒的判断。回首人类文明的发生与交往史，东西方文化的差异与冲突是不容回避的话题。长期以来，人们热衷于讨论东西方文化孰优孰劣、究竟谁更先进，但对其各自的渊源与特征却不甚了了，对文化差异与冲突的根本性质也缺乏认识。因此，我们需要进行一番扎扎实实的追本溯源工作，才能取得发言权。

倘若我们将文化的多样性视为全球化时代的本色，将交往和对话作为不同文明间碰撞的主旋律，一幅色彩斑斓的全球文明的新版图将在我们眼前展开。这里有欧洲、美洲、亚洲不同色彩的文明，也有不同区域或族群各异的亚文化。唯有以宽容的气度和海纳百川的开放胸襟去理解不同文化的优势与特色，方能提炼出其中的精华，镕铸出建造现代文明大厦的构件，再将其融入本土文化的深厚基础中。这样，一组营造富有时代精神的先进文化家园的脚手架就搭建起来了。

（节选自徐行言《中西文化比较》，有删改）

文以践行

以"我身边的中华传统文化"为主题，利用闲暇时间去寻找自己身边的中华传统文化，整合拍摄成一个微视频，视频时长不超过5分钟。具体要求如下。

（1）学生自由分组，5～8人为一组，并填写任务分配表。

（2）各小组在课堂上进行播放展演，教师在评分表上评分。

任务分配表

评分表

# 专题二

## 睿智的哲理：中国古代思想

**金句启学**

中华文明绵延不断、经久不衰，历经5000多年的演进，形成了独具中国特色的价值体系、文化内涵和精神品质，铸就了中华民族博采众长的文化优势。我们要充分吸收中华优秀传统文化中蕴含的治国理政的思想智慧、格物究理的思想方法、修身处世的道德理念，这是中国文化区别于其他国家和民族文化的根本特征。从先秦子学、两汉经学、魏晋玄学，到隋唐佛学、儒释道合流、宋明理学，中华文明在历史长河中经历了数个思想繁荣期，产生了儒、释、道、墨、名、法、阴阳、农、杂、兵等各家学说，创造了丰富的文化遗产，其中包含大量的哲学社会科学内容和治国理政智慧。这些文化遗产不仅为古人认识世界、改造世界提供了思想支撑和价值指导，也为人类文明发展作出了重要贡献。

## 📋 任务清单

完成一项学习任务后，请在对应的方框中打钩。

| 课前预习 | ☐ | 准备学习用品，预习课本知识 |
|---|---|---|
| | ☐ | 通过网络搜集儒家、道家、法家的代表人物及其思想主张 |
| | ☐ | 完成每一任务下的分项任务，进行课堂分享 |
| 课堂学习 | ☐ | 了解中国古代哲学思想的核心观点 |
| | ☐ | 掌握中国古代哲学的主要学派及其代表人物 |
| | ☐ | 分析中国古代哲学思想在中国文化和社会发展中的地位和作用 |
| | ☐ | 培养批判性思维和综合分析能力 |
| | ☐ | 了解传承与弘扬中国古代哲学思想的现实意义，增强文化自信 |
| 课后实践 | ☐ | 观看本专题中的微课，并完成任务分配表 |
| | ☐ | 能够利用课上所学的古代哲学知识指导自己的生活、学习 |
| | ☐ | 用微视频的方式介绍你最喜欢的儒家、道家、法家、墨家的代表人物 |

## 📖 溯文之源

儒家思想作为中华文化的瑰宝，深刻塑造了中华民族的精神风貌和道德品格，而作为儒家"四书"之一的《中庸》，不仅承载着孔子及其门生传授的处世哲学与人生智慧，更是中华民族"中和"哲学思想之所系。联合国教科文组织第46届世界遗产大会将我国世界文化遗产提名项目"北京中轴线——中国理想都城秩序的杰作"列入《世界遗产名录》。

联合国教科文组织世界遗产委员会认为，"北京中轴线"体现了独特的中国传统都城规划理论和"中和"哲学思想。"中和"贯穿于中华民族传统文化的宇宙本体论、演化生成论、关系价值论之中，不仅为个人的修身养性提供指导，也为社会治理提供了重要的哲学方法论。在东西文明交流互鉴的学术框架下，甄别、凝练《中庸》哲学构筑的整体性思维、过程性思维和互系性思维，不仅有利于透彻理解北京中轴线所蕴含的"中和位育"精神价值，也是对赓续中华文脉、推动文化繁荣重大使命的学术回应。

（节选自辛红娟《〈中庸〉儒家思想逻辑框架与当代价值》，有删改）

## 💬 思考讨论

中国古代思想拥有悠久的历史，是中华民族智慧的结晶，每一次阅读，总有所得。中国文明璀璨无比，历时千年，依旧日读日新。时移世易，对于经典，我们应当取其精华，去其糟粕，时时研读，思考其适用于现世之处。新时代背景下，你能举出哪些古代哲学思想为今所用的例子？

## 任务一　了解儒家思想

**【分项任务1】**

儒家思想提高了人们的道德教育标准，制定了基本的社会规范，很好地教化了世人，促进了中华文明的进步。请以小组为单位展开讨论儒家思想的作用。

### 一、儒家思想的产生和发展

儒家思想作为中华传统文化的主流思想，在过去数千年间引导我国文化前进的方向，是我国道德教化的优秀范本，深刻影响着我国社会的稳定和发展。同时，它潜移默化地塑造了中国人民的生活方式和思维方式，时刻提醒人们遵守社会行为规范。先秦时期作为中华文明的"轴心期"，其道德教育思想是十分丰富的，为我们更好地研究当代德育思想提供了样本。

#### （一）先秦儒学及其代表人物

先秦儒学流行于列国之间，在社会上颇有影响，战国时期被称为"显学"。先秦儒学，作为中国古代文化的重要组成部分，起源于孔子在春秋末期创立的儒家学派，后经由孟子、荀子等思想家的继承与发展，形成了一套完整的思想体系。孔子的思想以"仁"为核心，孟子的思想以"义"为要素，荀子极力推行"礼治"。概括起来，儒学的基本思想就是坚持"亲亲""尊尊"的立法原则，维护"礼治"，提倡"德治"，重视"人治"。

（1）孔子（公元前551—公元前479年），名丘，字仲尼，春秋时期鲁国陬邑（今山东曲阜）人；父叔梁纥，母颜氏；中国古代思想家、政治家、教育家，儒家学派创始人。

● 孔子像

孔子3岁丧父，家道中落。他"少好礼"，志于学，自幼熟悉传统礼制，青年时便以广博的礼乐知识闻名于鲁国，从事儒者之业，以办理丧祭之礼为生。孔子早年做过管粮仓、管放牧的小官；中年聚徒讲学，从事教育活动，50岁时，曾一度担任鲁国的司寇，摄行相职，积极推行自己的政治主张，不久因与当政者政见不合而弃官离开鲁国，带领弟子周游列国，宣传自己的政治主张和思想学说，最终也没有得到重用；晚年回到鲁国，致力于教育事业，整理《诗》《书》，删修《春秋》等六经，以传述六艺为终身志业。孔子去世后，孔子弟子及再传弟子把孔子及其弟子的言行语录和思想记录下来，整理编成《论语》，该书被奉为儒家经典。孔子对后世影响深远，他的"仁"与"礼"·成为国家施政和个人行事的重要准则；"有教无类"的平民教育思想使中华文明得以传承。

（2）孟子（公元前372—公元前289年），姬姓，孟氏，名轲，字子舆，与孔子并称"孔孟"，邹国（今山东邹城）人；战国时期儒家思想代表人物之一，中国古代思想家、哲学家、政治家、教育家。他是继孔子之后儒家最伟大的思想家，被称为"亚圣"。

● 孟子像

孟子自幼丧父，与母亲相依为命。为了给他营造良好的成长环境，孟母曾3次搬家，此事传为千古佳话。孟子学成之后，开始周游列国，终其一生，游说诸侯，历齐、梁、宋、滕、鲁诸国，均未受到重用；晚年回到自己的家乡，在那里传道授业，与弟子们一起著书立说，最终成就了《孟子》一书。

孟子的思想对唐宋之后的中国产生了深刻且巨大的影响，孟子对儒家学说的继承与发展也产生了十分深远的影响。他不仅在哲学伦理上发展了孔子的思想，而且建立了以"民本"为基础的政治思想体系。至中唐时，韩愈在《原道》一文中将孟子视为唐以前儒家唯一继承孔子"道统"的人物。南宋时，朱熹又把《孟子》《论语》《大学》《中庸》合称为"四书"，并使之成为儒家基本经典之一。

（3）荀子（约公元前313—公元前238年），名况，字卿，战国晚期赵国人，思想家、哲学家、教育家、儒家学派的代表人物。他继承和发展了孔子、孟子的"仁政"学说，又融合了其他诸子的思想，因此他的思想呈现出驳杂的色彩。荀子早年游学于齐国，因学问渊博，曾3次担任稷下学宫的"祭酒"（学宫之长）。后来齐国有人诋毁荀子，于是他前往楚国，被春申君任命做了兰陵（今山东临沂）县令。春申君去世后，荀子被免职，一直居住在兰陵，直至去世。

● 荀子像

荀子对重新整理儒家典籍有着相当显著的贡献，所著《荀子》一书，又名《荀卿子》，集中体现了其学术主张和理论思想，强调"礼"在社会中的规范作用。"礼"不仅是一个人人生的最高准则，也是治理国家的最高准则。荀子还是一位杰出的唯物主义思想家，不信鬼神，提出了"制天命而用之"和"人定胜天"的思想。荀子认为，宇宙存在着不以人的意志为转移的规律，人可以利用自然、改造自然。

## （二）汉代经学及其代表人物

经学产生于西汉，是对先秦儒学的继承和发展，汉代儒生们以传习、解释五经为主业。汉代从文景时期开始，开展了大量的献书和古籍搜集工作，部分年长的秦博士和其他儒生，或以口述方式默诵已遭焚毁的经典，或把秦时冒险收藏的典籍重新拿出，使之传世。这些儒家经典皆是用当时流行的文字——隶书记录整理而成，故称"今文经"。而汉景帝时，鲁恭王刘余在孔子的故居中发现一批古文经书，有古文《尚书》《礼记》《孝经》《论语》等。河平三年（公元前26年），汉成帝命刘向担任校理秘书，其子刘歆担任助理。刘向校书20余年，死后，汉哀帝命刘歆继续承担校理工作。刘向、刘歆父子在长期的校书过程中逐渐发现了一些用古文字写的经传，如《春秋左氏传》《毛诗》《逸礼》《古文尚书》等，这些经传是用秦代将文字统一为小篆以前的大篆和六国使用的文字书写的，大篆和六国的文字对于当时的人来讲就是古文字。再者，汉武帝时，河间献王刘德喜好儒学，从民间得到不少先秦古籍，其皆为古文，其中有《周官》《礼》《礼记》《孟子》，这些用古文字写成的经传就叫作"古文经"。古文经学始于西汉，而盛行于东汉。郑兴、郑众、贾逵、许慎、马融、郑玄都是有名的古文经学大师，尤其是郑玄，他不仅精通古文经学，还精通今文经学，囊括大典，网罗众家，遍注群经，著有《六艺论》，对两汉经学做过一次总结。

汉代经学的代表人物有董仲舒、刘歆等人。

（1）董仲舒（公元前179—公元前104年），西汉政治思想家、儒学宗师，信都广川（今河北景县）人，读书刻苦，留下了"三年不窥园"的佳话；为人廉直、儒雅博通，治学"专精一思"，有"汉代孔子"之称。汉武帝即位后，他以贤良身份3次对策朝廷而备受赏识。《汉书·董仲舒传》所载董仲舒3次对汉武帝策问的回答（俗称《天人三策》），集中反映了董仲舒的天人思想和政治主张。

董仲舒的主要著作有《春秋繁露》，其政论载于《史记·儒林列传》《汉书·董仲舒传》等书中。他的思想主张有：针对中央集权需要，提出"春秋大一统"和"罢黜百家，独尊儒术"主张；针对加强君权需要，提出"君权神授"的政治思想和相应的儒家道德观点；针对土地兼并现实，进一步推行儒家的仁政思想，主张限田、薄敛、省役；针对为人处世标准，提出"三纲五常"，提倡孝道。其思想主张对儒学以至中国思想文化的发展都有着深远而复杂的影响。

（2）刘歆（约公元前53—公元23年），字子骏，西汉末年经学家、目录学家、文学家，他是中国经学史上古文经学派的重要人物。他秉承父亲的遗志，校勘天禄阁藏书，编订《七略》，基本包括当时的主要学术门类。

刘歆在经学上的主要贡献是倡导古文经学，他对《左传》《毛诗》《逸礼》等古文经典进行了深入的校勘和研究。他反对当时流行的今文经学烦琐的学风，主张直接学习古文的经典原文，以探求经义的真谛。刘歆的古文经学思想在当时引起了很大的争议，但也为后来古文经学的发展奠定了基础。

在目录学方面，刘歆的贡献也不可忽视。他继承和发展了父亲的目录学思想，将图书按照内容进行了分类和编目，形成了中国历史上第一部综合性的图书分类目录《七略》，它对后来的图书分类和编目工作产生了深远的影响。

### （三）宋明理学及其代表人物

宋明理学又被称为"新儒家"或"新儒学"，是宋明时期占主导地位的学术体系。宋明理学立足于继承先秦儒学，整合儒、道、佛三教的主要思想，为中国后期封建社会创立了新型的意识形态，在中国古代思想史上占有极其重要的地位。现代学者将宋明理学分为四派：以张载为代表的"气学"，主张"气本论"；以邵雍为代表的"象数学"；以程颢、程颐、朱熹为代表的"理学"，程颢、程颐确定了理学的最高范畴"天理"，认为天理的核心就是"仁"，修养的最高境界也是"仁"；以陆九渊、王阳明为代表的"心学"。其中，理学与心学是占据主导地位的派别。

宋明理学的代表人物主要包括"北宋五子"、朱熹、陆九渊以及王阳明。"北宋五子"

指周敦颐、张载、程颢、程颐、邵雍，他们将儒家的忠、孝、义提升到"天理"的高度，形成了一整套囊括天人关系的严密思想体系。

宋明理学代表人物包括周敦颐、朱熹、王阳明等人。

（1）周敦颐（1017—1073年），原名敦实，字茂叔，因避宋英宗名讳而改名敦颐，号濂溪，世称濂溪先生，道州营道（今湖南道县）人，中国北宋时期文学家、理学家。

周敦颐出身官宦世家，从小受到良好的文化教育。他的舅舅郑向是龙图阁大学士，对他影响颇大。在为母服丧期满后，周敦颐开始了地方仕宦生涯，历任郴县县令、合州判官、永州通判、邵州知州等职。他恪尽职守，清正廉洁，造福百姓，凭借自己的才能受到赏识和举荐，最后升职为广南东路提点刑狱。作为学者型官员，周敦颐延续了自汉代以来的官教合一的传统，在理政之余还讲学授课，并有多部著作传世。他的文学造诣很高，被誉为"文以载道"的典范。

● 周敦颐像

熙宁六年（1073年），周敦颐去世，宋神宗赐谥号"元"，世人称其为"元公"。其主要著作有《太极图说》《通书》《爱莲说》等。《太极图说》提出宇宙生成论体系，继承《易传》和部分道教、佛教思想，提出一个简单而系统的宇宙构成论，用图形以资推演，可达雅俗共享之效。

（2）朱熹（1130—1200年），字元晦，号晦庵，又号紫阳，徽州婺源人（今江西婺源），南宋时期卓越的理学家、哲学家、思想家、政治家、教育家及诗人。他不仅是闽学派的杰出代表，更是儒学的集大成者，世人尊称其为"朱子""朱文公"。

朱熹出身儒学世家，自幼便展现出非凡的聪慧与想象力，5岁时便能读懂《孝经》，并立志成才。14岁时，父亲朱松病逝，他由此结识并师从刘子羽，刘子羽视他如己出并精心培养他。

朱熹进士及第之后，在福建、江西、浙江等地做过官。为官期间，他以深厚的学识和高尚的品德赢得了百姓的尊敬。在同安县任职时，他致力于整顿社会风气，纠正陋习，这使地方安宁、风气一新。他还积极倡导儒学教育，修建学堂，招收生徒，传播儒家思想。兴复白鹿洞书院时，他亲自兼任洞主，延请名师，充实藏书，购置日产以供办学之用，这对后来书院的发展、学校的建设有着重大影响。

● 白鹿洞书院大门

在学术上，朱熹更是成就斐然。1169年，朱熹因母丧守墓于寒泉精舍，开始了长达6年的著述生涯。他在此期间深入研究和发展了"二程"（程颐、程颢）的理学思想，使其更加丰富和完善，世人因此称理学为"程朱理学"，但朱熹的思想在当时并未得到重视。尽管如此，他仍坚守自己的信仰和追求，致力于学术研究和教育事业。朱熹认为，理是宇宙万物的本源，气是构成万物的材料。他强调理的超然性，认为"仁、义、礼、智、信"这些道德准则永恒不变。他认为饮食乃天理，而追求山珍海味则是人欲。朱熹对自然科学也颇有研究，他通过观察海洋生物化石，推断出高山曾经是大海，这展现了其超前的科学认识。朱熹一生著作颇丰，包括《四书章句集注》《周易本义》《楚辞集注》等。他主张格物致知、诚意正心，强调天理人欲之辨，其学术思想博大精深，对后世产生了深远的影响。

● 《四书集注》影印图

1171年，为了从根本上解决百姓在灾年的生计问题，朱熹提出了建立"社仓"的设想。他建议朝廷推广这一机构，将其作为解决百姓在青黄不接时口粮问题的有效途径。社仓在青黄不接时贷谷给百姓，利息合理，能有效减轻百姓负担，缓和社会矛盾，减轻朝廷的施政压力。这一举措得到了广泛推广，成为后世救灾的重要手段。

（3）王阳明（1472—1529年），名守仁，幼名云，字伯安，别号阳明，是我国明代著名的思想家、哲学家、书法家、教育家。王阳明是明代心学的集大成者。心学是明代中晚期的主流学说之一，强调道法自然，又主张天人合一，更重视人的主观能动性等，是一系列哲学思想之集大成者。

● 王阳明像

**"为天地立心，为生民立命"的张载**

张载（1020—1077年），字子厚，原籍大梁（今河南开封），生于长安（今陕西西安），北宋著名的思想家、教育家，理学的奠基人之一，关学的创始人，世称"横渠先生"。张载留给后世最重要的精神财富是他关于儒者使命和社会理想的概括性表述："为天地立心，为生民立命，为往圣继绝学，为万世开太平。"世称其为"横渠四句"，历代传颂不衰，可谓中国人精神上的绝句。

● 张载像

## （四）明清儒学及其代表人物

明清时期是我国封建社会渐趋衰落的转型时期，也是我国历史上继春秋战国、魏晋南北朝之后，又一次思想十分活跃的时期。随着商品经济的发展、资本主义的萌芽和封建制度渐趋衰落，传统儒家思想随着时代的发展而逐渐僵化，对社会产生了消极影响，于是思想家们对儒学传统教条进行了多方面的批判与修正，儒学正统的权威性因此受到了冲击。以李贽为代表的思想家向陈腐的儒学和封建专制特权进行了猛烈抨击，黄宗羲、顾炎武、王夫之3位思想家批判君主专制，主张建立"人民为主"的社会，提倡经世致用，重视工商业发展，对传统儒学加以批判性继承，逐渐形成明清儒学，对后世产生了深远影响。

明清儒学的代表人物有李贽、黄宗羲、顾炎武等人。

（1）李贽（1527—1602年），号卓吾，又号宏甫，别号温陵居士、百泉居士等，福建泉州人，明代思想家、文学家，泰州学派的一代宗师。为官期间，他目睹朝廷腐败，常与上司争执。他经受过倭寇侵掠、灾荒贫困的痛苦，看到了资本主义萌芽发展的艰难，在新兴的市民运动推动下，希望能找到与宋明理学不同的"道"，因"敢倡乱道，惑世诬民"之罪下狱，在狱中自杀身亡。其著作多次遭禁毁，但仍流传于世，主要包括《初潭集》《焚书》《藏书》等。他提出"穿衣吃饭，即是人伦物理"的主张，挑战"天理"学说；反对以孔孟学说为权威和教条，挑战孔子及其儒家思想的正统地位，强调人的个性；提出"绝假纯真"的"童心说"，反对礼教的虚伪与官场的欺诈；在诗文写作的风格方面，主张"真心"，反对当时盛行的摹古文风。

（2）黄宗羲（1610—1695年），字太冲，号南雷，别号梨洲老人、蓝水渔人、古藏室史臣等，学者称其为"梨洲先生"，浙江余姚人，明末清初经学家、史学家、思想家、地理学家、天文历算学家、教育家。

黄宗羲的政治主张抨击了封建君主专制制度，有极其重要的意义，对后来的反专制斗争起到了积极的推动作用。黄宗羲与顾炎武、王夫之、唐甄并称明末清初"四大启蒙思想家"，他有"中国思想启蒙之父"之誉，著有《明儒学案》《宋元学案》《明夷待访录》《孟子师说》《葬制或问》《破邪论》《思旧录》《易学象数论》等。他敢于批判封建君主专制，提出君臣平等的思想，主张限制君权，反对传统的重农抑商思想，认为工商皆本。

（3）顾炎武（1613—1682年），本名顾绛，字宁人，人称"亭林先生"，江苏昆山人，明末清初杰出的思想家、经学家、史地学家和音韵学家。崇祯十六年（1643年），顾炎武成为国子监生，加入复社。清兵入关后，他先后依托弘光政权、金都御史王永祚、唐王朱聿键、惊隐诗社组织反清活动。后期，他拒绝朝廷征辟，一生辗转，行万里路，读万卷书，创立了一种新的治学方法，被誉为清学"开山始祖"。顾炎武学问渊博，对国家典制、郡邑掌故、天文仪象、河漕、兵农、经史百家及音韵训诂之学都有研究，著有《日知录》《天下郡国利病书》《肇域志》《音学五书》《韵补正》《金石文字记》《亭林诗集》等。他批判"私天下"的君主专制；主张"众治"，即"以天下之权寄之天下之人""天下兴亡，匹夫有责"；主张改革弊政、拨乱反正；注重有关国计民生的实学。

## 二、儒家思想的主要经典

在中国历史文化长河中，有无数经典流传于世，它们是先哲们智慧的结晶。这些流传下来的经典中，有很大一部分是儒家的著作。汉代以后，儒学正式成为官方意识形态，中国人的思想、行为方式、生活方式，道德原则以及学术的发展路径，大都与这些经书息息相关。

### （一）《论语》

《论语》是儒家经典之一，是我国一部以记言为主的语录体散文集，记录了孔子及其弟子的言行，集中体现了孔子的政治、审美、道德伦理等价值思想。

孔子的思想体系是一个以"仁"为核心、以"礼"为形式的完整的思想体系，核心讲述做人的道理。他认为，"仁"既是每个人必备的修养，又是治国平天下必须遵循的原则。他倡导立足于对人的关心爱护，以教化的方式来达到治国安邦的目的。他主张以礼义来规范人欲，一方面承认人欲的存在和满足的合理性，另一方面强调以礼节欲，克制欲望的膨胀，达到"仁"的道德境界。他主张"有教无类"，把思想品德教育放在首位，重视体育教育和美育。他提倡"温故而知新"，发掘"学"与"思"的关系，注重启发、诱导的教学方法，强调循序渐进、因材施教。同时，他强调天人合一，主张畏天命，要求人们遵循自然规律，保持乐观，将天道运用于人道，承担起社会责任。

### （二）《孟子》

《孟子》是儒家经典之一，记录了孟子的治国思想和政治策略、与其他各家思想的争辩、对弟子的言传身教、游说诸侯的经历等内容，集中体现了孟子在政治、教育、哲学、伦理等方面的思想观点，现存 7 篇，共 14 卷。《孟子》不但纯粹宏博，文章也极雄健优美。全书语言明白晓畅，平实浅近，说理精辟，笔带锋芒，生动形象，气势磅礴，感情充沛，雄辩滔滔，不仅富于鼓动性，而且具有很强的逻辑说服力和艺术感染力，流传后世，影响深远。

孟子所强调的"仁政""民本""天下为公"等思想，对中国历史上的政治和社会变革产生了一定影响。孟子的思想博大精深，不仅是中国思想史的重要组成部分，也对中国文学、艺术、哲学等领域产生了深远影响。《孟子》不仅是儒家的重要学术著作，也是中国古代极富特色的散文专集，其形式虽然没有脱离语录体，但与《论语》相比有了很大发展，对后世的韩愈、柳宗元、苏轼等影响很大。南宋时，朱熹把《孟子》《论语》《大学》《中庸》合在一起称"四书"。宋、元、明、清都把《孟子》作为家传户诵的教科书。

### （三）《荀子》

《荀子》是战国后期儒家的经典著作之一，记录了荀子的自然观、认识论、伦理思想、政治思想和经济思想，现存 32 篇。

《荀子》是荀子及其弟子的智慧的结晶，书中大部分内容为荀子所著。《荀子》中的文章论题鲜明，结构严谨，说理透彻，逻辑性很强，语言丰富多彩，文风平易朴实，具有很强的说服力和感染力，素有"诸子大成"的美称。这些文章已由语录体发展成有标题的论文，这标志着我国古代议论散文趋于成熟。荀子是第一个使用赋的名称和用问答体写赋的人，同屈原一起被称为"辞赋之祖"。《荀子》中的 5 篇短赋开创了以赋为名的文学体裁。

荀子融合诸子百家学说，总结出包括"王霸""礼法""性恶""天人"等在内的治国理论。其思想体现出社会发展的历史趋势，贴近社会实际。荀子认为只有天下统一、人民安居乐业、社会繁荣发展，才能德泽天下，使四方之民归附。

荀子认为"天"为自然，没有理性与善恶之心，与其迷信"天"的权威，等待恩赐，不如利用"天"的规律为人服务。在迷信风行的先秦时期，荀子的观点具有进步性，对古代哲学思想的发展有深远影响。

荀子提出"性恶论"，认为人的欲望本能与礼法道德存在矛盾，而后天教育可以改造人性的"恶"。这一观点强调后天环境和教育对人的影响，具有重要进步意义。

在儒家重视"行"的基础上，荀子将"行"引申为与认识相关的一切实践活动，并从理论上阐明了"行"在认识过程中的作用，即以"行"为认知目的，用"行"来检验认知。

### （四）《传习录》

《传习录》由王阳明的门人弟子整理编撰而成，记载了王阳明的语录和论学书信，是明代心学的代表性著作。"传习"一词出自《论语》的"传不习乎"一语。王阳明的主要思想如下。

（1）"心即理"强调心与理的统一，认为心是宇宙万物的本原，通过内心的反省和体悟，可以达到对宇宙真理的认识。王阳明反对将心与理分开，主张心与理是一体的。

（2）"知行合一"是王阳明哲学体系的核心，强调知识和行动的统一。王阳明认为，真正的知识来源于实践，只有实践才能验证和深化对知识的理解。

（3）"致良知"强调每个人内心都有一种先天的良知，这是人类行为的最终准则和道德的源泉。王阳明认为，通过反思和实践良知，可以恢复人类内在的道德感和自我认识，达到心灵的自由和解放。致良知的思想对于王阳明的哲学和教育实践具有重要意义，它强调了人的内在道德感和自我认识的重要性。

（4）"万物一体"体现了王阳明的宇宙观，他认为人与万物是紧密相连的，人类应该以一种包容与和谐的态度对待自然和社会。

这些思想共同构成了王阳明心学的主要内容，对中国古代哲学和文化产生了深远的影响。

## 三、儒家思想的主要特征

### （一）行为规范——礼

早在 2000 多年前，人们就已经意识到了礼仪、礼法、礼教对人生、社会、国家的重要性。无论是国家统治者，还是平民百姓，都应对礼有敬畏之心。在儒家的思想体系中，礼既是一种社会政治理想，也是一系列伦理道德的原则与规范。孔子反复强调礼对于一个人在社会上安身立命的重要性，提出"非礼勿视，非礼勿听，非礼勿言，非礼勿动"（《论语·颜渊》）。

"人生而有欲，欲而不得则不能无求，求而无度量分界则不能不争，争则乱，乱则穷。先王恶其乱也，故制礼义以分之"（《荀子》）。古代人对礼的崇拜与信奉，不亚于现代社会中的依法治国。从严格意义上来讲，礼只是一种道德层面上的约束，但如果深入探究，不难发现礼的内涵非常丰富，甚至可以用包罗万象来形容。事实上，古代社会中认同的礼，除了传统意义的行为规范，还是一种境界、责任、教育。礼作为古代社会中的道德准则，以及思想、精神、行为的标杆，是礼

微课

儒家思想之礼

仪之邦的重要支撑，不仅对中国古代社会的发展至关重要，而且对每个中华儿女的精神构建都具有无法替代的核心作用。

### （二）思想核心——仁

孔子提出"克己复礼为仁"，仁是一个人内在的德性，而礼是一个人外在的德行。孔子在礼的基础上发展了仁，并赋予了仁丰富的内涵。概括来说，孔子以"仁"为核心，构建了涵盖个人道德、家庭伦理、社会伦理和治国伦理 4 个维度的一整套伦理道德思想体系。

在家庭伦理层面，孔子主张"以孝为先"。"仁者，人也，亲亲为大。"意思是仁就是爱人，而且应该将爱亲人放在第一位。在治国伦理层面，孔子提出了以礼与仁为核心的治国理念，主张"为政以德"，他说："为政以德，譬如北辰，居其所而众星共之。"以仁德的原则来治理国家，就像北极星一样，所有的星辰都会围绕着它运行。所以，德治的核心理念就

是成为他人的榜样，让他人主动追随，而不是靠武力和胁迫让他人服从。德治和王治是让人主动追随、心服口服，而霸治是以武力让他人屈服。今天我们奉行的独立自主的和平外交政策，实际上就是德治和王治的一种实践。

人们经常说，做事要对得起自己的良心，其实是类似的意思，当你的行为不符合你的天性良知，或者说不符合内在的仁时，你的内心就会产生价值冲突，你就会内疚、痛苦和纠结。所以，孟子说："仁，人之安宅也；义，人之正路也。"

### （三）价值准绳——义

义是儒家思想的重要范畴。朱熹指出："义者，心之制，事之宜也。"儒家之义强调主体性和实践性，这使义既内化为行为主体的品格，在人们的心灵深处播种下道德文明的基因；又外化为行为主体的实践，贯穿到日常生活和个人行为之中，拓展了伦理道德实践的空间。在儒家看来，义是处理人际关系的重要依据，也是个人道德修养的价值取向，更是具有现实操作性的伦理道德范畴。

义是区分君子与小人的标准。如果说君子是孔子崇尚的人格，那么小人则是孔子反对的人格。《论语》中经常比较君子与小人的差别，而二者最大的差别与义有关，即"君子喻于义，小人喻于利"。

在中国传统社会中，为官大概是君子实现理想抱负和人生价值的主要途径。孔子鼓励君子为官，承担社会责任，努力为大众服务。孔子认为，入仕为官必须以义为原则，"君子之仕也，行其义也"。孔子认为，入仕为官可以做大臣，也可做具臣，但绝不能做佞臣。大臣具有坚定而又独立的政治品格，能够按照道义辅佐君主；具臣缺乏主见，但能够坚决实施政令，坚守道德底线；佞臣只知道阿谀奉承，没有任何道德原则。

儒家之义，既是主体品格又是行为品格，能够在任何情况下把道德的价值原则与行为实践统一起来，从而使得儒家的伦理道德思想历久弥新，成为影响中国人道德修养和性格品质的主导力量，塑造了一批批忧国忧民的忠臣、事亲敬长的孝子和文质彬彬的君子。人们的社会伦理道德实践虽然丰富多彩，但万变不离其宗，那就是要做一名有情有义有道德的君子。

微课

儒家的伦理道德——义

### （四）生活准则——信

先秦诸子百家都关心和认同"信"的观念，儒家关切尤其。在汉代，信被儒家列入"五常"之后，其地位进一步提升，它成为最基本的道德规范之一。信既是儒家实现仁的重要条件之一，又是道德修养的内容之一。在儒家看来，信是"进德修业之本""立人之道""立政之本"，对中国人的道德品质和人格塑造产生了重大而深远的影响。在中国历史上，季布一诺千金、曾子杀猪践诺、晏殊换卷守信等故事广为流传。从一定意义上说，中国传统社会能够基本做到和谐相处、交易有序、守望互助、团结友爱，都有赖于儒家之信。

信是平等主体处理彼此关系的道德原则，在人们的社会生活实践中，无论是熟人社会还是陌生人社会，都是平等交往的关系居多，因而信对于人生具有广泛而现实的意义。

更重要的是，儒家之信蕴含的平等原则具有超越时空的价值和意义。平等，应当看成信的本质规定，也是儒家之信真正的价值所在。主体具有自由人格，对自身的权利与义务有着支配能力，这是互相缔约的前提，也是互相立信的前提。不管是缔约还是立信，都必须是平等主体在意见一致的基础上达成的。信是体现于允诺中关于责任与义务的品质，主体之间一旦约定了各自的权利与义务，就必须践行，而不能毁约弃诺，否则，就不能建立正常的、可预期的社会政治经济秩序。

近现代以来，诚与信一般合并使用。作为伦理道德范畴，诚信的基本含义类似于传统意义上信的概念，它要求政府诚信，不要朝令夕改，更不要有法不依，以真正取信于民；要求商家在商业活动中诚信，不要毁约弃约，更不要坑蒙拐骗，切实遵守契约，以维护经济活动健康进行；要求人们在社会交往中诚信，不要轻诺寡信，更不要作假撒谎，以建立良好的人际关系。

### （五）待人之本——忠

孔子提倡忠，要求言行一致。他说："言忠信，行笃敬，虽蛮貊之邦，行矣；言不忠信，行不笃敬，虽州里，行乎哉"（《论语·卫灵公》），意思是说话要忠诚无欺，行动要认真亲切，这样即使在被认为是边野落后的地方也行得通，否则在本乡本土也行不通。孔子将"主忠信"（《论语·学而》《论语·颜渊》）作为交朋友和提升品德的主要依据。他认为忠要落实到行动方面，当子张问政时，他回答："居之无倦，行之以忠"（《论语·颜渊》），意思是坚守岗位不懈怠，执行职务要忠实。无论言与行，待人与待事，都不能离开"忠"。

孔子虽主张对人忠诚，但并非指我们要百依百顺，当君主和上司有过失时，我们也要忠言直谏。孔子说："忠焉，能勿诲乎"（《论语·宪问》），意思是忠于其人，能不劝告他吗？如果只会阿谀奉承，就不是忠诚待人了。由此可见，孔子并非绝对的忠君论者。忠臣不事二主，并非孔子的思想。他周游列国，秉持"道不同，不相为谋"的原则，在"道不行"时，宁可"乘桴浮于海"，但不做愚忠式的死谏。对于齐桓公杀公子纠，管仲不仅未为公子纠殉死，反而做了齐桓公的相国，孔子认为："管仲相桓公，霸诸侯，一匡天下，民到于今受其赐"（《论语·宪问》），他没有斥责管仲对故主不忠，反而认为他的做法为"仁"。可见孔子并不看重忠于某个国君，而是以人民利益为重。

孔子还主张忠与恕配合，这就是他说的"一以贯之"的忠恕之道。这里讲忠，并非单指忠君，而是讲待人要存心忠厚和宽恕，要将心比心和推己及人，这就是"己欲立而立人，己欲达而达人"（《论语·雍也》）。孔子回答子贡时，认为"己所不欲，勿施于人"（《论语·卫灵公》）是"可以终身行之"的"恕"道。

为贯彻忠恕之道，孔子提出要"躬自厚而薄责于人"（《论语·卫灵公》），即对己严格而待人宽容。孔子还说："不念旧恶，怨是用希"（《论语·公冶长》），这非胆小怕事，而是在待人方面采取宽厚态度。孔子对那些"居上不宽"（《论语·八佾》）的人不满意，认为宽厚的人才能得到人民的拥护，守信才会得到人民的支持。孔子提倡的忠恕之道后来成为儒家处世为人的一条准则，并产生了深远的社会影响。

君子不仅要有独立人格，而且必须守正，守正是君子立身的根本。守正肇始于修身而传达于天下，是君子道德追求的内在必然要求。君子之德在于心正，心正则德正，德正则人正，人正则行正，所以儒家强调"所谓修身在正其心者。身有所忿懥，则不得其正；有所恐惧，则不得其正，有所好乐，则不得其正；有所忧患，则不得其正。心不在焉，视而不见，听而不闻，食而不知其味。此谓修身在正其心"。因此，君子守正必先守心，只有把心守好，才能真正做到守正；只有做到守正，才能做到言之有度、行之有法，才能做到自我监督、自我约束、自我管理。

（节选自陈明海《君子：儒家追求的理想人格》，有删改）

## 四、儒家思想的现代价值

### （一）和谐意识

和谐是儒学的核心概念，我国传统儒学中原本就包含着和谐社会的理想，可以为建设和谐社会提供大量有意义的思想资源。

普遍和谐包含着人与自然、人与人（人与社会、国家与国家、民族与民族）、人的自我身心内外等诸多方面和谐的意义，所以，王夫之说太和是"和之至"，意即太和是最完美的和谐。这些包含在儒家经典中的和谐思想为中国哲学提供了一种对人类社会极有价值的世界观和思维方式。

天人合一作为一种世界观和思维模式，要求人们不能把人看成是和天对立的，这是由于人是天的一部分，破坏天就是对人自身的破坏，人就要受到惩罚。因此，天人合一思想认为，知天（认识自然，以便合理地利用自然）和畏天（对自然应有所敬畏，要把保护自然作为一种神圣的责任）是统一的，要求人应承担起合理利用自然、保护自然的使命。天人合一思想可以为应对当前生态危机提供某些有意义的思想资源。

人我合一是指在自我和他人之间存在着一种相即不离的内在关系，可以为解决人与人（社会）之间的矛盾提供某些有意义的思想资源。人世间的道理（人道）是从情感开始的，这正是孔子仁学的出发点。孔子说："仁者，人也，亲亲为大。"但孔子的儒家学说认为，仁爱不能只停留在爱自己的亲人上，而应该由"亲亲"扩大到"仁民"以及"爱物"。孔子的继承者孟子这样讲仁政："夫仁政，必自经界始。"意思是说，仁政，必须从划分田界开始。今天要建设和谐社会，首要之事就是要使人们都有自己固定的产业，过上安康幸福的生活；就全人类而言，就是要使各国、各民族都能自主地拥有其应有的资源和财富，强国不能掠夺别国的资源和财富以推行强权政治。所以人与人、国家与国家的协调和相互爱护的人我合一思想对建设和谐社会、和谐世界是有意义的。

### （二）人本意识

人本意识，就是尊重人和推崇人，以人为本，弘扬人的生命存在的意义和主体独立自觉的价值。这正是儒家津津乐道和汲汲追求的东西。儒家虽不像西方文艺复兴时代的思想学派那样突出人的个性自由与解放，追求个体的独立与发展；但儒家的人本思想突出人的主体性，主张把人当人来看待。儒家的人本或民本思想不同于近代西方的民主思想，人本或民本思想是通过对人性的肯定来论证人格尊严的，民主思想是通过对人权的肯定来论证人格平等的。人性与人权、民本与民主具有相通性，但不能等同。

### （三）忧患意识

忧患意识在中华文化中有着深远影响，至今仍值得人们学习与实践。

孔子与孟子致力于将忧患意识传递给天下人，从而达到一种"穷则独善其身，达则兼善天下"的境界。儒家学说是意在济世救民、修身治国的仁学，是旨在解决忧患问题的哲学方法。

相较于孔子，孟子更为直接地指出忧患意识对于国家发展的重要作用："入则无法家拂士，出则无敌国外患者，国恒亡。然后知生于忧患而死于安乐也。"在孟子看来，有忧患意识并非杞人忧天，当国家面临外部压力之时，忧患意识在适当的条件下可以转化为一种推动国家发展的动力。孟子的忧患意识不仅体现在忧国上，更体现在忧民上。与孔子从道德上规范民众行为相比，孟子认为保障民众的物质生活是施行道德教化的前提。孟子强调"保民而王，莫之能御也""得乎丘民而为天子"。他认为，一旦发生战争，百姓就要经受家破人亡、颠沛流离的苦难，所能依赖的只有他们的君主，倘若君主能够安抚百姓，使百姓衣食住行皆有所依，那么民心将成为改变春秋战国乱世格局、竞争制胜的关键所在。因此，孟子将民心推至相当高的地位，"得民心者得天下"，他认为政治得失的标准在于君主是否得民心、顺民意，若君主昏庸、腐败，百姓有革命的权利。

儒者的忧患意识超越了对于自身命运的担忧，这种忧国忧民的情怀逐渐成为一种文化传承，融入中华民族的基因之中。杜甫的"安得广厦千万间，大庇天下寒士俱欢颜"，范仲淹的"先天下之忧而忧，后天下之乐而乐"，陆游的"位卑未敢忘忧国，事定犹须待阖棺"，皆表现了对国家前途命运的担忧以及对社会底层民众的关怀。

### （四）力行意识

儒家思想中的力行意识，在现代社会具有重要意义。它强调"知行合一"，鼓励人们将道德认知转化为实际行动，注重实践和个人修养。在快节奏、高压力的当下，力行意识提醒我们要以诚信为本、勤勉做事，促进社会和谐。它倡导通过不懈努力提升自我，实现个人价值与社会责任的统一，为解决现代问题提供传统文化智慧，引导人们追求更高尚的道德情操和生活境界。

孔子认为，实践本身就是学习的组成部分。《论语》有言："子以四教：文、行、忠、信。""文"指历代文献知识，"行"指社会生活实践，"忠"指与人交往的忠心，"信"指言而有信。孔子以"行"作为教学内容之一，是为了解决知识与实践的结合问题。一个人如果只学习书本知识，不能把书本知识转化为实际工作能力，那是死读书、读死书。孔子说："诵《诗》三百，授之以政，不达；使于四方，不能专对；虽多，亦奚以为？"意思是，一个人熟读《诗经》300篇，交给他具体事务，他却不能很好地完成；让他出使各国，他却不能独立应对；读书再多，又有什么用呢？

孔子重实干，戒空谈。孔子指出："君子耻其言而过其行。"意思是君子把说得多做得少视为耻辱。孔子认为应该"先行其言，而后从之"，说过的话必须落实，最好多做事少说话。

孔子是实干家，他年轻时做过"委吏"，把账目记得清清楚楚；做"乘田"，把牛羊养得膘肥体壮。孔子的一生，正如他所言："君子无终食之间违仁，造次必于是，颠沛必于是。"他学贵力行，无时无刻不在弘道求仁，最终成了躬行践履的典范。

## 任务二　了解道家思想

**【分项任务2】**

1. 请以小组为单位搜集关于老子的传说，小组成员在课堂进行分享。
2. 小组展示与道家文化相关的图片并谈谈在生活中受到了道家文化的哪些影响。

### 一、道家思想的产生及演变

#### （一）道家思想的起源

道家文化源远流长，博大精深。伏羲画八卦，一画开天，他站在人类文明的起点上，开创了人类的元文明，也开启了道家文化。

卦象可以称为中华民族历史上最伟大的创造之一，看似简单的卦象却蕴含着丰富的哲理。作为"群经之首"的《易经》是一部陈述阴阳之道的著作，《黄帝内经》说："阴阳者，天地之道也。"《易经》说："一阴一阳之谓道。"这些句子都阐述了宇宙万物之规律，即阴阳相互转化、相互作用，这一思想逐渐演化成为了后期的"万事万物皆有两面"。

文化名片

　　伏羲，三皇五帝之首，即太昊，或称黄熊氏，相传姓风，又名宓羲、庖牺、包牺、伏戏，亦称牺皇、皇羲，《史记》中称伏牺，亦有青帝太昊伏羲一说，燧人氏之子。相传其母华胥在雷泽（今山东菏泽）因踩了巨大的脚印而有孕，生伏羲于成纪（今甘肃天水）。伏羲定都在陈（今河南淮阳）。他在劳动技能水平低下的渔猎时代，发明了捕鱼、捕兽、捕鸟的网罟，解决了先民的饥饿问题，开创了畜牧养殖业。相传，中国最古的文字是他创造的。在先民蒙昧之时，他始画八卦，变愚昧为智慧；在人以群分之时，他始定姓氏，使先民有了家族符号。由于伏羲是使中华先民从蒙昧步入早期文明的伟大祖先，故他被称为"全世界华裔的人文始祖"，中华民族自谓"龙的传人""龙的子孙"，也皆由伏羲起。

● 伏羲庙中的伏羲坐像

伏羲之后，黄帝担当起传承道家文化的使命，他承前启后，为道家文化的发展作出了突出的贡献。作为一个里程碑式的人物，他在前半生致力于南征北战、开疆扩土，后半生开始整合中华文明，并将其凝练、升华。在这个过程中，他尤其领悟到"道"的魅力。黄帝为老子集成道家思想起到了启迪的作用，为道家思想的形成奠定了坚实的基础。

## （二）道家思想的形成

老子是道家文化的集大成者，他汲取了伏羲、黄帝以及管仲等人的思想精华，逐步形成系统的道家思想。老子的传世著作《道德经》首句便是"道可道，非常道；名可名，非常名"。仅仅 12 个字，却蕴含着丰富的哲学道理。老子所述的道并非一个具体的摆于眼前的事物，也不是一种具体的可以直接用来指导人们实践的理论观点，看不见摸不着，但无所不在，无处不含。因此，我们很难用几句话来概括其内涵。

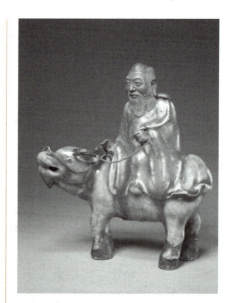

● 老子骑牛瓷像

《道德经》探索宇宙的奥义，认为宇宙的起源是万物混合而成并且独立存在的自然，即"道"，其核心思想是万物存在与发展的原理都是"反者道之动"的本体论。人类作为宇宙发展中的一个元素，应当顺应宇宙的发展，学习处世的规则。于是老子针对人生、社会和政治提出了不同的哲学观点，但其核心思想都是顺应自然而不是开拓创新。从当时的历史背景来看，诸侯纷争带来了混乱的社会格局，为了缓和这种激进的社会矛盾，老子主张以无为之道为核心的社会哲学和理论，而无意制造社会的新气象，因为那不是符合宇宙发展的大道之本。

### （三）道家思想的发展

庄子是继老子之后道家思想最重要的继承者之一，道家哲学的基本概念就是由他们二人确立的。不过，庄子的道家思想不同于老子，庄子主要解释了人与自然的关系、人的主观能动性，包括对事物的认知、对身体的运用等。庄子在道法自然的基础上，提出了从人自身的修养到社会和国家政治层面的处世之道。从历史角度看，道家文化对中国文化做出了巨大的贡献。

#### 1．"无为"之思

"无为"并不是什么都不做，而是不妄为、不乱为，以"无为"达到"无不为"。无为通过有为才能实现。事物有其发展的规律，有其遵循的法则，我们在做任何事时，都需要遵循这些规律与法则。

#### 2．"不争"之美

"夫唯不争，故天下莫能与之争""上善若水，水善利万物而不争"。道家的不争不是一种消极的态度，而是一种超脱的豁达，是一种博大的胸怀。"圣人之道，为而不争"，庄子可作为"不争"最好的例子之一，他参透万物却不入仕，即使清贫，却甘之如饴。

#### 3．"和谐"之妙

道家的思想也极为注重和谐。人是自然的一部分，不可能离开自然单独存在。要想利用自然便须尊重自然，这是人与自然的和谐相处之道。"绝圣弃智，民利百倍；绝仁弃义，民复孝慈；绝巧弃利，盗贼无有。"抛弃聪明智巧，人民可以得到百倍的好处；抛弃仁义，人民可以恢复孝慈的天性；抛弃巧诈和货利，盗贼也就没有了。这便可使社会和谐。

中华传统文化源远流长，博大精深。伏羲画八卦，为道家之先；黄帝开疆扩土，整合文明，为道家思想承前启后之人；老子、庄子以道为尊，亦为道家之集大成者。道家在理论上具有足够的深度，不同于中国其他传统哲学思想，其辩证的矛盾思想给其他流派带来了深远的影响。中华民族开放包容的文化胸襟正是得益于道家思想的发扬，道家思想使得中华文化绵延不绝，并且越来越繁荣。

文化名片

### 竹林七贤

竹林七贤指的是三国魏正始年间（240—249年），嵇康、阮籍、山涛、向秀、刘伶、王戎及阮咸7人。他们是当时玄学的代表人物，虽然思想倾向不同，嵇康、阮籍、刘伶、阮咸始终主张老庄之学，山涛、王戎则好老庄而杂以儒术，向秀则主张名教与自然合一；但他们在生活上不拘礼法，清静无为，因常在当时的山阳县竹林之下，喝酒、纵歌，肆意酣畅，世谓"七贤"，后与地名"竹林"合称。《晋书·嵇康传》记载，嵇康在山阳县居住时，"所与神交者惟陈留阮籍、河内山涛，豫其流者河内向秀、沛国刘伶、籍兄子咸、琅邪王戎，遂为竹林之游，世所谓'竹林七贤'也"。

● 《竹林七贤图》（局部）

## 二、道家的代表人物

### （一）老子

老子（生卒年不详），姓李，名耳，字聃，楚国苦县（今河南鹿邑）人，中国古代思想家、哲学家、文学家、史学家，道家学派创始人和主要代表人物，先秦诸子百家的启蒙者。据文献记载，老子自幼聪慧，静思好学。十余岁时，经老师商容推荐，老子入周都洛阳（今属河南）太学深造。他入学后，天文、地理、人伦、文物、典章、史书无所不学，无所不习，积累了丰富的学识。后来，他被太学博士推荐，入守藏室为吏，任周代守藏史，以博学而闻名。据说孔子曾多次向老子问礼。

● 孔子见老子画像（清拓本）

春秋末年，天下大乱，老子弃官归隐，骑青牛西行，准备出关，四处云游。司马迁在《史记》中记载："老子修道德，其学以自隐无名为务。居周久之，见周之衰，乃遂去。至关，关令尹喜曰：'子将隐矣，强为我著书。'于是，老子乃著书上下篇，言道德之意五千言而去，莫知其始终。"老子的"五千言"，即为传世经典《道德经》。传说，老子晚年曾在河南洛阳景室山（今老君山）隐居，101岁时仙逝。东汉时，老子被尊为"道教始祖""太上老君"。

《道德经》，是道家哲学思想的重要来源，又称《道德真经》《老子》《五千言》《老子五千文》。《道德经》分上、下两篇，原文上篇《德经》、下篇《道经》，不分章，后改为《道经》在前，《德经》在后，并分为 81 章，全文共约 5000 字，有学者认为其是中国历史上首部完整的哲学著作。《道德经》内容涵盖哲学、伦理学、政治学、军事学等诸多学科，被后人尊奉为治国、齐家、修身、为学的经典，被誉为"万经之王"。

《道德经》主要论述"道"与"德"："道"不仅是天地万物的本原，也是宇宙之道、自然之道；"德"是指一种特殊的世界观、方法论以及为人处世之方法。老子认为万物运行有其自然的法则，人们应顺应自然。《道德经》中还包含了朴素的辩证法，它认为世间的事物都有其对立面，如难和易、长和短、前和后，对立的双方是可以转化的。老子善于从正反两方面思考问题。老子

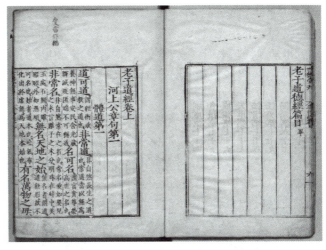

● 《道德经》明嘉靖时期顾氏世德堂刊本

在政治上主张"无为而治"，他的学说集中在《道德经》一书中，对中国和世界文化产生了深远的影响。

微课

道家思想之道

## （二）庄子

庄子（约公元前369—公元前286年），姓庄，名周，战国时期宋国蒙（一说今河南商丘东北、一说安徽定远）人，先祖是宋国君主宋戴公，中国古代思想家、哲学家、文学家，道家学派的主要代表人物，创立了庄学，与老子并称"老庄"。庄子曾任宋国漆园（蒙城）吏，史称"漆园傲吏"；后辞官，隐居南华山，潜心研究学问，唐玄宗时追封为"南华真人"。

庄子继承和发展了老子"道法自然"的思想观点，主张"道"与"人"密切结合，强调治国要顺应自然和民心，认为人生应追求精神自由，要保持独立的人格。庄子不但是我国哲学史上著名的哲学家，也是文学史上不朽的散文家、艺术家，对中国后世的哲学、文学等产生了深远、巨大的影响。其文想象丰富，语言运用自如，被称为"文学的哲学，哲学的文学"。

● 《梦蝶图》

《庄子》，又名《南华经》，是道家的一部经文，由庄子及其后学所著，现存33篇，内篇7篇、外篇15篇、杂篇11篇，大小寓言200多则，总计6万多字，主要反映了庄子的哲学观、艺术观、美学观等，内容丰富，包罗万象，博大精深，对宇宙生成论、人与自然的关系、生命价值、批判哲学等都有详尽的论述，被后人誉为"钳揵九流，括囊百氏"。"道、无为、自由、自然"是《庄子》的核心概念。庄子认为，顺应道，追求无为、追求自由、与自然和谐共处是获得真正的幸福的重要途径。《庄子》中的名篇有《逍遥游》《齐物论》等。

《庄子》不仅是一本哲学名作，也是文学、审美学上的杰作，对中国文学、审美的发展有着深远的影响。庄子的文章，文学意境深远，文笔汪洋恣肆，具有浪漫主义的艺术风格，乃先秦诸子文章中的典范之作。鲁迅说："其文则汪洋辟阖，仪态万方，晚周诸子之作，莫能先也。"《庄子》《老子》《周易》合称"三玄"，共为中华民族的源头性经典之作，在我国思想史、文学史、美学史上占有极其重要的地位。

微课

走近庄子

### 三、道家思想的影响

对于世间万物，道家主张要顺应其发展规律，尊重自然界一切生物的自然属性，让其自然发展，不对其进行人为改造或干扰。因为道家认为人与宇宙万物是互相感应的，人与物是信息相通的，如果人尊重自然，自然也会尊重人；如果人一味干涉自然的发展，则会受到自然的惩罚。人与自然的关系是个永恒的主题。道家的思想是一种尊重、顺应自然的思想，是一种追求自然和谐的思想，这种思想对解决当前社会面临的环境问题是有意义的。今天强调的可持续发展思想与道家崇尚自然、返璞归真的思想可谓一脉相承。世界环境与发展委员会在著名的报告《我们共同的未来》中提出了可持续发展的概念。可持续发展思想，就是道家尊重自然思想的延伸和具体化。当代可持续发展思想的提出，正是以协调人与自然的关系为出发点，倡导人们应更加热爱自然、回归自然，希望人与自然在和谐相处的环境中共同发展。

说完自然，再说说道家在"人"这方面的价值。道家提倡少私寡欲，追求清静无为、逍遥洒脱，主张无为而治、柔弱不争，这对于处理人际关系、形成正确的人生观有很大的益处。道家认为万物发展遵循的根本规律是"反者道之动""逝曰远，远曰反"，意思是说，任何事物的某些性质如果向极端发展，一定会转变成它们的反面，所以"少则得，多则惑""物或损之而益，或益之而损"，"物极则反"是一切的定律。

老子说："持而盈之，不如其已；揣而锐之，不可长保。金玉满堂，莫之能守；富贵而骄，自遗其咎。"人为了自己的生存需要一定的生活资料，所以道家并不完全反对人有私利，但是要适可而止。道家的这种思想在现代对解决人生问题、形成正确的人生观有很重要的指导意义。人们满足欲望，是为了寻求幸福快乐；但是如果欲望太多，就会得到相反的结果。"祸莫大于不知足，咎莫大于欲得。"道家少私寡欲、见素抱朴的思想正是解决这些问题的重要指导思想。动物有欲望，是出于它们的野性；而人和动物是不同的，人类有思想、有情感、有智慧，怎能被欲望蒙蔽双眼？因此人类应该在看清事物本质之后，想想自己的欲望是否合理。只有经常忘记欲望，才能体察到世界万物的玄妙之处，体悟人生真谛。

"中华文明历来崇尚天人合一、道法自然，追求人与自然和谐共生。"中华宇宙观中蕴含的天人合一理念，集中体现着中华民族对整个宇宙以及人与宇宙万物关系的根本看法。了解天人合一的内涵和意义，有助于人们深刻理解中国人的宇宙观及其对当今时代的重要价值……天人合一的宇宙观从万物相互联系出发而非孤立、片面地看待世界，强调整个世界的有机关联。人与自然、人与人、人与社会之间是共生共存的关系。人不是孤零零的存在，人与草木、鸟兽、山水、沙石同在。根据这样的宇宙观，人与天地万物属于同一个大的生命共同体，这样就把人类的生存与宇宙万物的生存联系起来了。

（节选自郭齐勇《天人合一的内涵与时代价值》，有删改）

## 任务三　了解法家思想

【分项任务3】

以小组为单位，搜集法家思想的主要观点，并在课堂上进行分享。

### 一、法家思想产生的背景及演变

法家是先秦众学派中对法律最为重视的一派。他们因主张以法治国而闻名，而且提出了一整套理论和方法，这为后来的秦代制定各项政策提供了有效的理论依据，汉代继承了秦代的集权体制以及法律体制，形成了我国古代封建社会的政治与法制主体。法家在法理学方面做出了贡献，对于法律的起源、本质、作用以及法律同社会经济、时代要求、国家政权、伦理道德、风俗习惯、自然环境、人口、人性的关系等基本的问题都进行了探讨，而且卓有成效。

法家思想的源头可追溯到春秋时期的管仲、子产，经由战国时期的李悝、商鞅、慎到、申不害等发展，渐成体系。战国末期的韩非子是法家思想的集大成者，他构建了完备的法治理论和朴素唯物主义的哲学体系。

法家思想同中国封建土地关系的产生与发展相关，是地主阶级取代奴隶主贵族统治的理论表现。在奴隶社会中，礼是奴隶主贵族统治的政治体系和道德规范。春秋以来，礼逐步失去了原有的威力，旧有的典章制度随之衰落。为适应封建土地关系发展的需要，奴隶主贵族中出现了一批改革家，据《左传·昭公六年》记载，郑国子产将郑国的法律条文刻在金属鼎上，向国民公布了成文法。此外还有齐国的管仲、晋国的郭偃等人，他们颁布法令与刑书，改革田赋制度，推动封建化进程，成为战国时期法家学派的思想先驱。管仲和子产既强调法制，又重视道德教化。在哲学上，他们提出了一些唯物主义观点，管仲及其后继者主张"天不变其常，地不易其则"，子产则提出"天道远，人道迩，非所及也"。

秦晋法家的创始人之一李悝（约公元前455—公元前395年），任魏文侯相，提倡"尽地力之教"，主张大力发展农业生产，调整租谷，创平籴法，兼顾农民与市民的利益。他还将当时诸国刑律编成《法经》6篇，《法经》为中国古代第一部较为完整的法典。与李悝同时期的吴起先在魏国进行兵制改革，后又在楚国进行政治改革，打破旧贵族的世卿世禄制，强迫旧贵族徙边垦荒，奖励"战斗之士"。后来，商鞅认为，法律是治理国家的根本，只有依法行事，才能确保国家的长治久安。他在秦国实行两次变法，排斥道德教化，轻视知识文化。他用发展的观点看待历史，提出"反古者不可非，而循礼者不足多""治世不一道，便国不法古"。

战国末期的韩非集秦晋法家思想之大成，将法治理论系统化。他主张加强君主集权，剪除私门势力，以法为教，厉行赏罚，奖励耕战。在历史观方面，他提出"不期修古，不法常可""事异则备变"的观点，把历史的发展阶段分为上古之世、中古之世、近古之世和当今之世。在哲学上，他用唯物主义观点改造老子关于"道"的学说，指出"道者，万物之所然也，万理之所稽也。理者，成物之文也"，即认为"道"是万物发展的总规律，"理"是个别事物的特殊规律，因此人必须遵循客观的规律活动。在认识论方面，他提出"参验"的方法，以"功用"的实际效果检验人的言行，认为"无参验而必之者，愚也；弗能必而据之者，诬也"。这种把"参验"作为判别知识真伪的思想，对中国古代唯物主义认识论的发展具有重要意义。

法家的发展大体可分为4个阶段。

一是萌芽阶段。法家的产生可以追溯到春秋时期的管仲和子产，通常把他们看作法家的先驱，但此时还没有产生严格意义上的法家。

二是创立阶段。法家的真正创始者，包括李悝、吴起、商鞅、申不害与慎到等人。他们大都投身到当时各国的变法浪潮中，成为变法运动的实际领导者。同时，他们重视经济发展，特别重视农业生产。

三是成熟阶段。法家思想体系的最终确立应归功于韩非，他综合与总结了以前法家所取得的成果及经验教训，将"商法""申术""慎势"融合，建立起"法、术、势"统一的法家思想体系，从而使法家思想系统化。

四是衰落时期。秦代是按照法家的思维模式建立起来的。法家从早期创始者的变法运动，经韩非的理论建构，到秦代建立时，达到鼎盛，之后随着秦代的衰落便一蹶不振、一衰不起了。

**文化名片**

## 管鲍之交

管鲍之交，比喻友情深厚。该成语出自《列子·力命》："管仲尝叹曰：'吾少穷困时，尝与鲍叔贾，分财多自与，鲍叔不以我为贪，知我贫也。吾尝为鲍叔谋事而大穷困，鲍叔不以我为愚，知时有利不利也。吾尝三仕三见逐于君，鲍叔不以我为不肖，知我不遭时也。吾尝三战三北，鲍叔不以我为怯，知我有老母也。公子纠败，召忽死之，吾幽囚受辱，鲍叔不以我为无耻，知我不羞小节而耻名不显于天下也。生我者父母，知我者鲍叔也！'此世称管鲍善交者，小白善用能者。"

● 管鲍之交

## 二、法家的代表人物

战国初期，封建制在各诸侯国相继建立，顺应经济、政治、思想领域全面变革的需要，新兴地主阶级的法家学派应运而生。这一学派的思想家的理论各有特色，方策亦各有别，但他们都主张以法治国。法家主要代表人物有商鞅、韩非等人。

### （一）商鞅

商鞅（约公元前390—公元前338年），战国时期政治家、改革家、思想家，法家代表人物，卫国（今河南安阳）人，卫国国君的后裔，姬姓，公孙氏，故又称卫鞅、公孙鞅，后因在河西之战中立功获封商于十五邑，号为商君，故世人称之为"商鞅"，著有《商君书》（又称《商子》），这是商鞅及其后学的著作汇编。商鞅辅佐秦孝公，积极实行两次变法，使秦国成为富裕强大的国家，史称"商鞅变法"。公元前338年，秦孝公逝世，其子秦惠文王继位。秦孝公去世的同年，商鞅因被公子虔指为谋反，战败死于彤地，其尸身被带回咸阳，处以车裂之刑后示众。

商鞅变法对秦国的政治、经济和军事都产生了巨大的影响。政治上，商鞅对秦国的户籍、军功爵位、土地制度、行政区划、税收、度量衡以及民风民俗等方面进行了改革，并制定了严酷的法律，打击了旧的血缘宗法制度，使国家机制更加健全，中央集权制度的建设从此开始。经济上，他主张重农抑商、奖励耕战，改变了旧有的生产关系；废井田开阡陌，从根本上确立了土地私有制。军事上，他奖励军功，鼓励士兵为国家效力，达到了强兵的目的，极大地提高了军队的战斗力，使秦国发展成战国后期最强大的国家，为秦国下一步的战略发展创造了有利的条件，也为秦国统一全国奠定了基础。

### （二）韩非

韩非（约公元前280—公元前233年），又称韩非子，战国末期韩国（今河南禹州）

人，中国古代思想家、哲学家和散文家，法家学派代表人物。韩非出身于韩国宗室贵族之家，自幼聪明好学，读百家之书及杂书。青年时期，韩非因忧国多次向韩王上书，但不被采纳，于是退而著书；后闻荀子到楚国任兰陵令并收徒讲学，便投奔荀子门下，学帝王之术；后受命出使秦国，受到秦王嬴政赏识，因与李斯政见相左而遭陷害，最后被毒死在狱中。

韩非是战国末期的唯物主义哲学家，是法家思想的集大成者。他的思想核心是"以法治国"，主张靠法令使臣民服从，目标是实现中央集权专制统治。他"喜刑名法术之学，而其归本于黄老"。他对老子的《道德经》的研究颇为透彻，并且将老子的辩证法、朴素唯物主义与法家思想融为一体，将商鞅的"法"、申不害的"术"、慎到的"势"等集于一身。

● 韩非像

《韩非子》是法家学派的代表著作，由后人编辑而成，对中国封建专制主义集权统治的建立产生了深远的影响。韩非学说的核心是以君主专制为基础的"法、术、势"结合的思想，秉持朴素的辩证法和唯物主义的历史观，强调以法治国、以利用人，对秦汉以后中国封建社会制度的建立产生了重大影响。该书在先秦诸子文章中独树一帜，其中的文章构思精巧、逻辑严密、文锋犀利、议论透辟、推证事理、切中要害、语言幽默，于平实中见奇特，具有耐人寻味、警策世人的艺术效果。

韩非善用大量浅显的寓言故事及丰富的历史知识作为论证资料，说明抽象的道理，形象化地体现他的法家思想和他对社会与人生的深刻认识。《韩非子》中记载了许多脍炙人口的寓言故事，如"自相矛盾""守株待兔""讳疾忌医""滥竽充数""老马识途"等。这些生动的寓言故事蕴含着深隽的哲理，实现了思想性和艺术性的完美结合，给人们智慧的启迪，文学价值堪称"先秦寓言之最"，成为千古流传的成语典故，至今仍被广泛运用。

## 三、法家思想的现代价值

法家思想诞生于君主专制政体和封建宗法家族掌权的背景下。法家是古代诸子百家中对法律最为重视的学派，先秦法家以其鲜明的政治主张使秦国完成了统一大业，但由于其过度强调君主专制、严刑峻法，最终民怨纷起；但其法治思想中的"刑无等级""明法去私""法与时转""布之于众""明法律令"等，对现代法治仍具有重要的借鉴价值。

### （一）法律面前人人平等

法家主张法律面前没有社会等级之分，追求一种人人自律、人人守法的理想法治状态。"法不阿贵，绳不挠曲""不辟亲贵，法行所爱"，强调的正是法的平等精神。法治应该从民众的切身利益出发，得到民众的普遍认可与肯定，这样才能减轻法律在推行过程中的阻力，使法律条令更易于被民众接受和践行。同时，必须维护法律的绝对权威，法律的施行要有严格公正的司法保障，否则法律就会形同虚设，丧失其应有的尊严。此外，法家使人们对法治特别是对"法律面前人人平等"的认识达到了前所未有的高度，并以法令的形式明确了赏罚的标准，追求有法可依的理想状态。同时，法家要求国家官吏和普通民众共同守法，使法律成为执法的唯一标准，使赏罚制度更为清晰明确。

### （二）维护公平正义

法是衡量人们的言行对错、是非曲直、功过得失的客观标准。法家主张"明法去私""去私行公"。商鞅提倡必须任贤举能，而不是任人唯亲，只有做到公私分明，无德之人才不会嫉恨贤德之人，没有功劳的人才不会嫉妒有功劳的人，这样才能维护社会公正、公平，才不会引起争议和争夺。

### （三）及时科学立法

法家认为社会历史是不断发展变化的，法律才是治理国家的准绳，立法需遵循随时变、遵事理的原则，使法令随着社会的变化而变化，这蕴含着与时俱进的历史进化观。每个时期都有不同的发展态势和社会矛盾，只有因时制宜、法令统一，才能发挥法令应有的作用。立法是现代法治的首要环节，"法与时转"的立法观也给我国现代法治建设以深刻启示，社会是不断变化发展的，法律制度既不能朝令夕改，也不能墨守成规，而应顺应时代潮流，及时制定、修改或废除。

### （四）形成全民学法、知法、懂法的习惯

法家认为法律是统治阶级的生命，是治理国家的根本，是约束普通民众的有力武器，因此必须加强对民众法治教育的力度。法家强调的"布之于众"的普法教育，相当于当今社会的全民学法、知法、懂法，只有这样才能形成良好的法治习惯。法家认为法律具有规范性、强制性、公正性、平等性和宣明性，既然法律是君主治理国家的理论依据，就应该公之于众，让百姓知晓进而遵守法律。法律不应成为被束之高阁的条令，而应成为人们日常的行为指南。当前我国大力开展形式多样的普法宣传教育活动，就是为了让人们认识法律、了解法律知识，不断增强法律意识和法治观念，进而自觉遵守法律，构建人人懂法、人人守法的法治社会。

### （五）树立法律的权威

法家认为法律是绝对的权威，"明法律令"的法治主张为当前法治中国建设提供了重要的历史借鉴。法家提倡法律应"布之于众"，即要让百姓知晓法律条令，并以明白易懂的文字对法律条令加以阐释。韩非在《韩非子·难三》中指出"是以明主言法，则境内卑贱莫不闻知也"。他还提出："法者，编著之图籍，设之于官府，而布之于百姓者也。"既然法律是公开宣布、要让百姓了解和遵守的，那么在制定法律条令的同时，就应当做到"必使之明白易知""官不私亲，法不遗爱"，将法律布之于众，让百姓明法懂法，以便能遵纪守法，确立法律权威。"公生明，廉生威"，只有当法律条令以规范性的语言确定下来之后，行政执法部门才能依照法律公正文明执法，增强执法意识和能力，确保法律的贯彻实施；司法机关才能有法可依、有章可循，维护司法的公平正义，真正树立法律权威。

总之，法家思想诞生于等级制度严森的封建社会，受当时历史条件的制约，有精华也

有糟粕。虽然法家思想存在历史局限性，其"以法治国"的思想与当今"依法治国"的思想存在本质差别，但在当前依法治国的时代背景下，我们应该用辩证的眼光看待法家思想蕴含的治国方略，汲取其精华部分，为建设社会主义法治国家添砖加瓦。"法令行则国治，法令弛则国乱"，法家的法治思想是中国古代法家学派集体智慧的结晶，是历史留下的宝贵财富。

**文以立心**

正如文化具有传承性和创新性一样，法治也是如此。今天的法治同样是在继承的基础上进行创造的产物。从"依法治国"的角度看，战国时期的法家学派也提倡以法治手段治理国家，这表现在其"缘法而治"的理论体系之中。法家认为，只有通过法治，才能实现社会和谐。法家经常用"治"和"乱"来表述社会的和谐与不和谐状态。如商鞅说："以刑去刑，国治；以刑致刑，国乱。"可以说，在追求社会和谐的目标上，法家与儒家是一致的，但二者的不同之处在于其采用的手段方面，儒家认为靠德治才能实现社会和谐，而法家则强调法治的唯一性。

（节选自崔永东《缘法而治：可圈可点的法家思想》，有删改）

---

**任务四　了解墨家思想**

【分项任务 4】

1. 以小组为单位，搜集有关墨子的知识，了解墨子的主要思想。
2. 谈一谈孔子的"仁爱"与墨子的"兼爱"有什么不同。

## 一、墨家思想的起源

墨家，是中国春秋战国时期的哲学流派，诸子百家之一。墨家创始人为墨翟，或称墨子，幼时师从儒家，后来不同意儒家强调的繁文缛节、森严的等级制度和靡财害事的丧葬风气，遂背离儒术。墨翟"背周道而行夏政"，强调要学习大禹刻苦俭朴的精神，复原殷人之传统，遂逐渐脱离儒家的"其君用之，则安富尊荣"，创立了墨家。

墨家是一个纪律严明的民间学术团体，其首领称"巨子"，其成员到各国为官必须推行墨家主张，所得俸禄须向团体奉献。墨家有前后期之分。前期墨家思想主要涉及社会政治、伦理及认识论问题，关注现世战乱；后期墨家在逻辑学等方面有重要贡献，向科学研究领域靠拢。墨家的宗旨主要是兼爱、非攻、安定民生、发展经济、改革政治、实现大同。墨家异军突起的原因在于它提出了一些儒家没有提出的社会学说和政治方案，如"王天下、正诸侯、尚贤能、等贵贱"等，以对功利主义和现实主义的认识为基础提出了"法""术"思想，从而引起了当时上至君主下到百姓等阶层的强烈兴趣，尤其是他们反对贪得无厌的掠夺战争和穷奢极欲的享乐生活的思想，更是反映了百姓的心声。

墨家是一个有领袖、有学说、有组织的学派，他们有强烈的社会实践精神。墨者们吃苦耐劳、严于律己，把维护公理与道义看作义不容辞的责任。因为墨家思想独有的反对专制集权的政治属性，兼之汉武帝推行"罢黜百家，独尊儒术"政策，墨家不断遭到冷遇和打压，并逐渐失去了存身的现实基础，由此，墨家思想在中国逐渐消亡。直到清末民初，学者们从故纸堆中重新挖掘出墨家思想，研究并发现其具有一定的进步性。墨家提倡的反宗法血缘、法律面前亲疏平等、人力否定天命、发展经济、杜绝浪费、身体力行的实践精神以及对科学的贡献等在今天也需要被重视。

## 二、墨子及其相关著作

### （一）墨子

墨子（生卒年不详），姓墨，名翟，春秋战国之际的思想家、哲学家、科学家、军事家、教育家、社会活动家，墨家学派创始人。相传，墨子的祖先是殷王室宋国贵族，后因故降为平民。据说墨子出身于工匠家庭，自幼刻苦学习，精通手工技艺，熟谙各种兵器、机械和工程建筑的制造技术，并有很多发明创造。

墨子青年时就开始收徒办学，创办了历史上第一个设有文、理、军、工等科的综合性平民学堂，后带弟子周游列国，聚众讲学，宣传墨家思想。当时，墨学与儒学并称"显学"。《史记》记载："盖墨翟，宋之大夫，善守御，为节用。或曰并孔子时，或曰在其后。"墨子被后世誉为"科圣"。

### （二）《墨子》

墨子的著作《墨子》是墨家学说的经典著作。根据《汉书·艺文志》记载，原书应有71篇，而当前通行本只有53篇，遗失了18篇，其中8篇只有篇目，而无原文。《墨子》一书所蕴含的思想内容极其丰富，在中国思想发展史上具有重要的学术地位，在政治、伦理、哲学、逻辑和军事等方面均有突出表现，尤其是在逻辑领域，可以说它是先秦逻辑思想史的奠基之作。

墨子主张兼爱、非攻，提倡人们互爱互利，反对各国相互攻伐兼并，残害生命。他提出要选贤能的人治理国家，并且批判贵族奢侈的生活，提倡节俭。在墨子的著作中，还有一部分学说涉及自然科学，如力学、光学、声学、几何学、物理学等。小孔成像原理最早就是墨子发现的，他的微分学原理也比西方提出得早。墨子去世后，其弟子根据他的生平事迹，收集其语录，完成了《墨子》一书。

文化名片

### 墨子救宋

公元前440年前后，墨子约29岁时，楚国准备攻打宋国，请著名工匠公输般制造攻城的云梯等器械。墨子正在家乡讲学，听到消息后非常着急，于是一面安排大弟子禽滑厘带领300名精壮弟子帮助宋国守城，一面亲自出马劝阻楚王。墨子在获悉楚国的进攻计划后，说服公输般停止制造攻宋国的武器，又成功说服楚王，后就地取材，实地模拟攻守情况，说明楚国攻打宋国并无益处，这促使楚王彻底放弃了攻打宋国。

● 墨子救宋图

### 三、墨家思想的核心内容

#### （一）社会理想：兼爱、非攻

所谓兼爱，指的是"爱无差等"。墨子要求人们对别人的爱与对自己亲人的爱没有差别，一视同仁。他认为只要大家"兼相爱，交相利"，社会上就没有强凌弱、富侮贫、贵傲贱、智诈愚和互相攻伐的现象了。他对战争带来的祸害以及平常礼俗上的奢侈逸乐都进行了尖锐的批判。

在墨子的思想中，"兼相爱"与"交相利"是一体两面的，这是他主张重建社会秩序和道德准则的首要思想。非攻是墨子兼爱思想在社会政治方面的具体体现。墨子认为，春秋时期的战争均属掠夺性非正义战争，他认为无义的攻伐"夺民之用，废民之利""春则废民耕稼树艺，秋则废民获敛。今唯毋废一时，则百姓饥寒冻馁而死者，不可胜数"。他还借助天、神来说服王公大人、诸侯，指出战争也打扰了天、神，影响了天、神之利。他主张以德义服天下，以兼爱来消弭祸乱。在墨子眼里，兼爱可以止攻，可以去乱。兼爱是非攻的伦理道德基础，非攻是兼爱的必然结果。

文以立心

墨子的非攻思想启迪我们构建人类命运共同体才是维护世界和平的保障。这一思想告诉我们：战争永远都是人类的灾难，能用非战争手段解决的问题，绝不应诉诸武力！至于核对抗，更是人类和地球的死路！同时，各国都面临着发展经济、走向繁荣的共同任务，不同国家的人们应从环境污染、生态失衡、能源危机等人类共同面临的威胁中意识到应该用对话、合作代替对抗、斗争，当今社会的经济交流也要求各国在合作中竞争，在竞争中合作。在这种形势下，和平与发展应该成为全人类的共同准则和奋斗目标。在这个方面，墨子的处世智慧给我们的启迪是永远不过时的。

（节选自陈延斌《纪念孔子诞辰2570周年国际学术研讨会暨国际儒学联合会第六届会员大会论文集·墨子的处世智慧及其对构建人类命运共同体的启示》，有删改）

### （二）社会思想：节用、节葬、非乐

墨家思想充分反映了平民阶层的生活实际、利益诉求、价值观念和精神理想。

墨家是先秦时期小生产者组成的团体，这一平民群体生产生活的实际是节用、节葬思想产生的社会基础。墨子本人便是手工业者，另外，从《墨子》一书以及先秦诸子对墨家学派的论说中可以知道，墨家学派的成员主要为农民、手工业者和市井劳动者。平民群体基本上由社会下层人民构成，而他们在社会生产生活资料的占有与分配方面是弱势群体，其话语权更是极其有限的，因此，他们自然形成了其特有的价值体系，在生活资料的使用上，其节用、节葬思想独具特色。

墨家节用思想的总体原则是："凡足以奉给民用，则止。诸加费不加于民利者，圣王弗为。"这包含了墨家的生产观念和消费观念，一方面要求如果生产出的社会物质财富能够满足社会整体人群的基本生存需要，就不要再继续耗费民力进行具有奢侈性质消费品的生产；另一方面要求统治者和平民都要进行适当的消费，统治者制定的各项消费政策尽量不要损害平民的利益。墨家对衣食住行用各个方面进行了详细的规定。墨子的节用论实际上体现了低度消耗资源与适度消费的原则。节用思想的总体原则是从平民的利益角度出发的，墨家对衣食住行用的具体主张充分体现了其平民主义的特点。

节葬思想是节用思想的延伸，是针对当时"厚葬久丧"给国家和人民带来的现实伤害提出的。厚葬的做法消耗了大量资财，而这些资财又直接来自平民，这使平民更加贫困。针对"厚葬久丧"的弊端，墨家提出了自己的主张："古者圣王制为节葬之法，曰：'衣三领，足以朽肉；棺三寸，足以朽骸；掘穴深不通于泉，流不发泄，则止。'死者既葬，生者毋久丧用哀。"由此可见，墨家强调的不是主观动机而是客观效果，墨家的节葬思想从效果出发，注重成本。节葬思想充分体现了墨家的平民主义特点。

在墨子看来，传统的乐舞和宗教仪式往往只是为了迎合贵族统治者和神祇的需要，并不真正符合人们的利益。这种乐舞和宗教仪式不仅浪费了社会资源，还迷惑了人们的思想和行为，使得对真正利益的追求变得模糊。墨子主张以实现社会公平和个人幸福为中心，反对盲目追求享乐和迷信神灵的宗教活动。

墨子的非乐思想体现了一种理性主义的思想倾向。在他看来，传统的乐舞和宗教仪式缺乏理性思维，只是过分追求感官刺激和情感激荡的体现。他认为人们应该通过理性思考和实际行动来改善社会和个人的境遇，而不是依赖乐舞和宗教仪式来获取安慰和希望。墨子的非乐思想可以被理解为对于虚无主义和宗教迷信的否定，是一种对传统的宗教观念和生活方式的理性挑战。不过，需要注意的是，墨子的非乐思想并不是完全否定艺术和宗教。相反，墨子强调艺术和宗教应该服务于社会和个人的利益，应该符合理性的思考和实践的需要。

### （三）社会政治理论：尚贤

贤良之士是墨家推行、实践自身思想的关键。墨子认为贤良之士是"国家之珍""社稷之佐"，"国有贤良之士众，则国家之治厚"，否则，社稷就会"倾覆"。所以，当政的王公贵族的要务就在于发现人才（举贤）、培养人才（众贤）、使用人才（授政）。"得意，贤士不可不举；不得意，贤士不可不举。尚欲祖述尧舜禹汤之道，将不可以不尚贤。夫尚贤者，政之本也。"

对于如何选才，墨子自有主张。当时完全是贵族世袭的时代，政权完全掌握在王公贵族手里。墨子提倡选拔人才，认为国家各级政府中的官职应该平等、无条件地向农夫和手工业者等一般平民开放，只要他们符合贤能标准便可入选。墨子还有句名言："官无常贵，而民无终贱。有能则举之，无能则下之。"意思是，做官的不能永远富贵，而民众也不会永远贫贱；对于有才能的人，要举荐他们，对于没有才能的人，就将其撤下来。墨子选才的方式是开拓性的，甚至是颠覆性的，完全超越了时代局限。

尚贤作为墨子的社会政治理论的核心内容，其目的是让平民百姓中的贤良之士参与国家管理。墨子在那个时代提出了"不党父兄，不偏贵富，不嬖颜色"，反对以血缘、地位、裙带关系来用官任职，主张"尚贤"，贤良之士"以德就列，以官服事，以劳殿赏，量功而分禄"，即贤良之士要根据德行任官，根据官职授权，根据功劳定赏，通过衡量功绩来分配禄位。这种思想在当时是极为先进的，对如今的国家治理和人才培养具有宝贵的借鉴意义。

## 四、墨家思想的现代价值

墨家主张正义治国、贤人治国，针对国家可能出现的各种弊病和不良情况，有一整套的对策理论。国家混乱失治，以"尚贤""尚同"对之；国家贫穷衰落，以"节用""节葬"对之；国家奢靡迷醉，以"非乐""非命"对之；国家侵凌欺夺，以"兼爱""非攻"对之。现在我们构建和谐社会、节约型社会，提倡科技创新，建设人类命运共同体，呼唤世界和平，等等，其实都与墨子的治国理念有异曲同工之妙。

墨子在科技方面有很多惊人的成就。他制造的舟、车、飞鸢，以及他根据力学原理为古代车创造的"车辖"（即今天的车闸），为城门研制的"堑悬梁"，根据声学原理创造的"罂听"（即最早的"监听器"），等等，都是当时世界上水平最高的科技成就的代表。特别令人惊讶的是，他在自然观、力学、数学、光学等方面的一些创举，与近代的科学原理几乎不谋而合。科学实验卫星命名为"墨子号"，体现了对墨子科技成就的充分肯定。

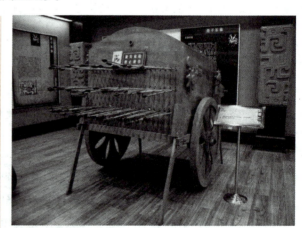

● 墨子发明的守城器械连弩之车

现在，我国把创新摆在国家发展全局的核心位置，强调要推进以科技创新为核心的全面创新，提出各行各业都要弘扬"工匠精神"，这是对以墨子为代表的中华传统文化中科技思想的彰显，是对以科技创新为主要内容的墨子文化的重塑。这让尘封了 2000 多年、包含科技之光的墨子文化在国家科技创新中发挥引领支撑作用，对于实现中华民族伟大复兴的中国梦具有划时代的重要意义。

**文化漫谈**

　　儒家文化重视人的德性品格，重视德性的培养和人格的提升。孔子说"朝闻道，夕死可矣"，把对真理和道德的追求看得比生死还重要。孔子说"杀身以成仁"，孟子说"舍生而取义"，都是认为对道德信念的坚持不受物质条件影响。儒家的这种思想在社会上营造了崇德尚义的气氛。这种精神追求，通过古代的文明规范体系"礼"，形成了中华礼仪之邦的社会风尚。

　　孟子提出"富贵不能淫，贫贱不能移，威武不能屈"，鼓舞人们追求坚定独立的人格尊严，不被任何财富所腐化，不受任何外力所威胁，为那些捍卫正义和美好生活的人们提供了精神激励和支持。在这样的精神影响下，儒家一贯强调明辨义利，主张明理节欲，在价值评价上对坚持道德理想追求的人进行褒扬，对追求个人私欲的人加以贬斥，人的美德和修养始终受到重视。在中华文化的长期发展中，形成了以重视礼义廉耻、奉行仁孝忠公诚信为核心的传统美德体系。

　　在这种道德取向的影响下，中华传统文化重视人的德性品格，重视自觉修养和意志锻炼，同时在政治上强调"道之以德，齐之以礼"，注重用道德礼俗实现对社会秩序的维护，反对以刑罚暴力管理社会；对外则强调"以德服人"，反对"以力服人"。这些都凸显了中华传统文化特别重视道德文明的特色。

　　（节选自陈来《儒家文化的人文精神》，有删改）

**文以践行**

　　以小组为单位，选出一个小组成员最喜欢的儒家思想代表人物，通过视频讲解该人物的主要思想以及我们该如何继承与发扬其思想。视频不超过 5 分钟。具体要求如下。

　　（1）学生自由分组，5～8 人为一组，并填写任务分配表。

　　（2）各小组在课堂上进行展示，教师在评分表上评分。

任务分配表

评分表

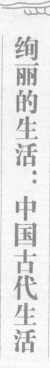

专题

三

绚丽的生活：中国古代生活

**金句启学**

　　中国古代生活有"尽情灯火照围炉"的佳节团聚，有"且将新火试新茶"的茶韵禅意，有"箫鼓迎新婚"的热闹喜宴，也有"蹴鞠屡过飞鸟上，秋千竞出垂杨里"的娱乐活动……这些生活习俗世代相传，成为中华文化中最富活力的组成部分之一，也是非物质文化遗产的重要组成部分。

　　"要扎实做好非物质文化遗产的系统性保护，更好满足人民日益增长的精神文化需求，推进文化自信自强。要推动中华优秀传统文化创造性转化、创新性发展，不断增强中华民族凝聚力和中华文化影响力，深化文明交流互鉴，讲好中华优秀传统文化故事，推动中华文化更好走向世界。"

## 📋 任务清单

| 课前预习 | ☐ | 准备学习用品，预习课本知识 |
|---|---|---|
| | ☐ | 通过网络搜集有关传统服饰、饮食、节日、礼仪和体育的资料 |
| | ☐ | 完成每一任务下的分项任务，进行课堂分享 |
| 课堂学习 | ☐ | 了解中国古代服饰发展史，理解中国古代冠服制度，弘扬汉服文化 |
| | ☐ | 了解食、茶、酒的发展史和主要特点，理解茶道精神和酒德 |
| | ☐ | 了解主要节日的来历和习俗，理解并掌握节日习俗和意义 |
| | ☐ | 了解中国古代礼仪的发展史、五礼和古代生活礼仪，理解古代礼仪的价值 |
| | ☐ | 了解中国传统体育的发展和主要项目 |
| 课后实践 | ☐ | 积极、认真地参与实践活动 |
| | ☐ | 在实践中，与同学协调配合，提高人际交往能力和解决问题的能力 |
| | ☐ | 提高人文素养，能运用所学知识辨析身边的文化现象，能够在学习和生活中自觉融入中华优秀传统文化 |

## 📖 溯文之源

中国传统制茶技艺及其相关习俗是有关茶园管理、茶叶采摘、茶的手工制作，以及茶的饮用和分享的知识、技艺和实践。

中国人自古种茶、采茶、制茶和饮茶，发展出绿茶、黄茶、黑茶、白茶、乌龙茶、红茶六大茶类及花茶等再加工茶，有2000多种茶品供人饮用与分享。

传统制茶技艺主要集中于秦岭淮河以南、青藏高原以东的江南、江北、西南和华南四大茶区，相关习俗在全国各地广泛流布，为多民族所共享。成熟发达的传统制茶技艺及其广泛深入的社会实践，体现着中华民族的创造力和文化多样性，传达着茶和天下、包容并蓄的理念。

通过丝绸之路、茶马古道、万里茶道等，茶穿越历史、跨越国界，深受世界各国人民的喜爱，已经成为中国人民与其他各国人民相知相交、中华文明与世界其他文明交流互鉴的重要媒介，是人类文明共同的财富。

（节选自周玮、徐壮《"中国传统制茶技艺及其相关习俗"申遗成功》，有删改）

## 👤 思考讨论

非物质文化遗产是指被各社群、团体、有时是个人，视为其文化遗产组成部分的实践、表述、表达方式、知识和技能，以及与之相关的工具、实物、工艺品和文化场所。截至2022年11月29日，中国共有43个项目列入联合国教科文组织非物质文化遗产名录，成为世界各国中非物质文化遗产列入该名录数量最多的国家，其中有不少都是与人民生活息息相关的。请思考并讨论：这些非物质文化遗产的意义何在？有哪些研究价值呢？

## 任务一　了解中国古代服饰文化

**【分项任务1】**

1. 选择一个朝代的服饰，查找相关图片，结合现代审美画出一张服装设计图。
2. 以PPT的形式在课堂上分享服装设计图，并说明设计思路。

### 一、中国古代服饰发展史

#### 1. 远古时期

服饰的起源可以追溯到旧石器时代晚期。考古学家在山顶洞人遗址中发现了骨针和装饰品，这表明当时人们已经能够利用兽皮等自然材料制作简单的衣物。进入新石器时代后，人类开始利用植物纤维（如麻、葛等）编织衣料。这些材料的使用为制作成型的服装创造了条件。

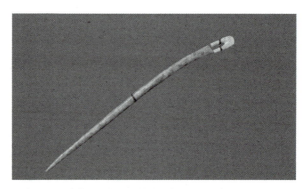

● 在山顶洞人遗址中发现的骨针（复制品）

中国还是最早制作丝织品的国家。山西夏县西阴村的新石器时代遗址中发现了被切割开的蚕茧，浙江吴兴钱山漾遗址中出土的丝织品，都证明了早在四千多年前，中国的蚕桑丝织事业便已兴起。相传，黄帝的元妃嫘祖是养蚕和丝织技术的发明者，她发现了蚕吐丝的现象，并教导人们如何养蚕、取丝和织造丝绸，被尊称为"先蚕娘娘"。一些地方还建了庙宇祭祀她，丝绸也成为中国重要的文化符号之一。

● 西阴村出土的半个蚕茧

## 2．商周时期

商代的服饰材料更加丰富，丝麻织物已占重要地位，商代人已能精细织造极薄的绸子和提花几何纹的锦、绮等。商代的衣形采用上下两段的形制，即上衣下裳。《释名·释衣服》记载："凡服，上曰衣。衣，依也，人所依以芘寒暑也。下曰裳。裳，障也，所以自障蔽也。"后世称服装为"衣裳"，便是源于此。

● 西周贵族服饰图（上衣下裳）

西周时期，礼服制度得到了完善。礼服主要有冕服和弁服。这种制度对帝王和百官公卿所穿的衣服的底色和花纹等设置了相关规定，使服装成为区别身份等级的标志之一。

文化名片

### 十二章纹

十二章纹是中国古代帝王及诸臣礼服上绘绣的12种花纹，它们不仅是服饰的装饰，更是中国古代封建等级制度的体现。十二章纹的布局和排列有严格规定，以体现不同等级的尊卑关系。据《夏书》记载，天子十二章，群臣按品级以九、七、五、三章递降。

十二章纹出现于周代以前，自周代始见用于冕服之上，其后衰落。至东汉明帝恢复冕服，十二章纹才重获使用。北周时期，由于冕服制的繁杂，天子所用的服章也因所服冕的不同而有所区别。此后，各朝各代，皆沿用十二章纹不改，只是在臣属所使用的章数及位置上有着自己的规定。至清代，冕服虽被废止，但皇帝遇大礼所穿的衮服仍以十二章纹作为装饰，沿用了这一汉族传统的服饰制度。

十二章纹具体包括：日、月、星辰、群山、龙、华虫、宗彝、藻、火、粉米、黼、黻。

总之，十二章纹作为中国古代服饰等级制度的体现，不仅具有丰富的象征意义，还体现了中国古代社会的等级观念和审美情趣。

### 3．春秋战国时期

春秋战国时期，百家争鸣，服饰以实用为主。儒家认为服饰不分高低贵贱，只要"约之以礼"即可；道家提倡"被褐怀玉"，主张服饰维持最基本的功能即可，不需要过多修饰；墨家提倡节俭，主张"衣必常暖，然后求丽"；法家也强调服饰的自然和实用性。

赵武灵王胡服骑射是中国历史上一次重要的军事和社会改革。赵国位于北方，经常受到游牧民族的侵扰。为了增强军事实力，赵武灵王决定推广胡人的服饰，因为窄袖短衣、长裤和靴子非常契合骑兵作战的需求。赵武灵王在公元前307年下令全国实行胡服骑射，极大地增强了赵国的军事实力，使赵国能够有效地抵御外敌的侵扰，并在一定程度上推动了社会风俗的变革。

● 河北邯郸的"胡服骑射"浮雕

### 4．秦汉时期

秦汉时期，麻被广泛种植，成为普通百姓服装制作的基本材料，由麻制成的服装被称为"布衣"。秦汉时期，棉花从印度传入，成为服装材料。这一时期的服饰有了明确的礼服和常服之分。帝王和贵族在重大场合穿礼服，而日常则穿常服。深衣是汉朝男子的主要服饰之一，分为曲裾和直裾。曲裾的特点是交领较低，衣襟边饰秀丽，衣长曳地，行不露足。随着有裆裤子的普及，直裾开始替代曲裾，成为新的流行款式。汉代男子的冠也是服饰的重要组成部分，冠的种类多达16种，不同的冠代表不同的身份和地位。

文化名片

#### 素纱单衣

西汉直裾素纱单衣是国家一级文物，于1972年在长沙马王堆一号汉墓出土，衣长128厘米，通袖长190厘米，仅重49克。

此件素纱单衣为交领、右衽、直裾，款式类似于当时流行的上下衣裳相连的深衣。面料为素纱，边缘为几何纹绒圈锦。因无颜色，没有衬里，出土遣册称其为素纱单衣。素纱丝缕极细，重量不到一两。折叠后甚至可以放入火柴盒，可谓"薄如蝉翼""轻若烟雾"。其代表了西汉初期养蚕、缫丝、织造工艺的最高水平。

● 直裾素纱单衣图

### 5．魏晋时期

魏晋时期的服饰与前朝相比有显著变化，以自然洒脱、清秀空疏为特点。文人使用的幅巾逐渐代替了冠帽，成为名士风流的象征。服饰风格转变为"褒衣博带"，即宽松的衣衫和宽阔的腰带，这成为魏晋世俗的风尚。部分文人穿宽衫大袖、散发袒胸，突破了礼教的束缚。妇女在深衣的下摆部位加饰物，形成上宽下尖的三角状，并层层相叠，后期变化为去掉曳地飘带，加长尖角的"燕尾"，这种服饰被称为"杂裾垂髾"。顾恺之的《洛神赋图》中，洛神就穿着杂裾垂髾，飘逸灵动。

● 《洛神赋图》中的服饰

魏晋时期是服饰制度变化的重要时期，北方游牧民族的内迁导致他们的服饰开始影响中原地区的服饰，特别是胡服中的蹀躞带、胡帽、胡靴等在中原地区广泛流行，并逐渐被汉族接受。北魏孝文帝则推行汉化政策，改革鲜卑人的衣冠制度，要求全国上下禁止穿鲜卑胡服，一律改穿汉族服装，这一举措直接促进了胡汉服饰的融合。

### 6．唐宋时期

隋代对汉魏冠冕仪制的恢复，为唐代服制的完善奠定了基础。唐代疆域广大、政治稳定、经济发达、纺织技术进步、对外交往频繁，这些因素共同促进了唐代服饰的空前繁荣。

唐代男女服饰有明显的区别，男性以圆领袍为主，女性则以襦裙为主，这体现了性别角色的差异。唐代服饰色彩非常鲜艳，常用红、绿、紫、黄等鲜艳的颜色，诗句中有"红裙妒杀石榴花""藕丝衫子柳花裙"等描述。唐代女装的特点是裙、衫、帔的统一，妇女中出现了袒胸露臂的形象。但是，只有有身份的人才能穿开胸衫，平民百姓家的女子不许半裸胸。唐代，中国与周边国家和地区的交流频繁，胡服等各种外来文化元素都被融入唐代服饰，形成了独

●《捣练图》中的服饰

特的服饰风格和文化特色。胡服的特点是窄袖紧身、便于活动，这种服饰在唐代非常流行。由于女性在社会中的地位相对较高，不仅可以穿男装，还可以穿胡服，这相对于前代是非常开放和前卫的。

宋代服饰以修身适体、简约含蓄和朴素自然为主要特点。相较于唐代服饰的华丽繁复，宋代服饰更加注重实用性和自然美。初期，由于宋太祖提倡节俭，服饰相对朴素；后期，随着经济发展，服饰变得华丽。宋代服饰以浅色系为主，多用淡雅的色调；款式相对简单，宽袍大袖，设计简洁，但剪裁合理，能体现人体线条。与唐代的包容开放不同的是，宋代受到理学思想的影响，社会风尚趋于保守，服饰宽松但要遮住全身。

●《听琴图》中的服饰

### 7．明清时期

明太祖朱元璋推翻元朝后，废弃了元代的服制，并根据汉族的传统重新制定了服饰制度。这一制度"上承周汉，下取唐宋"，体现了对汉族传统服饰文化的重视。明代服饰的图案具有很强的符号性、象征性、寓意性，如祥云纹、万字纹、如意纹、龙凤纹等，都寓意着吉祥。明代服饰通过色彩和纹饰等手段，最大限度地体现了品官之间的差异，使人"见服能知官，识饰而知品"，这突出表现在补服上。

文化名片

## 补服

　　补服，也称补褂，是明清时期官员礼服的一种，其特点是在前胸和后背各缀有一块补子，文官的补子用鸟，武官的补子用走兽，各分九等，用以区分官员的品级。据《明会典》记载，洪武二十四年（1391年）规定了补子的具体图案。《文官补服歌》曰："一二仙鹤与锦鸡，三四孔雀云雁飞。五品白鹇惟一样，六七鹭鸶鸂鶒宜。八九品官并杂职，鹌鹑练雀与黄鹂。风宪衙门专执法，特加獬豸迈伦夷。"《武官补服歌》曰："公侯驸马伯，麒麟白泽裘，一二绣狮子，三四虎豹伏，五品熊罴俊，六七定为彪，八九是海马，花样有犀牛。"

　　补服还与"衣冠禽兽"密切相关，该成语原本描述的是官员服饰上文官绣禽、武官绣兽的制度，后来演变成贬义词，用来形容道德败坏、行为卑劣的人。

　　据考证，下图中范钦官服上的补子图案为獬豸，它是中国古代神话传说中的神兽，其形似麒麟，额上通常长一角，能辨是非曲直，能识善恶忠奸，发现奸邪的官员就用角把他触倒，是勇猛、公正的象征。

● 《范钦肖像》中的服饰

　　清代服饰在保留满族传统服饰特点的基础上，吸收了汉族服饰的元素，形成了独特的满汉融合风格。清代推行剃发易服政策，男子剃发留辫，辫垂脑后，这种发式成为清代特有的发式。清代服饰款式多样，包括长袍、马褂、旗袍等，其中长袍、马褂成为男子常穿的服饰，而旗袍则是满族妇女的特色服饰。清代服饰在整体上追求清秀、简洁，男子服饰多为窄袖紧身的款式。女子服饰存在满汉两式。满族妇女着旗装，梳旗髻（俗称"两把头"），穿"花盆底"旗鞋。汉族妇女的服饰在康熙、雍正时期还保留明代款式，乾隆以后，衣服渐肥渐短，袖口日宽，再加云肩等装饰。官服主要形式为长袍、马褂，马褂为加于长袍的外褂，特点为前后开衩、当胸钉石青补子一方（亲王、郡王用圆补）。清代补子的鸟兽纹样和等级顺序与明朝的规定大同小异。

## 二、中国古代冠服制度与禁忌

### （一）冠帽制度

中国古代的冠制度源远流长，它是服饰的一种表现，反映了古代社会的审美观念，也体现了古代社会的礼仪文化。唐代的冠造型华丽、装饰繁复，体现了唐代的繁荣和开放；而宋代的冠则更注重简约和实用，反映了宋代的文化精神。在重要的礼仪场合，如祭祀、朝会等，人们都需要按照规定的礼仪佩戴相应的冠，佩戴者应具备相应的品德和修养，以符合其身份和地位。这不仅是对礼仪的尊重，也是对社会秩序和规范的维护。

微课

衣冠制度

古代男子成年的重要标志便是"冠礼"。《礼记·曲礼上》中提到："男子二十，冠而字。"这意味着男子在年满20岁时，在举行了冠礼、戴上冠后就被家庭和社会视作成年人。冠的佩戴不仅标志着男子从青年步入成年，也代表着其开始拥有参与社会活动、承担责任和履行义务的资格。

"弹冠"最早出自《楚辞·渔父》中的"吾闻之，新沐者必弹冠，新浴者必振衣"。《汉书·王吉传》中提到："吉与贡禹为友，世称'王阳在位，贡公弹冠'，言其取舍同也。"于是就有了"弹冠相庆"这个成语，"弹冠"便有了出仕做官的含义，如葛洪在《抱朴子》中提到的"内无金张之援，外乏弹冠之友"，意指朝中无人援引，因而难以做官。如果官员犯了错误或有罪，可能会在君王面前"免冠"，以示请罪或谢罪。

"挂冠"在中国古代文化中有特定的含义，主要指的是官员因不满时政、厌倦官场生活或个人因素，选择辞去官职，将官帽挂起，表示辞官归隐。它常常被视为一种清高、不随波逐流的行为，体现了文人的独立人格和不屈不挠的精神。陶渊明就挂冠归隐，写下了《归去来兮辞》等名篇，成为中国文学史上的佳话。

"南冠"原指春秋时楚国人戴的帽子，因为楚国位于南方，所以称楚冠为南冠。《左传·成公九年》中记载，晋侯在军营中见到戴着南冠的钟仪，问其身份，得知其是楚国的俘虏，钟仪戴着南冠被俘，但他依然保持着楚国人的尊严和气节，在被俘期间，不忘故土，坚持弹奏楚国的琴曲。这种精神被后世广泛传颂，"南冠"也因此成了不屈不挠、坚守故土的象征。

古代还有许多关于冠的成语。"衣冠楚楚"形容穿戴整齐、漂亮；"冠冕堂皇"形容表面上庄严或正大的样子；"沐猴而冠"比喻表面上装扮得像个人物，而实际并不像；"冠履倒置"比喻上下位置颠倒，尊卑不分……这些成语不仅体现了冠在古代社会中的象征意义，也反映了古代人民对冠的重视和尊敬。通过这些成语，我们可以了解到冠在古代文化中的重要地位。

### （二）服饰的禁忌

历代王朝都颁布过各种服饰禁令，对下级官吏和平民的服饰做出过种种限制，僭越者会被治罪甚至面临杀身之祸。

#### 1．颜色禁忌

在古代，服饰的颜色不仅仅是审美选择，更与文化传统、社会制度紧密相关。自隋唐起，黄色成为皇家的专属标志，至清代末期一直沿用。唐高祖时期，黄色更是成为皇室专用的颜色，百姓不得僭用。唐高宗时期，三品以上官员及亲王应穿紫色，这反映了等级制度的严格。汉代以前，红色在婚礼上是禁用色，但秦汉之后逐渐放开，但过度使用仍被视为僭越。

### 2．服饰质料与款式禁忌

古代庶人俗称"布衣"，服饰的质料只能用布，不可用丝。这既受经济条件限制，也受王朝硬性规定影响。庶人服装的款式及其装饰均有限制。例如，唐代曾规定庶人外衣袍衫的长度等。

### 3．纹饰禁忌

服饰上的纹饰也反映了等级差异。天子穿的龙袍上可绣日、月、星、辰、山、龙、雉等图纹，而诸侯、文官、武官和普通士族的服饰纹饰则有所不同，不得混淆。

● 秦良玉平金绣蟒凤衫

## 三、汉服文化

广义的汉服是对汉民族传统服饰的统称，泛指以汉民族传统服饰为主体，在社会演进中不断吸收其他民族服饰特点而逐渐形成的中华服饰体系。它不仅包括历史上各个时期的汉族传统服饰，还涵盖了现代按照传统汉服形制制作的服饰。现代社会，汉服包括3类：一是深衣、襦裙等，二是新唐装，三是旗袍。

### （一）深衣、襦裙等

深衣、襦裙等是传统汉服的重要制式，以独特的剪裁、色彩和图案设计展现出一种独特的美学风格。这些服装设计宽松，适合不同身材，让人在穿着时舒适自在，搭配不同的配饰和发型，可以展现出不同的风格和气质。穿深衣、襦裙等可以让人在外观上更加端庄、典雅。

### （二）新唐装

新唐装是一种融合了传统元素和现代设计理念的服饰。它起源于清代满族的马褂，并在20世纪随着中西文化的交流而逐渐发展起来。它保留了马褂的一些传统特点，如立领、对襟或斜襟、连袖设计，以及盘扣。2001年，在上海召开的亚太经合组织第九次领导人非正式会议上，20位中外领导人曾着此服装。

新唐装承载了中华民族的染、织、绣等杰出工艺和美学设计，在制作过程中经常运用精美的刺绣和手工盘扣，展现出独特的文化韵味。新唐装在传统基础上进行了许多改良，比如加入西式立体裁剪，使服装更加贴合人体曲线，更加舒适和时尚。它适合多种场合，从节日庆典到日常生活，甚至是工作场所，都能展现出穿着者的文化自信和个性。

### （三）旗袍

旗袍是一种起源于中国满族的传统服饰，后逐渐成为具有广泛代表性的中国女性服饰之一。

在现代，旗袍逐渐吸收了西方服饰的剪裁和设计元素，变得更加多样化和现代化。旗袍有多种款式，包括长袖、短袖、无袖，也有不同长度和颜色。旗袍的面料多种多样，常见的有丝绸、绸缎、棉布等，可用蕾丝、绣花等装饰。旗袍不仅是中国女性的服饰，也是中国文化的象征之一，适合多种场合，如婚礼、宴会、节日庆典、时尚秀等，也经常出现在各种文化活动和国际舞台上。随着时代的发展，旗袍也在不断地创新和演变，成为连接传统与现代、东方与西方的文化桥梁。

**文以立心**

中国华服日是由中国共青团中央发起的节日，旨在引领广大青年坚定文化自信，继承和弘扬以华服文化为代表的中华优秀传统文化的一个新兴节日。共青团中央把古代节日上巳节和"中华民族始祖"黄帝的诞辰联系起来，将中国华服日定在农历三月初三。

在中国华服日，主办方希望通过华服展示、国风音乐盛典、文化研讨会等活动，让承接优秀传统文化、符合时代精神需求的服装在中华民族传统节日和个人人生重要节点走上街头、走进网络、走入生活。自2018年首次举办以来，中国华服日已经连续举办了多届，每一届都吸引了大量的参与者和观众，影响力逐年增强。第五届中国华服日，主办方还发起了"全球快闪"召集令和高校接力活动，邀请海外留学生等群体参与，以扩大中华文化的全球影响力。

中国华服日不仅弘扬了中华优秀传统文化，也展现了当代中国人的文化自信和民族自豪感。这样的节日可以激发公众尤其是年轻一代对中华优秀传统文化的热爱和传承，推动中华优秀传统文化的创新发展。

## 任务二　了解中国传统饮食文化

【分项任务2】

1. 搜集食、茶、酒与艺术密切相关的例子，整理成PPT并在课堂上展示。
2. 将中国传统食、茶、酒文化与外国食、茶、酒文化进行对比，并绘制思维导图。

## 一、食文化

### （一）中国古代食文化发展史

远古社会的先民通过采集和狩猎获得食物，几乎不加工食物，茹毛饮血。传说后来燧人氏发明了钻木取火，人们开始吃熟食，进入了石烹时代。火的发现和使用标志着烹饪的起源，炮、煲、烫、焙、炒等烹饪方法随之出现。伏羲时期，人们开始结网捕鱼，驯养动物，为烹饪提供了广泛的食材。神农氏被认为是中国农业的开创者，他尝百草，开创了古医药学，同时发明了耒耜，教导人们耕种。后来，人们发明了灶，灶可以集中火力、节省燃料，使食物更快变熟。蒸锅的发明则标志着烹饪技艺的进一步成熟。

商周时期，随着农业的发展，人们开始种植五谷杂粮，如稻、黍、稷、麦、菽等，为饮食文化的进一步发展奠定了基础。此时烹饪技艺也得到了很大的发展，出现了多种烹饪方法。

汉代是中国饮食文化的丰富时期，丝绸之路的开通使得中西文化交流更加频繁，据传，这一时期多种食材如石榴、芝麻、葡萄等被引入，同时豆腐和植物油相继问世，烹饪技艺也更加成熟。

唐代烹饪技艺更加精细，出现了"烧尾宴"等代表性的宴席。

宋代还出现了许多著名的食谱，如《山家清供》等。

明清时期是饮食文化发展的又一个高峰。这一时期，主食结构发生变化，小麦成为北方的主食，蔬菜种植达到较高水平，肉类来源也更加多样化，地方特色美食兴起与发展，如四川的麻辣火锅、广东的早茶等，烹饪技艺更加丰富多样，形成了各具特色的菜系和烹饪风格。

### （二）八大菜系

八大菜系是中国饮食文化中非常重要的一部分，它们代表了不同地域的烹饪技艺和风味特色。

#### 1. 鲁菜

鲁菜起源于山东，特点是注重汤品的调制，善于使用葱、姜、蒜等调料，菜品口味醇厚、香气四溢，代表菜品有葱烧海参、九转大肠、德州扒鸡、糖醋黄河鲤鱼等。

#### 2. 川菜

川菜起源于四川，以麻辣著称，口味多变，擅长使用辣椒、花椒等调料，菜品色香味俱佳，代表菜品有麻婆豆腐、宫保鸡丁、回锅肉、水煮鱼等。

● 葱烧海参

#### 3. 粤菜

粤菜起源于广东，特点是注重原汁原味，多用海鲜烹饪，口味清淡鲜美，菜品造型精致，代表菜品有白切鸡、脆皮烧鹅、清蒸东星斑等。

#### 4. 苏菜

苏菜起源于江苏，特点是口味偏甜，注重刀工和火候，菜品细腻精致，色香味俱佳，代表菜品有松鼠鳜鱼、白肉羹、叫花鸡、扬州炒饭等。

● 麻婆豆腐

● 白切鸡

● 松鼠鳜鱼

### 5. 闽菜

闽菜起源于福建，特点是以海鲜为主，口味清淡鲜美，多用各种调味料提味，菜品色彩鲜艳，代表菜品有佛跳墙、荔枝肉、七星鱼丸、鸡汤氽海蚌等。

### 6. 浙菜

浙菜起源于浙江，特点是菜品清新淡雅，注重原汁原味，烹饪方法多样，菜品色香味俱佳，代表菜品有西湖醋鱼、龙井虾仁、东坡肉等。

● 佛跳墙

● 东坡肉

### 7. 湘菜

湘菜起源于湖南，特点是以辣味为主，口味独特，善于使用辣椒、姜、蒜等调料，菜品香辣可口，代表菜品有剁椒鱼头、辣椒炒肉、外婆菜、臭豆腐等。

### 8. 徽菜

徽菜起源于安徽，特点是注重食材的原味和烹饪的火候，菜品口感醇厚，色香味俱佳，具有独特的徽派风味，代表菜品有火腿炖甲鱼、红烧石鸡、腌鲜鳜鱼等。

● 剁椒鱼头

● 火腿炖甲鱼

微课

八大菜系之浙菜

## （三）中国食文化的特点

### 1. 历史悠久、丰富多样

中国食文化源远流长，经过数千年的发展，形成了独特的饮食传统和烹饪技艺。中国地大物博，不同地区的气候、地形和物产差异大，食材丰富多样。丰富的食材为中国的烹饪提供了丰富的物质基础，造就了多样化的地方风味和饮食习俗。

### 2. 讲究美感、重视搭配

中国菜注重食物的色彩、香气、味道、形态和器皿的搭配，注重五味（酸、甜、苦、辣、咸）的平衡与调和，追求风味鲜明、适口者珍，也追求菜肴的美感和艺术性，还注重饮食的营养搭配。人们还会根据季节变化来调味和配菜，这体现了与自然和谐共生的理念。

### 3. 方法多样、技艺丰富

中国人喜欢热食，喜欢爆炒、炖、煮、蒸、炸等烹饪方法。中国菜讲究火候，不同的食材和菜肴需要不同的火候，如大火快炒、小火慢炖、文火煨等。中国菜对食材的切割有严格的要求，不同的食材应采用不同的切割方法，如切丝、切片、切丁、切块等。文思豆腐、三套鸭、松鼠鳜鱼、脱骨鱼、扣三丝、李庄白肉、狮子头等都是著名的刀功名菜。

文 化 名 片

### 文思豆腐

文思豆腐相传为清代乾隆年间扬州僧人文思和尚创制，属于苏菜。文思豆腐最大的特色在于其刀功，制作时，需要将嫩豆腐切成细如发丝的豆腐丝，这要求厨师具备高超的刀功。经过精细处理的豆腐丝，口感细腻柔滑，入口即化，给人以独特的美食体验，特别适合老人、儿童食用。文思豆腐口味清淡，通常以清汤为底，配以火腿丝、发菜丝等，最后撒上葱花、香菜等，以突出豆腐本身的鲜美，符合苏菜追求食材原味的特点。

文思豆腐这道美食，体现了中国烹饪文化的深厚内涵，尤其是对刀功的极致追求。

● 文思豆腐

### 4．提倡礼仪、注重情趣

中国食文化强调礼仪。在用餐过程中，人们注重座位的安排、敬酒的规矩、餐具的使用以及用餐的顺序等。这些礼仪不仅体现了对食物的尊重，也体现了人与人之间的尊重。中国食文化还强调用餐时的氛围和情趣，这包括菜肴的命名、品味方式、进餐节奏和娱乐元素等。

## 二、茶文化

### （一）茶的发展历史

中国是茶的原产国，也是最早发现、制作、饮用茶的国家。茶作为与咖啡、可可并称的世界三大饮料之一，备受我国人民喜爱，既是老百姓的日常解渴之物，也是文人会友论道的饮品。

### 1．先秦时期

《神农本草经》记载："神农尝百草，日遇七十二毒，得茶而解之。"这里的"茶"指的就是"茶"。这表明茶叶最初可能被当作一种药用植物。《华阳国志·巴志》中记载："周武王伐纣，实得巴蜀之师……鱼盐铜铁、丹漆茶蜜……皆纳贡之。"因此，我国种茶、采茶的历史必然远早于周代，而茶叶至少在周代就已经成为贡品、祭品了。

● 神农氏

文化名片

### 《神农本草经》

《神农本草经》又称《本草经》《本经》，其成书年代有多种说法，现一般认为其主体约形成于西汉，相传为神农氏所作，后世公认其是汉人假托神农氏之名而作的，是秦汉众多医学家整理的药物知识的专著。该书是对中国早期临床用药经验的第一次系统总结，是中医药药物学理论发展的源头。该书分3卷，收录了365种药物，根据药物的性能功效和使用目的将药物分为上、中、下3类。这种分类方法被称为"三品分类法"，被历代长期沿用。

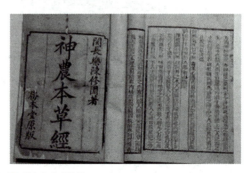

●《神农本草经》

## 2．秦汉到魏晋时期

在这一时期，人们发现茶叶不仅可以治病，还可以提神醒脑、缓解疲劳，于是茶叶逐渐成为一种饮品。到了西汉，茶已作为商品出现，《僮约》中就有"武阳买茶""烹茶尽具"的记载。

魏晋时期，茶叶的生产和制作有了进一步的发展，饮茶之风盛行。《广雅》中记载："荆巴间采叶作饼，叶老者饼成，以米膏出之，欲煮茗饮，先炙，令赤色，捣末置瓷器中，以汤浇覆之，用葱、姜、橘子芼之，其饮醒酒，令人不眠。"此时，茶是清廉简朴的标志，也可登大雅之堂。《晋中兴书》中记载了陆纳仅以茶果待谢安，展现了其俭朴的作风。《异苑》中陈务之妻的故事与齐武帝萧赜的故事展示了茶饮在祭祀活动中的重要性。

这个阶段的饮茶方法为羹饮法，即在煮茶的过程中，加入葱、姜、枣、橘皮、茱萸、薄荷等多种配料，以调整茶的口感和风味。羹饮法不仅在汉族中使用，也在少数民族中广泛使用，直到现在，人们仍然有在茶汁中加入其他食品，将其制成羹的习惯。

## 3．唐宋时期

"茶兴于唐，而盛于宋。"唐代在政治、经济、文化及技术等方面都出现了前所未有的繁荣局面。公元770年，大唐贡茶院的建立标志着茶产业的规范化，也确立了茶叶的官方地位。大唐贡茶院的诞生，为茶文化的推广和普及提供了制度化的支持。约公元780年，陆羽的著作《茶经》的诞生代表唐朝正式有了茶学。《茶经》全书分为上、中、下3卷，共10章，系统地总结了唐代中期以前茶叶的发展、生产、加工、品饮等方面的情形。《茶经》是中国乃至世界现存最早、最全面地介绍茶的专著，被誉为"茶叶百科全书"。它还深入发掘饮茶的文化内涵，将饮茶从日常生

●《茶经》

活习惯提升到了艺术和审美的层面，茶文化由此正式形成。《茶经》的出现推动了茶道的盛行，陆羽也因此被尊为"茶圣"。

《茶经》还推广了煮茶法，这种方法成为当时文人雅士饮茶的主流方法。煮茶法的具体步骤如下：先将茶饼放在火上烤透，然后碾成茶粉，筛出细末，最后放入开水中煮；水初沸时，加入一些食盐调味；水二沸时，舀出一瓢盐开水备用，然后在锅中心搅拌，使水形成漩涡，投入茶末；水三沸时，将先前舀出的盐开水冲入锅中，煮茶完成。

唐代时，中国的茶叶走出国门，传到了日本、朝鲜等地，成为当时亚洲地区的主要饮品之一。同时，中国茶文化也通过丝绸之路等贸易途径传入了中亚、西亚、欧洲等地，受到了当地人民的欢迎和推崇。

文化名片

### 法门寺地宫出土的茶具

在举世瞩目的陕西扶风千年古刹唐代法门寺地宫中，藏有一套精美绝伦的唐代宫廷茶具。据考证，这套茶具被唐代皇室使用过，是这

今为止世界上等级最高的茶具，也是我国茶文化考古史上发现的最齐全、最完好的一套茶具。这些茶具包括：茶碾子、茶锅轴、罗筛、抽斗、茶罗子盖、银则、长柄勺、三足架摩羯纹银盐台、盛茶饼用的金银丝结条笼子以及一套茶碗、茶托等御用珍品。这套茶具有金、银、玻璃和秘色瓷等质地，设计精良、构思巧妙、做工考究、用料华贵，代表了唐代宫廷茶道的最高水平。

值得注意的是，专家们在整理和考证这些茶具的用途时，发现它们具有了晚唐乃至宋代饮茶方法中（即"点茶法"）茶器的功能。换句话说，这套茶具中，有几件很明显是晚唐以及宋代才开始兴用的"点茶"器。

● 法门寺地宫出土的茶具

宋代经济繁荣，重文轻武，追求文化修养和审美享受。茶作为一种文化符号，自然受到了文人雅士的推崇和喜爱。他们不但著书立说，如宋徽宗赵佶的《大观茶论》、蔡襄的《茶录》、宋子安的《东溪试茶录》、黄儒的《品茶要录》等，还在茶会、茶艺表演等社交活动中交流思想、分享心得，甚至还形成了"斗茶"的风气，这进一步推动了茶文化的发展。宋代设有官焙，即由朝廷设立并管理的专门采制茶叶的场所，以制作龙凤团茶为主，这种茶叶以其独特的制作工艺和精美的外形而闻名。

宋代最流行的饮茶方法为点茶法。点茶不仅是斗茶时的重要技艺，也常用于茶人之间的品茗交流。点茶法的具体步骤如下：将茶叶碾粉筛末后放入茶盏，并注入少许沸水调成膏状，随着手腕的来回摆动，持续注水7次，击拂时需注意手法和节奏，以及茶筅的角度和力度，最后打出"雪沫乳花"，茶沫与盏壁有"咬痕"，使茶末与水充分融合。点茶法强调的是茶与水的交融，这不仅展现了宋人茶艺的精湛和审美水平，更体现了当时社会的风尚和文化内涵。

### 4．明清时期

明清茶文化在继承唐宋辉煌茶文化的基础上，形成了自己的特色。明代初期，明太祖朱元璋下令废除了制作费时费力的团茶，改为制作方便快捷的散茶，这一政策改变了人们的饮茶习惯，使得散茶开始流行，并促进了茶叶品种和茶具的多样化发展。明清时期，茶文化得到了充分的发展，关于茶的著作颇丰，如明代朱权的《茶谱》、许次纾的《茶疏》、屠隆的《茶笺》等。茶艺和茶文化逐渐成为社交和文化活动的重要内容，茶馆和茶楼成为文人墨客们交流和创作的重要场所。茶文化不仅局限于文人界，还在民间普及，成为人们日常生活中不可或缺的一部分。茶与诗词、书画等艺术形式结合，如仇英的《卢仝烹茶图》、文徵明的《品茶图》、唐寅的《事茗图》《品茶图》，形成了独特的文化景观。

　　明代开始，饮用茶叶的主流方法是瀹饮法，即以沸水冲泡茶叶的方法，与现代泡茶法相似。它无须经过以往的炙茶、碾茶、罗茶等复杂工序，只要有干燥的茶叶即可。瀹饮法简化了品茶过程，保留了茶叶的原味，使品茶艺术更加简洁，赏茶、闻香、观色、品味成为品饮中国茶的四部曲。瀹饮法刺激了中国陶器业的发展，特别是紫砂壶的繁荣；还促进了中国茶叶的发展，使得茶的品种逐渐增多，最终发展出绿茶、红茶、乌龙茶、花茶、白茶、黄茶、黑茶等上千个品种。时至今日，瀹饮法仍是中国最普遍的品茶方式之一。

## （二）茶中的诗意与生活

### 1. 茶诗

　　中国既是茶的国度，又是诗的国家，茶与诗结合的历史悠久。茶诗萌芽于晋代，兴盛于唐宋，在元明清时期达到巅峰，如今仍活跃在诗坛。

　　卢仝茶诗数量众多，也因茶诗而著名，其最为后世称道的茶诗是《走笔谢孟谏议寄新茶》。"七碗茶诗"是《走笔谢孟谏议寄新茶》中的一段，具体描绘了卢仝连续饮下7碗茶的感受（从第1碗到第7碗，每一碗都有不同的感受），因其独特的艺术魅力和深刻的意境，被后人广泛传诵，成为茶诗的经典之作。

七碗茶诗（节选）

卢仝

　　一碗喉吻润。二碗破孤闷。三碗搜枯肠，唯有文字五千卷。四碗发轻汗，平生不平事，尽向毛孔散。五碗肌骨清。六碗通仙灵。七碗吃不得也，唯觉两腋习习清风生。

　　白居易是茶诗创作的巨擘，其茶诗有50余首。他对推动茶文化的传播产生了深远的影响，其名篇有《山泉煎茶有怀》《谢李六郎中寄新蜀茶》《夜闻贾常州崔湖州茶山境会想羡欢宴因寄此诗》《晚起》等。

山泉煎茶有怀

白居易

坐酌泠泠水，看煎瑟瑟尘。

无由持一碗，寄与爱茶人。

　　与白居易齐名的元稹为咏茶还写过一首形式十分少见的宝塔诗《一字至七字诗·茶》，其形式与内容相得益彰，展现了茶的多方面特点。

一字至七字诗·茶

元稹

茶，

香叶，嫩芽。

慕诗客，爱僧家。

碾雕白玉，罗织红纱。

铫煎黄蕊色，碗转曲尘花。

夜后邀陪明月，晨前命对朝霞。

洗尽古今人不倦，将知醉后岂堪夸。

苏轼一生创作了近百首咏茶诗词。这些茶诗涵盖了多种题材，不仅描绘了茶的美好形象和品质，也反映了苏轼对茶的深厚感情和对生活的热爱，代表作品有《次韵曹辅寄壑源试焙新茶》《月兔茶》《和钱安道寄惠建茶》《问大冶长老乞桃花茶栽东坡》等。

### 次韵曹辅寄壑源试焙新茶

#### 苏轼

仙山灵草湿行云，洗遍香肌粉未匀。

明月来投玉川子，清风吹破武林春。

要知玉雪心肠好，不是膏油首面新。

戏作小诗君勿笑，从来佳茗似佳人。

陆游生于越州山阴（今浙江绍兴），历任茶官，一生与茶结缘，写有茶诗300多首，其数目占了两宋茶诗的1/3，代表作品有《临安春雨初霁》《乌夜啼（八之二）》《同何元立蔡肩吾至东丁院汲泉煮茶》等。这些作品不仅描绘了品茶时的情景、感受以及对茶的喜爱之情，也展现了他对茶文化的热爱和对茶的独到见解。

### 同何元立蔡肩吾至东丁院汲泉煮茶

#### 陆游

##### 其一

一州佳处尽裴回，惟有东丁院未来。

身是江南老桑苎，诸君小住共茶杯。

##### 其二

雪芽近自峨嵋得，不减红囊顾渚春。

旋置风炉清樾下，他年奇事记三人。

### 2．茶趣

（1）孙皓与韦曜——以茶代酒

《三国志·韦曜传》中记载，三国时期，吴国末代皇帝孙皓喜欢饮酒，经常举办酒宴，并要求群臣作陪。他规定每人饮酒的量，不论能否喝酒，都必须达到这个标准。韦曜是朝廷中的一名大臣，他原本是孙皓父亲南阳王孙和的老师，因此孙皓对他格外照顾。韦曜的酒量有限，孙皓为了照顾韦曜，便悄悄地将韦曜面前的酒换成茶，让他以茶代酒，这避免了韦曜因喝不下酒而造成的尴尬局面，因此便有了"以茶代酒"的典故。

（2）皎然与陆羽——缁素之交

天宝十四年（755年），安禄山在范阳起兵叛乱。至德元年（756年），20多岁的陆羽因避乱过江南下，来到吴兴郡（今浙江湖州），住在妙喜寺，与名僧皎然相识，他们经常清谈终日，讨论诗歌、茶文化等，结下了深厚的友谊，谓之"缁素之交"。

皎然对陆羽的茶学研究和文学创作都给予了极大的帮助和支持。后来陆羽欲在妙喜寺旁建一茶亭，皎然与当时的湖州刺史颜真卿鼎力相助，该茶亭于大历八年（773年）落成，由于时间正好是癸丑岁癸卯月癸亥日，因此名"三癸亭"。时人将陆羽筑亭、颜真卿命名题字与皎然赋诗称为"三绝"，一时传为佳话。皎然也为陆羽创作了许多茶诗，如《往丹阳寻陆处士不遇》《赋得夜雨滴空阶送陆羽归龙山》等，这些诗作反映了他们之间的深厚情谊。据传，皎然死后被安葬在湖州杼山（今属浙江湖州吴兴区），陆羽死后亦葬杼山。他们的友谊持续多年，达到了生相知、死相随、生死不渝的超然境界。

（3）司马光与苏东坡斗茶

北宋时期，文风大盛，文人雅士以尚茶为荣、斗茶为乐。据传，一次司马光邀请包括苏东坡在内的多名好友斗茶取乐，大家带上各自收藏的上好茶叶、精美茶具、甘泉良水赴约。按照当时社会的风尚，茶类中白茶品质最佳，司马光与苏东坡所带的茶均为白茶。大家先看茶样，再嗅茶香，后评茶味。由于苏东坡自带隔年雪水泡茶，水质优良，茶味纯净，因此他的白茶在评比中占了上风。心中略有不服的司马光看到茶汤尚白，便以开玩笑的口吻问苏东坡："茶欲白，墨欲黑；茶欲重，墨欲轻；茶欲新，墨欲陈。君何以同爱二物？"苏东坡从容不迫，反问司马光："奇茶妙墨俱香，公以为然否？"随后进一步阐述："二物之质诚然矣，然亦有同者。奇茶妙墨俱香，是其德同也；皆坚，是其操同也；譬如贤人君子，黔皙美恶之不同，其德操一也。"

（4）乾隆皇帝与西湖龙井

乾隆皇帝先后6次下江南，相传曾有4次亲临杭州西湖茶区，观看采茶制茶过程，并以之为题材写下了《观采茶作歌》等诗。乾隆皇帝在品尝了用龙井泉水烹制的龙井茶后，写下了多首赞美龙井茶的诗篇，如《坐龙井上烹茶偶成》《游龙井六首》等，并将狮峰山下的18棵茶树封为"御茶"，从此龙井茶岁岁入贡，名声大振，发展成全国十大名茶之首。

● 西湖龙井

### 3. 茶俗

以茶待客是中国非常普遍的日常生活礼仪。客来宾至，清茶一杯，可以表敬意、洗风尘、叙友情等。泡茶时，主人会选用合适的茶具，并征求客人的意见，选用最合客人口味的茶叶。主人要注意"倒茶七分满"，避免茶水太满导致烫伤客人或洒出，同时也避免茶香快速散去。客人可以在主人给自己倒茶时行叩茶礼（用手指轻轻敲击桌面3下），以表达感激与尊重之情。如在云南部分地区，有"三道茶"的习俗，即主人会先后为客人献上苦茶、甜茶和回味茶，寓意人生的酸甜苦辣。

古人认为"茶不移本"，即茶树只能以种子萌芽成株，而不能移植，故将茶视为至性不移的象征。茶树多籽，又象征子孙绵延繁盛。同时，茶树四季常青，寓意爱情永世常青，因此古代男女订婚要以茶为礼，男方给女方的礼品常包含茶叶，女方受聘茶礼则称"受茶"或"吃茶"，茶礼成为男女确立婚姻关系的重要形式。在婚礼中，新郎新娘会向长辈或宾客敬茶，以表敬意和感谢。在江浙一带，整套婚姻礼仪总称"三茶六礼"。其中"三茶"为订婚时"下茶"、结婚时"定茶"、同房时"合茶"。"六礼"包括"纳采""问名""纳吉""纳征""请期""亲迎"。"纳采"是男方请媒人到女方家去提亲，若女方同意议婚，男方才再去女方家求婚；"问名"是男方托媒人到女方家去询问女方的名字和出生年月日时，准备合婚的仪式；"纳吉"是男方将二人生辰八字占卜得到的吉兆可以合婚的消息告诉女方，备上礼物到女方家去决定婚约；"纳征"是男女双方缔结婚姻后，男方将聘礼送往女方家的礼仪；"请期"俗称"提日子""送日头"等，是男方送聘礼后择定结婚日期，备礼去女方家征求意见的仪式；"亲迎"是迎娶新娘的仪式。

### （三）茶道精神

#### 1．和

"和"作为茶道精神的核心，体现了茶道追求的和谐统一精神。在泡茶时，"和"体现为酸甜苦涩的调和；在待客时，"和"体现为尊重长者、表达深情；在饮茶过程中，"和"体现为谦和的礼仪。传统文化将茶道视为修身养性的过程，通过茶道陶冶心性，最终实现天人合一、五行调和。

#### 2．清

"清"体现了一种追求内心清净、淡泊明志的生活态度和精神境界。在品茶的过程中，人需要达到一种清静的状态，远离尘嚣；品茶的环境也应保持整洁，应通过茶具、茶席的布置等，营造出清雅的氛围；品茶时的交流应轻，避免过多的杂声和干扰，以促进内心的平和与交流的深入；品茶者也要有清高的品格，即不随波逐流，保持独立和自我，追求高尚的道德情操。

#### 3．真

茶道中的"真"强调的是一种真实的体验，无论是对茶的品鉴还是对环境的感受，都应追求真切和实在。茶道倡导以真诚之心待人接物，无论是主人还是客人，都应以真心与对方建立真挚的关系；茶道中的"真"也体现为对自然本性的追求，茶的种植、采摘、制作都应顺应自然规律，保持自然的风味；在品茶和交流的过程中，茶道鼓励人们表达真实的见解和感受，而非虚伪的奉承。茶道不仅仅是一种饮茶的艺术，也是探求生活真理和进行哲学思考的过程。

#### 4．怡

茶道中的"怡"体现了一种通过品茶获得愉悦心情、享受生活乐趣的哲学。品茶的过程带给人心灵上的愉悦和满足，与他人品茶时，通过和谐的交流和互动，能增进友谊，营造愉快的社交氛围；欣赏茶艺、茶具、茶席等，能提升个人的审美能力和艺术鉴赏力；在茶道的实践中，泡茶、品茶等，能培养个人的性情，达到修身养性的目的。"怡"还体现了一种生活哲学，即在简单的日常活动中寻找快乐，享受生活的每一刻。此外，在自然环境中品茶，可以感受自然之美，使身心愉悦。

#### 5．敬

茶道中的"敬"体现了对茶、他人以及整个品茶过程的尊重和敬意。在茶道中，要对茶本身持有敬意，认识到茶作为一种自然产物，具有其独特的品质和价值。茶道强调对制茶人的尊重，他们的技艺和辛勤劳动赋予了茶叶生命和风味；也强调对泡茶者的尊重，因为他们在茶道中扮演着重要角色，他们的专注和技艺为品茶者带来了美好的品茶体验；每一个参与品茶的人，无论是主人还是客人，都应相互尊重，共同营造和谐愉快的品茶氛围。茶道有一套严格的礼仪规则，这些规则体现了对茶道传统的尊重和维护。茶具不仅是泡茶的工具，也是茶道文化的重要组成部分，品茶者应对其持有敬意，妥善使用和保养；茶席的环境布置体现了茶道的审美追求，品茶者应对其持有敬意，保持环境的整洁和雅致。

## 三、酒文化

### （一）酒的历史

考古发现，中国酿酒的历史可以追溯到史前时期，人们可能因采集的野果储存后发霉而偶然发现了酒。在关于发明酒的传说中，比较有名的两个人是仪狄和杜康。仪狄是夏禹时期的人物，《吕氏春秋》和《战国策》等古籍中提到仪狄"作酒而美""始作酒醪"，将她视为制酒的始祖。杜康是夏代国君少康，《说文解字》中提到"杜康始作秫酒"，"秫酒"就是高粱酒，这意味着他可能是最早制作高粱酒的人。传说，他将未吃完的剩饭放置在桑园的树洞里，然后意外发现了发酵后的液体，从而发明了酒。

● 父戊舟爵（商代后期）

夏商周时期，酿酒业已经十分发达，酿酒技艺逐渐发展，如商周时期独创酒曲复式发酵法，开始大量酿制黄酒。这个时期也出现了专门的酒器，如爵等。商代酿酒业进一步发展，青铜器制作技术进步，酒器种类繁多。周代大力倡导"酒礼"与"酒德"，把酒的主要用途限制在祭祀上，形成了"酒祭文化"。

春秋战国时期，酒的种类和品质都有了很大的发展；酒具由青铜器变成铁器，普通民众开始饮酒；酒与各种节日联系起来，形成了独具特色的饮酒日。

秦汉时期，出现"酒政文化"，统治者提倡戒酒，以减少五谷消耗。汉代对酒的认识进一步增强，酒的用途更加广泛，如被用于医治疾病等，酒曲的种类也更多了。

魏晋时期，酒禁大开，民间可以自由酿酒，私人自酿自饮的现象相当普遍，酒业市场十分兴盛，并出现了酒税。

唐宋时期是酒与文人墨客大结缘的时期，时人认为"酒催诗兴"，出现了辉煌的"酒章文化"，酒与诗词、音乐、书法、美术等相融相兴。

元明清时期，酒的种类更加丰富，酿酒技术也更为成熟，酒文化在民间更加普及。酒已经是人们生活中的必需品，与节日的结合更加紧密，如中秋桂花酒、重阳菊花酒等。人们的饮酒喜好发生了变化，喜好陈酒，"酒以陈者为上，愈陈愈妙"。酒还被赋予了修身养性的精神格调。

### （二）酒中的艺术与生活

#### 1. 酒与艺术

"竹林七贤"之一的刘伶被称为"醉侯"，他整日与酒为伴，驾驶载有美酒的鹿车四处游荡，形成了"鹿车荷锸"的典故，其作品《酒德颂》表达了"天生我刘伶，以酒为名"的观点。陶渊明喜欢过安静的田园生活，而酒是他生活中不可或缺的一部分，他也在诗歌中多次提到酒，如《饮酒》系列诗歌。据记载，他在饮酒时会抚摸无弦琴以寄托心意，并在醉意中表现出更加真实的自我。

酒为诗人提供了创作的灵感，如自称"酒中仙"的李白的《月下独酌》就是他在饮酒后创作的，表达了他对酒的热爱和对人生的思考；杜甫在《饮中八仙歌》中通过描写当时号称"酒中八仙人"的李白、贺知章等人的形象，展现了他们超脱世俗、追求自由的精神风貌；王维在《少年行》中通过描写少年游侠们相聚饮酒的情景，展现了他们之间的深厚友谊和豪情壮志。

● 《临李伯时饮中八仙全图》（局部）

王羲之的代表作《兰亭集序》被誉为"天下第一行书"，而这幅传世之作正是他在酒酣人醉之际创作出来的。狂草大家怀素为唐代名僧，据记载，怀素在酒酣兴起时，常常在寺院墙上、器皿上，甚至衣服上任意书写。与怀素并称"癫张狂素"的张旭也嗜酒，在酒后，他的草书更加无拘无束、纵情恣肆。

● 《兰亭修禊图》

唐代的"画圣"吴道子性格豪爽，好酒使气。《历代名画记》中记载吴道子"每欲挥毫，必须酣饮"。在他的画作中，人物形象往往神态自若、飘逸洒脱，与他酒后作画的状态相呼应。元代著名画家黄公望的人生经历较为曲折，喝酒是他排解心中苦闷和寻求精神慰藉的重要方式。据记载，黄公望"酒不醉，不能画"。"扬州八怪"之一的郑板桥是清代著名的书画家、文学家，他"顿餐不离盏，书画伴终身"，在酒后作画往往能够突破常规，创作出具有独特个性和魅力的作品。

### 2. 酒俗

古人认为孩子出生后存活一个月就是渡过了一个难关，为了庆祝孩子渡过难关，祝愿孩子健康成长，家长通常会摆"满月酒"，邀请亲朋好友参与，为孩子祈祷祝福。在中华文化中，为长辈庆祝寿辰时，"寿酒"是必不可少的。它被用于表达对寿星的祝福和敬意，更象征着对生命的珍视和对未来的美好祝愿。

在婚礼中，酒更是贯穿始终。婚礼前，男方的长辈前往女方家提亲，双方在酒桌上商定终身大事，此时的酒为"提亲酒"；正式订婚时，男方带上聘礼来到女方家里，双方在酒桌上商定结婚的日期，此时的酒为"订婚酒"；结婚当天，男方到女方家迎亲，在女方家里喝"迎亲酒"；结婚时，新人设宴，亲友喝"喜酒"，婚礼仪式中新人还要喝交杯酒（又称"合卺"），象征两人合为一体；婚后第3天（或3～7天内），新人要"回门"，即回到女方家探望长辈，女方家置办酒席款待，此时的酒为"回门酒"。

在某些地区的农村盖房时，在上梁前和建成后要设"上梁酒"和"进屋酒"，以感谢亲朋和工匠的付出，表达对新建房屋的美好祝愿，希望它能给家庭带来吉祥、平安和幸福。

在传统佳节中，酒也是不可或缺的重要元素。春节期间有饮屠苏酒、椒柏酒的习俗，屠苏酒起源于东汉，人们认为饮用屠苏酒可以祛除不正之气；中和节时祭祀土神，饮中和酒、宜春酒，这两种酒被称为"治聋酒"；上巳节时，古人在水边嬉游洗浴后，会进行宴饮；端午节要饮菖蒲酒、雄黄酒以辟邪、除恶、解毒；中秋节赏月时要饮桂花酒；重阳节登高时要饮菊花酒、茱萸酒等。

### （三）酒德

"酒德"两字最早见于《尚书》和《诗经》，其含义是说饮酒者要有德行，不能像夏桀、纣王那样"颠覆厥德，荒湛于酒"。酒德不仅指饮酒的道德规范，还涵盖酒后应有的风度。合度者有德，失态者无德，恶趣者更无德。

《尚书·酒诰》集中体现了儒家的酒德观，主要包括"饮惟祀""无彝酒""执群饮""禁沉湎"等。"饮惟祀"指只有在祭祀时才能饮酒；"无彝酒"指不要经常饮酒，平常少饮酒，这反映了儒家对节俭和节制的强调，从更深层次来看，"无彝酒"不仅是对饮酒频率的限制，更是对饮酒者的品德和修养的要求；"执群饮"指禁止民众聚众饮酒，以防止因饮酒过度而引发社会混乱，体现了古代社会对饮酒行为的严格管理和规范，旨在维护社会秩序和公共安全；"禁沉湎"是指禁止饮酒过度，以保持清醒的头脑和良好的行为举止，过量饮酒不仅对身体有害，还容易导致失态等不良后果，控制饮酒量可以避免这些不良后果的产生。

文以立心

首先提出"酒德"概念的是周公，他反对酗酒，提倡"毋彝酒"（《尚书·酒诰》）。所谓"毋彝酒"，就是不要滥饮酒。怎样才算不滥饮酒呢？《礼记》中做了具体的说明："君子之饮酒也，受一爵而色洒如也，二爵而言言斯，礼已三爵而油油以退。"被后世尊为"圣人"的孔子曾提出"唯酒无量，不及乱"，就是说各人饮酒的多少没有什么具体的数量限制，以人饮酒之后神志清晰、形体稳健、气血安宁、皆如其常为限度。

## 任务三　了解中国传统节日文化

### 【分项任务3】

1. 搜集整理古代的主要节日，列成表格，要求包含节日名称、来历和习俗等内容。
2. 分析为什么人们现在已经不庆祝大部分古代节日了。

## 一、中国传统节日简介

### （一）春节

#### 1．来历

春节是中国民间传统节日，也是一年中最隆重的节日。

春节历史悠久，起源于殷商时期年头岁尾的祭神活动。自汉武帝改用农历以后，中国历代都以二十四节气中的立春日为春节，农历正月初一为新年。立春最早是祭天、祭农神和祭春神、鞭春牛、祈丰年的日子。《史记》《汉书》称正月初一为"四始"（岁之始、时之始、日之始、月之始）和"三朝"（岁之朝、月之朝、日之朝）。古人常在此时举行朝贺，进行各种娱乐活动，迎神祭祖、占卜气候、祈求丰收，后来逐渐形成内容丰富的新春佳节。

辛亥革命之后，采用公历纪年，改农历正月初一为"春节"，将公历1月1日改称"元旦"，立春的重要性逐渐淡化。

● 甲骨文"年"

#### 2．习俗

与春节相关的民俗活动要持续一个月。正月初一前有祭灶、祭祖等仪式；节中有给儿童压岁钱、向亲友拜年等习俗；节后又有元宵节，其时花灯满城、游人满街。

和春节有关的主要活动还有：腊月初八喝腊八粥；腊月二十三祭灶，吃关东糖和糖粥等；春节前夕清洗各种器具，拆洗被褥窗帘，洒扫庭院，寓意着辞旧迎新；除夕夜以家庭为单位包饺子、包汤圆、做年糕、吃团圆饭守岁，另外还会贴春联、年画、剪纸和放爆竹；正月初一迎神等。

## 张仲景与饺子

饺子原名"娇耳"，相传是我国"医圣"张仲景发明的。张仲景（约150—约219年），名机，字仲景，南阳涅阳县（今河南南阳）人，东汉末年著名医学家，被后人尊称为"医圣"，著有《伤寒杂病论》，该书被奉为"方书之祖"，是中国第一部从理论到实践、确立辨证论治法则的医学专著。张仲景的"祛寒娇耳汤"的故事在民间流传至今。建安年间，张仲景在告老还乡途中看到很多穷苦百姓忍饥受寒，耳朵都冻烂了，他心里非常难受，一心想要救治他们。他凭借自己多年的从医经验，用羊肉和一些祛寒药物熬煮好后剁碎，用面将它们包成耳朵样的"娇耳"，向穷人舍药治伤。张仲景舍药从冬至那天开始，一直持续到大年三十。人们为庆祝新年和烂耳康复，就仿"娇耳"的样子做过年的食物，称其为"饺耳""饺子""扁食"，并在大年初一早上吃。后人在冬至和大年初一吃饺子，以纪念张仲景开棚舍药和治愈病人。

● "医圣"张仲景坐堂行医塑像

## 3. 意义

春节是古人庆祝过去一年的丰收和祈祷新的一年风调雨顺的盛大节日，蕴含着人们对大自然的敬畏之心，体现了农耕文明的精髓。春节也是全家团聚的时刻，无论身在何处，人们都会尽力回到家中与亲人团聚。这不仅体现了中华民族重视家庭、重视血脉的传统美德，更彰显了对家国情怀的珍视。春节期间，人们会举办各种喜庆活动，如贴春联、舞狮、放鞭炮等，这些活动有着丰富的文化内涵，承载着中华民族的精神信仰和审美追求，能增强民族凝聚力。春节还是新的一年的开端，是万象更新、重拾希望的时刻。人们在这一天许下新年愿望，期盼新的一年事事顺利、阖家欢乐。

微课

春节

### （二）元宵节

#### 1．来历

元宵节又称"上元节""元夕节""灯节"，是中国的传统节日，普遍流行于全国各地。

关于元宵节的来历，主要有3种说法。一是汉武帝祭祀"太一"说。汉武帝正月上辛夜在甘泉宫祭祀"太一"的活动，被后人视作正月十五祭祀天神的先声。二是汉文帝纪念"平吕氏之乱"说。汉文帝为庆祝周勃等人于正月十五平定诸吕之乱，定正月十五为元宵节，每逢此夜，必出宫游玩，与民同乐。三是道教"三元"说。基于道教"三元"理念，元宵节又称"上元节"，体现了人们对新的一年第一次月圆之夜的庆祝。

#### 2．习俗

我国民众自汉代开始即在元宵节燃灯，并且这种庆祝方式逐渐发展成一种风俗；至唐代，这一风俗更为盛行，"火树银花合，星桥铁锁开"描述的就是长安元宵节的盛况；明代时，元宵节已成为民众生活的重要组成部分，彼时人们会连续赏灯10天；清代，元宵节是全民共欢的一个民俗节日，赏灯活动中还会燃放烟花爆竹助兴。

● 童子抱鱼吊灯

元宵节时，人们还会进行一些传统活动。例如，"猜灯谜"，又叫"打灯谜"，最早出现于宋代，悬谜待猜，猜中者有奖。又如吃元宵，元宵最初被称为"浮圆子"，又叫"汤团"或"汤圆"，是由糯米粉制成的球形食品，多带馅儿，煮熟后食用，吃元宵象征着全家人团团圆圆、和睦幸福。一些地方在元宵节时还有"走百病"的习俗，走百病又称"烤百病""散百病"，指人们在元宵节时结伴行走，或相随过桥，或远赴郊外，象征着祛病除灾、安宁康泰。近现代以来，各地的元宵节活动又增加了耍龙灯、耍狮子、踩高跷、划旱船、扭秧歌、打太平鼓等传统表演项目。

#### 3．意义

元宵节象征着团圆和美满，元宵节的各种民俗活动表达了对新年的美好祝愿和对生活的热爱，体现了中华民族独特的审美观念和文化底蕴。元宵节期间，各地会举办各种灯会、庙会等活动，吸引大量游客观赏游玩，这促进了当地旅游业的发展和经济的繁荣。元宵节可以增进情感，在这个特殊的日子里，人们会和亲友一起度过一个温馨而难忘的夜晚，年轻男女也可借此机会结识心仪的对象。

## （三）清明节

### 1．来历

清明节是我国重要的传统节日之一，古时也称三月节。据传，其始于古代帝王将相的"墓祭"之礼，大约始于周代，距今已有 2000 多年的历史。

在二十四节气中，既是节气又是节日的只有清明节，公历 4 月 5 日前后为清明节。《淮南子·天文训》云："春分后十五日，斗指乙，则清明风至。"《岁时百问》载："万物生长此时，皆清洁而明净，故谓之清明。"清明节一到，气温升高，雨量增多，正是春耕春种的大好时节，故有"清明前后，点瓜种豆""植树造林，莫过清明"的农谚，可见清明与农业生产有着十分密切的关系。

扫墓原是寒食节（清明节前一天）的活动。后来，由于寒食节与清明节接近，寒食节这个民间禁火扫墓的日子就逐渐与清明节合二为一了。

文化名片

### 介子推与寒食节

关于寒食节的起源有多种说法，其中之一是纪念介子推。

春秋时期，晋国公子重耳为躲避祸乱而流亡他国长达 19 年，大臣介子推始终追随其左右、不离不弃，甚至"割股啖君"。重耳励精图治，成了一代名君晋文公。但介子推不求利禄，与母亲归隐绵山，晋文公为了迫其出山相见而下令放火烧山，但介子推坚决不出山，最终被火焚而死。晋文公深感内疚，感念忠臣之志，将其葬于绵山，修祠立庙，并下令在介子推死难之日禁火、吃寒食，以寄哀思。

● 绵山介子推母子雕像

### 2. 习俗

在清明节，除了禁火、扫墓，人们还会进行踏青、植树、放风筝、荡秋千等户外活动，江南地区还会举办蚕花会和祭祀蚕神等活动。

### 3. 意义

清明节是祭祀先贤和逝去亲人的重要时刻，人们在此时表达对逝去亲人的怀念和敬意，传承追思敬仰先贤的传统，增进家庭成员间的联系和情感。另外，人们通过踏青郊游、欣赏自然景色等活动更加关注、保护和珍视自然环境，树立环保意识。清明节能让人们感受到生命的脆弱和宝贵，引发人们对生命、亲人和家庭的深思和珍惜，也能增强社会凝聚力和文化认同感。

## （四）端午节

### 1. 来历

端午节是中国的传统节日，又名端五、重午、蒲节，时间为农历五月初五，迄今已有2000多年的历史。端有"初"的意思，故称初五为端五。按地支顺序，五月恰好是午月，加上古人常把五日称作午日，因而初五又称重午。

关于端午节的来历，主要有图腾祭祀说、恶月恶日驱避说、纪念伍子胥说、纪念屈原说等。图腾祭祀说起源于春秋之前的百越之地，这里有在农历五月初五以龙舟竞渡形式举行龙图腾祭祀的习俗。恶月恶日驱避说指的是人们认为五月是毒月、五日是恶日，需要举行特定的仪式来驱避邪恶和疾病。纪念伍子胥说和纪念屈原说皆是源自历史人物故事。伍子胥是春秋时期的吴国大夫，因劝谏吴王夫差而被赐死，其尸体在五月初五被投入江中，人们便在这一天纪念伍子胥。屈原为战国末期楚国诗人、政治家，早年受楚怀王信任，任左徒、三闾大夫，兼管内政外交大事，后遭贵族排挤诽谤，先后被流放至汉北和沅湘流域，最后在楚国郢都被秦军攻破时，投江殉国。人们每年在屈原投江的那一天举办各种活动来纪念他，慢慢地那一天就演变为今天的端午节了。

### 2. 习俗

端午节由驱毒避邪的节令习俗衍生出各种丰富多彩的祭祀、游艺、保健等民间活动，主要有插艾蒿、挂菖蒲、喝雄黄酒、吃粽子、龙舟竞渡、除五毒等，各种活动因地域差别而略有不同。

### 3. 意义

随着社会的进步，端午节渐渐发展成内容丰富的传统节日。端午节划龙舟、吃粽子等习俗保留了下来，并得到了很好的传承。端午节对研究民族文化历史、传统体育竞技、饮食文化等均有重要价值。

微课

端午节的文化内涵

## （五）七夕节

### 1. 来历

农历七月初七是人们俗称的七夕节，又叫"乞巧节""女儿节"，它是中国传统节日中最具浪漫色彩的节日之一，也是旧时姑娘们非常重视的日子。七夕节起源于古代星宿崇拜。在古代星宿体系中，"牛宿"与"女宿"因其独特的位置和形状，被人们分别赋予了牛郎和织女的象征意义。《荆楚岁时记》等古籍中对牛郎织女的故事有着完整而富有神话色彩的记载：牛郎与织女被天帝分隔在银河两岸，每年只能在七月初七通过鹊桥相会。民间据此传说形成了七夕节，并且将其保留了下来。

●《月曼清游图册·桐荫乞巧》

### 2．习俗

乞巧是七夕节最传统的习俗之一，而穿针乞巧是七夕节最早的乞巧方式，始于汉代，流传至今。穿针乞巧是指女子们手执五色丝线和连续排列的九孔针（或五孔针、七孔针），在月光下对月连续穿针引线，能够快速将线全部穿过者被称为"得巧"。女子们通过乞巧祈求智慧和精巧的女红技艺。乞巧的方式还有比赛制作手工艺品、摆瓜果、做巧果、拜七姐等。

### 3．意义

七夕节因牛郎织女的美丽爱情传说而广为人知，这使得七夕节充满了浪漫色彩，被誉为"中国的情人节"。如今，在七夕节时，人们祈福许愿，希望自己的爱情能够像牛郎织女的爱情那样坚贞不渝。

## （六）中秋节

### 1．来历

农历八月十五是中秋节，又称"月夕""秋节""仲秋节""八月节""八月会""追月节""玩月节""拜月节""团圆节"。中秋节源自天象崇拜，由上古时代秋夕祭月演变而来，在唐宋时期定型、盛行并传承至今，是流行于全国众多民族中的传统文化节日。中秋节因恰值三秋之半而得名。

### 2．习俗

古人在中秋节有敬月的习俗。周代已有"中秋夜迎寒""中秋献良裘""秋分夕月"的活动；汉代时，人们在中秋或立秋之日敬老、养老；晋时已有中秋赏月之举；直到唐代，人们将中秋节与嫦娥奔月、吴刚伐桂、玉兔捣药、杨贵妃变月神、唐明皇游月宫等神话故事结合起来，使之充满浪漫色彩，赏月之风由此大兴；北宋定八月十五为中秋节，并出现"小饼如嚼月，中有酥和饴"之类的节令食品。

从古至今人们都有中秋之夜饮宴赏月的习俗，回娘家的女子这天必须回到夫家，以求圆满、吉庆。中秋节的相关活动有赏月、燃灯、观潮、走月、吃月饼、饮桂花酒等。

### 3．意义

自古以来，中秋节不仅是小家团圆的日子，更是举国欢庆的时刻。人们在这一天通常会回到家中与亲人团聚，共度佳节。中秋节不仅让人们感受到节日的喜庆氛围，也传承了中华民族的传统文化。中秋节时，人们也会向远方的亲人和朋友表达思念和祝福之情，传递温暖和关爱，更加珍惜与家人和朋友在一起的时光。

微课

中秋节

## （七）重阳节

### 1．来历

农历九月初九为"重阳"，又称"重九"。根据《易经》中的阴阳数，九为阳数，九月九日，日月并阳，两九相重，故名"重阳"。关于重阳节的来历，有东汉时期恒景除瘟魔的故事。他用茱萸和菊花酒成功驱除瘟魔，从此重阳节登高避疫的风俗便代代相传。《西京杂记》载："汉武帝宫人贾佩兰九月九日佩茱萸，食饵，饮菊花酒，云令人长寿。"经过 2000 多年的变迁，重阳节已成为多元性的节日，有形式多样的习俗。

### 2．习俗

重阳节期间，传统上民间要举行各种活动，包括登高、采药、插茱萸、赏菊花、饮菊花酒、晒秋、吃重阳糕等。

今天的重阳节被赋予了新的含义。1989 年，我国把每年的九月初九定为"老人节"，将传统与现代和谐地结合起来，使这一传统佳节成为尊老、敬老、爱老、助老的新式节日。

### 3．意义

重阳节传承至今，被增添了敬老等内涵，人们于重阳之日感恩敬老，这有利于倡导全社会形成尊老、敬老、爱老、助老的风气。重阳节也是家人团聚的日子，在这一天，人们会回家看望长辈，这有助于加强家庭成员间的情感联系，促进社会和谐稳定。重阳节正值金秋时节，是赏秋的好时机。人们在重阳节通过登高望远、观赏菊花等活动，欣赏大自然的美丽，感受生命的蓬勃，这有助于培养环保意识和生态意识。

**文以立心**

敬老爱老是一种传统的美德和社会风气，它在中国的传统文化中占据着重要地位，也体现在传统节日习俗之中。

在春节，子女们会回家看望父母，陪伴他们共度佳节，这体现了对父母的关心和尊重；晚辈向长辈拜年，送上祝福和礼物，表达了对长辈的敬意和感激之情；长辈向晚辈传授家族的历史和传统，强调孝道的重要性，这促进了敬老爱老美德的传承。在重阳节，登高能不仅锻炼身体，还寓意着步步高升、健康长寿，是对老年人的美好祝愿；菊花象征着长寿和隐逸，赏菊活动让老年人在欣赏美景的同时，感受到社会的尊重和关爱；茱萸被认为有辟邪镇疫的功效，佩戴茱萸体现了对老年人身体健康的关心。在端午节，子女们会和父母一起包粽子，享受家庭欢乐时光，这有助于增进亲情。在中秋节，全家人会围坐在一起赏月、吃月饼，共同庆祝团圆时刻，这体现了对老年人的关爱和陪伴。

## 二、中国传统节日的特点

### 1．历史悠久

中国传统节日起源于古老的农耕文化，是先民们在日常生活中总结出来的，与岁时节气、自然崇拜、宗教信仰等密切相关。例如，春节、清明节、端午节、中秋节等节日，都有着数千年的历史，是中华民族共同的精神记忆。

### 2．内涵丰富

中国传统节日蕴含着丰富的文化内涵。每个节日都有其独特的意义，如春节象征着岁首新年、团圆和幸福，清明节象征着对祖先的敬仰和感恩之情，端午节寓意驱邪避疫、祈求安康等。这些节日不仅传承着中华民族的传统美德，还对促进社会和谐具有积极作用。

### 3．民俗活动丰富多彩

中国传统节日有许多富有民俗特色的活动，例如，春节期间的舞龙舞狮、贴春联；元宵节时的猜灯谜、吃元宵；端午节时的赛龙舟、挂艾叶；等等。这些活动既具有娱乐性，又富有文化内涵，能让人们在参与时感受到传统文化的魅力。

### 4．美食文化独特

几乎每个中国传统节日都有与之相关的特色美食，如元宵节的元宵、端午节的粽子、中秋节的月饼等。这些美食不仅美味可口，而且寓意着吉祥如意、健康长寿等，是节日文化中不可或缺的一部分。

### 5．国际化程度高

随着全球化的推进，中国传统节日逐渐走向世界，成为世界各地人民了解中华文化的重要窗口。越来越多的国家和地区开始举办中国传统节日活动，如龙舟比赛等，使更多的人能够亲身感受中华文化的魅力。

## 任务四　了解中国古代礼仪文化

### 【分项任务 4】

查找资料并说明中西方礼仪在概念上和形式上有何异同。

## 一、中国古代礼仪概述

### 1．兴起时期

礼仪起源于原始社会，此时的礼仪较为简单和虔诚，主要包括区别部族内部尊卑等级的礼制、为祭天敬神而确定的祭典仪式等。

### 2．形成时期

人类进入奴隶社会后，统治阶级将原始的宗教礼仪发展成符合奴隶社会政治需要的礼制，这使礼仪被打上了阶级的烙印。

夏、商、西周三代是中国古代礼仪的初步形成时期，逐步形成了一套比较完整的国家礼仪与制度，如"五礼"就是涉及社会生活各方面的礼仪规范和行为标准。古代的礼制典籍也多撰修于这一时期，如《周礼》《仪礼》等。

## 文化名片

### 钟与鼎

钟与鼎是中国古代两种重要的传统礼器，不仅具有实用功能，更具有深厚的文化内涵和象征意义。

钟在古代主要用于演奏音乐和计量时间。大型的钟如编钟，是古代宫廷音乐的重要组成部分，用于宫廷雅乐和宗教仪式。钟也象征着警醒和教化，如"晨钟暮鼓"用来提醒人们作息和反省。

鼎起初用于烹饪和盛贮食物，后成为权力和地位的象征，特别是三足的青铜鼎，常用于祭祀和宴享，代表着贵族的身份和国家的尊严。鼎也是国家政权的象征，如"九鼎"相传为大禹所铸，代表天下九州，象征着国家统一和王权的稳固。

"钟鼎"一词常用来指代古代的礼乐文化，象征着古代文明的辉煌和礼仪的庄重，也象征着家族的荣耀和传承，如"钟鼎之家"指的是有学问、有地位的家族。

● 后母戊鼎

### 3．变革和发展时期

春秋战国时期是中国古代礼仪的变革和发展时期，由于王室衰微和诸侯争霸，出现了"礼崩乐坏"的现象。以孔子、孟子、荀子为代表的儒家人物对礼仪进行完善，提出了"君君，臣臣，父父，子子""吾善养吾浩然之气"等观点，推动了礼仪的发展。

### 4．强化时期

秦始皇统一六国后，在全国推行"书同文""车同轨""行同伦"，在一定程度上推进了全国礼仪文化的统一。

西汉初期，叔孙通协助汉高帝刘邦制定了朝礼之仪，突出发展了礼的仪式和礼节。汉武帝刘彻采纳董仲舒"罢黜百家，独尊儒术"的建议，使儒家礼教成为定制。

东汉时，《礼记》地位提升，至唐代时由"记"上升为"经"，这进一步提高了礼仪的地位。

宋代出现了以儒家思想为基础，兼容道学、佛学思想的理学，它对礼仪进行了新的阐释和发展。

明代交友之礼更加完善，礼仪日趋丰富。

### 5．衰落与现代礼仪时期

清代，古代礼仪盛极而衰，逐渐出现虚浮、烦琐的现象。随着西学东渐浪潮的出现，一些西方礼仪传入中国，代替了不合时宜的传统礼仪。

民国时期破旧立新，用民权代替君权，用自由、平等取代宗法等级制，正式拉开了现代礼仪的帷幕。

## 二、中国古代礼仪的主要内容

### （一）五礼

中国古代的"五礼"是古代中国礼仪制度的重要组成部分，涵盖了吉礼、凶礼、军礼、宾礼、嘉礼5类礼仪，具体内容如下。

吉礼：主要是对天神、地祇、人鬼的祭祀典礼，用以祈求神灵的恩泽和保佑，包括祭天、祭地、宗庙之祭等，是五礼之首。

凶礼：涉及丧葬、吊唁等方面的礼仪，以表达对逝者或受灾者的哀悼和慰问，主要包括丧礼、荒礼、吊礼、恤礼等。

军礼：指用于军旅的礼仪，如军队出征、征税、狩猎、营建等方面的礼仪，体现了国家的军事组织和纪律。

宾礼：指用于接待宾客的礼仪，如朝见、宗族聚会、觐见、宴会等方面的礼仪，用以明确君臣关系和加强友好往来。

●《狩猎出行图》（局部）　　●《文会图》（局部）

嘉礼：是表达喜庆和联络人际关系的礼仪，包括婚礼等，用以增进人际关系和增添欢乐。

### （二）古代生活礼仪

#### 1．诞生礼

中国古人把诞生礼视为人生的第一大礼。诞生礼是为新生儿举行的一种庆贺仪式，标志着新生命的开始和家族的延续。

诞生礼的仪式分为 3 个阶段：预备阶段、主礼阶段和献金阶段。预备阶段的主要任务是为新生儿取一个吉利的名字。通常由家族中的长辈或有智慧的人为新生儿取名字，他们注重名字的意义，希望为新生儿取一个吉祥、寓意深刻的名字。主礼阶段是整个诞生礼的核心部分。在这个阶段，新生儿被带入会场，被父母和家族中的长辈抱着行进。在场的亲友会逐一向新生儿行礼祝贺，并献上礼物。根据中国传统，人们通常送红糖、鸡蛋等，以祝福新生儿长寿、平安、健康。献金阶段是诞生礼的最后一个阶段，也是中国古代礼仪中极为重要和独特的阶段。在这个阶段，新生儿会穿上一套由家族中的长辈设计的衣服，并接受"献金"。家族中的长辈将一些钱币、珠宝等物品放入一对象征幸福、财富、健康的红色锦袋，并将其套在新生儿的衣服上，以示对新生儿的祝愿。

在古代，诞生礼的仪式和习俗还因新生儿的性别不同而有所不同，在报喜和悬挂标志等方面也存在性别差异，如生了男孩就在门的左边悬挂弓，生了女孩就在门的右边悬挂佩巾，等等。

### 2．成人礼

冠礼和笄礼是中国古代汉族的成人礼。冠礼是汉族男子满 20 岁时所行的成人礼，而笄礼则是汉族女子满 15 岁时所行的成人礼。这两种仪式标志着个体从少年或少女变为成人，从今以后需要承担成人的责任和义务。

● 冠礼示意图

古代成人礼不仅是对个体成长的庆祝和祝福，更是个体社会角色转变的象征。通过这一仪式，个体可以正视自己肩上的责任，完成角色的转变。同时，成人礼也是家族和社会对个体成长的认可和期许，希望个体能够承担起家庭和社会的责任，成为合格的家庭和社会成员。

### 3．婚礼

古代婚礼在中国历史文化中占据重要地位，其流程繁复，寓意深远，主要流程有：提亲、纳采、问名、纳吉、纳征、请期、亲迎、拜堂、喝交杯酒、撒帐、谢媒和回门等。

### 4．寿礼

古代寿礼是一项隆重且富有意义的仪式，主要用于庆祝和祝福长辈长寿。

举行寿礼时，通常需要预备寿面、寿桃、寿糕等寿礼食品：寿面寓意长寿，寿桃和寿糕则象征吉祥和福寿。布置寿堂时，屋内张灯结彩，

微课

中国古代礼仪之婚礼

正面墙壁中间悬挂中堂画，如南极仙翁或瑶池王母等神仙像，或八仙庆寿、百寿图等；中堂画两边悬挂祝福对联，如"福如东海长流水，寿比南山不老松"等。

● 《麻姑献寿图》

　　古代举行寿礼时，亲友们会带着各种礼品前来祝贺。常见的礼品包括衣服、鞋帽、手杖等生活用品，以及寿面、寿桃、寿糕等食品。此外，还有一些寓意深刻的礼品，如写有祝寿字句的寿幛、寿联、寿屏和寿匾等。这些礼品不仅表达了亲友们的祝福和关怀，也增添了寿礼的喜庆氛围。

### 5. 丧葬礼

　　古代丧葬礼在中华文化中占据着极其重要的地位，在丧葬礼结束后，可能还有守孝、祭祀等后续事宜。这些活动旨在表达对逝者的怀念和尊敬，同时也体现了中国古代社会的伦理思想和宗教观念。如孔子过世后，他的弟子皆在墓地守丧3年。3年满，众人相诀而去。唯有子贡比其他人多守丧3年，以尽其特殊之"孝"道，足见子贡和孔子的情谊深厚。后人为纪念此事，在子贡守墓的地点建了3间屋，立了一座名为"子贡庐墓处"的碑。

## 三、中国古代礼仪的价值

　　中国古代礼仪的精神价值深刻影响了中国人的思想和行为，不仅对个人优良品德的培养和良好社会风气的形成起到了重要作用，也为现代社会提供了宝贵的道德资源和行为指南。其主要价值体现在4个方面。

道德价值。礼仪是道德行为的外在表现，它要求个人在行为上表现出恭敬、辞让和适度，反映了个人的品德和修养。如孔子强调的"不学礼，无以立"，表明了礼仪对于个人立身处世的重要性。

政治价值。在政治领域，礼仪作为一种社会政治理想和伦理道德原则，起到了维护社会秩序和巩固统治的作用。它通过规范君臣、父子、夫妻等社会关系，确保了社会的和谐与稳定。礼仪作为民族凝聚的核心，成为不同地区、不同民族的人们相互认同和尊重的纽带，有助于国家的统一和民族的团结。

社会价值。礼仪起到了规范社会交往的作用，它通过一系列礼节和仪式，如冠礼、婚礼、丧礼等，指导人们在不同社会场合中的行为，促进人与人和谐相处。

文化价值。礼仪是中华文化的重要组成部分，体现了中华文化的深厚底蕴和独特风貌。礼仪不仅在国内有着深远影响，也对东亚其他国家如朝鲜、日本等国的文明发展产生了积极作用。

文以立心

古代礼仪中的许多内容，如行走之礼、入座之礼、饮食之礼等，在现代社会仍然具有实用价值，但在形式和内容上有了适当的调整和创新。例如，传统婚礼的"三书六礼"被简化为提亲、订婚、婚礼等步骤；丧礼中的"守孝三年"被改为短期服丧，土葬逐渐被环保殡葬替代；中秋、端午等节日淡化了繁复的祭祀活动，更加注重文化体验；传统"长幼有序"的严格家礼转向更平等的沟通，晚辈可通过言语关怀而非跪拜表达对长辈的敬意。

在现代，学礼、习礼、遵礼，不仅有助于培养谦虚、宽厚、礼貌的品德，提高自身的文化修养和综合素质；也有助于建立起亲密的人际关系，推动社会的和谐发展。

## 任务五　了解中国古代体育文化

### 【分项任务 5】

通过问卷调查或街头采访，了解人们认为最具有代表性的中国体育运动，并总结、阐述原因。

### 一、中国传统体育的发展

中国传统体育是中华文化的重要组成部分，体现了中华民族的智慧和创造力。中国传统体育的发展大致可以分为以下几个阶段。

#### 1．萌芽期

原始社会时期，体育活动开始萌芽，人们通过狩猎、搏斗等活动锻炼身体。简单的舞蹈和游戏也逐渐出现，成为人们日常生活中的娱乐活动。

## 2．形成期

夏商周时期，随着社会的发展，体育活动逐渐形成了一定的规模和体系。射箭等项目开始出现，并逐渐发展成具有竞技性和娱乐性的体育活动。民族传统体育文化逐渐涵盖娱乐、表演、礼仪等元素。

## 3．繁荣期

自汉唐时期开始，体育活动便日益繁荣。各种体育项目如龙舟、武术等都得到了广泛的发展和普及。例如，汉代时，蹴鞠就已经非常普及了，唐代更是出现了"蹴鞠热"；马球在唐代非常流行，被称为"毛丸"或"击鞠"；相扑在宋代成为极具观赏性的全民运动，受到宫廷和民间的广泛喜爱。一些具有民族特色的体育项目也在这个时期得到了充分的发展，如蒙古族的摔跤和马术、藏族的赛牦牛等。这些项目不仅体现了各民族的独特风格和文化特色，也促进了民族间的交流和融合。

● 《明宣宗行乐图卷》（局部）

改革开放以来，中华民族体育活动日益丰富多彩，传统体育运动重新兴起，这体现了中华民族丰富的文化内涵，也展示了其强大的生命力和适应性。

## 二、中国传统体育项目

## （一）射箭

射箭最初用于打猎和战争，是古人为了生存和战斗而掌握的一项技能。在旧石器时代晚期，古人就开始使用弓箭进行狩猎和自卫。射箭是重要的军事技能，是士兵和猎人应具备的基本技能。在夏朝，射箭活动得到了进一步发展。后来，射箭还与礼仪教育结合，被作为古代基础教育"六艺"中的重要一艺，受到高度重视，形成了射礼，即通过射箭来培养人的品德和礼仪。

在现代社会，射箭作为一项传统体育项目，不仅在体育竞技中占有一席之地，也成为人们体验传统文化、进行身心锻炼的方式。射箭的一些形式，如南山射箭，被列为国家级非物质文化遗产，这显示了其在传统文化中的独特价值。

《论语·八佾》中说："子曰：君子无所争，必也射乎！揖让而升，下而饮，其争也君子。"在孔子看来，君子通常是不与人争胜的，在日常生活中应该保持谦逊和宽容，避免争执和冲突；但是，在特定的场合中，如射箭比赛中，君子可以展现自己的才华和技能，但这并不只是为了争胜，而是为了展示自己的修养和风度，或增进彼此的友谊。在射箭比赛中，参赛者先相互作揖表示礼让，然后登堂比赛；比赛完毕后，又相互敬酒，这样的竞争才是君子之争。因此，这里的"射"在古代不仅是一项体育运动，还是一种礼仪活动，君子通过射箭比赛展现自己的风度和修养。这体现了儒家倡导的君子应有的品格：注重道德修养，即使在竞争中也要保持风度和礼仪。

### （二）蹴鞠

蹴鞠又名"踢鞠""蹴球""蹴圆""筑球""踢圆"等，"蹴"即用脚踢，"鞠"系皮制的球，"蹴鞠"就是用脚踢球，它是中国一项古老的体育运动，有直接对抗、间接对抗和白打3种形式。

进行直接对抗比赛时，设鞠城即球场，周围有短墙。比赛双方都有像座小房子似的球门；双方队员各12名，双方进行身体直接接触的对抗，就像打仗一样，踢球入对方球门多者胜。进行间接对抗比赛时，双方中间隔着球门，球门中间有两尺（1尺≈33.33厘米）多的"风流眼"，在球不落地的情况下，能使之穿过"风流眼"多者胜。白打则主要是比拼花样和技巧，亦称比"解数"，每一套解数都有多种踢球动作，如拐、蹑、搭、蹬、捻等。古人还给一些动作取了名字，如转乾坤、燕归巢、斜插花、风摆荷、佛顶珠、旱地拾鱼、金佛推磨、双肩背月、拐子流星等。

● 《宋太祖蹴鞠图》（局部）

据说黄帝时期就已出现类似蹴鞠的活动。《战国策》和《史记》等史书中也有关于蹴鞠盛行的记载。蹴鞠在汉代得到较大发展，不仅娱乐性蹴鞠得到继承，还出现了表演性和竞赛性蹴鞠。到了唐宋时期，蹴鞠的发展达到了鼎盛状态，出现了蹴鞠组织和专门从事蹴鞠的艺人，蹴鞠规则、场地、设施等也更为完善。蹴鞠从元明时期开始逐渐走向衰弱，清代主要在民间流行。随着西方现代足球的传入，蹴鞠慢慢被其取代，并渐渐没落。

蹴鞠对现代足球的产生具有重要的影响。在唐代，中国蹴鞠向东传播到日本和朝鲜，向西传播到欧洲，在英国发展为现代意义上的足球。2004年6月，"足球起源于临淄"专家论证会在山东省淄博市临淄区召开并形成一致结论：中国古代蹴鞠起源于春秋战国时期的齐国都城临淄。2004年7月，在第三届中国国际足球博览会的新闻发布会上，国际足球联合会和亚洲足球联合会公开宣布，中国是足球运动的发源地，世界足球起源于中国山东省淄博市临淄区的蹴鞠。

### （三）武术

中国传统武术是中华文化的瑰宝，可以追溯到原始社会。奴隶社会时期，武术成形，并向实用化、规范化发展。封建社会时期，武术得到进一步的发展，特别是在唐代，武举制对武术的发展起到了促进作用。明清时期是武术的大发展时期，流派众多、拳种丰富。中华人民共和国成立后，武术得到了蓬勃发展，1958 年，中国武术协会建立，并形成了广泛的群众性武术活动网络。

中国传统武术的门类繁多，主要包括拳术（如咏春拳、少林拳、太极拳等）、器械术（剑术、刀术、枪术、棍术等）、散打等，主要流派包括武当、少林、峨眉、南拳等。

以中国传统剑术为例，中国传统剑术具有深厚的历史底蕴和完善的技术体系。剑在古代不仅是实战武器，也是身份和地位的象征。历史上的王公贵族、文士侠客、商贾庶民都以持剑为荣。中国传统剑术以轻快敏捷、潇洒飘逸著称，有"剑走美式""剑如飞风"之说。中国传统剑术发源于实战需要，逐步向强身健体的方向发展，这体现了武术的内外兼修特点。

文化名片

#### 龙泉宝剑

龙泉宝剑是中华古兵器的代表，也是我国著名的传统工艺品，迄今已有 2000 多年的历史。相传春秋末期，越国铸剑大师欧冶子在龙泉秦溪山铸成龙渊、泰阿、工布 3 把名剑，并以龙渊为乡名，由此传下技艺。后因避唐高祖李渊讳，以"泉"代"渊"，龙渊改称龙泉，现在的浙江龙泉即以出产宝剑而闻名。2006 年，龙泉宝剑锻制技艺被列入第一批国家级非物质文化遗产名录。

 龙泉宝剑

龙泉拥有丰富的铸剑资源，包括矿石"铁英"、磨剑的"亮石"和做剑鞘的花榈木，秦溪山泉可以淬剑，茂密的森林能够提供充足的木炭燃料。

龙泉宝剑以锋刃锐利、寒光逼人、刚柔并济、纹饰精致四大特色著称，其选材考究，有"三斤毛铁半斤钢"之说，锻打火候掌握得当，成分均匀，花纹清新，淬火方式也很独特，研磨十分讲究。龙泉宝剑的锻打技艺中蕴藏着丰富的文化内涵，在中国兵器史、冶金史和艺术史上占有重要地位。龙泉宝剑不仅是健身武术器械和影视舞台道具，还是赠送外宾的国礼，被海内外民众和剑术爱好者珍视。

武德是中国传统武术中不可或缺的一部分，专指以仁义为准则的修习武术之人的言行操守。中国人崇尚武德精神，认为练习武术应该先修身养性，培养高尚的品德和道德情操，注重内外兼修。武德的概念最早可以追溯到春秋时期，左丘明在《左传》中提出了"武有七德"的论述。古人大多以尊师重道、孝悌正义、扶危济贫、除暴安良等作为武德信条。1987年，全国武术学术研讨会将武德规范概括为"尚武崇德，修身养性"，对武德进行了全面的总结。

## （四）围棋

围棋起源于中国，是中华民族发明的迄今最久远、最复杂的智力博弈活动之一，至今已有4000多年的历史。"琴棋书画"之"棋"，指的就是围棋。《博物志》中说："尧造围棋，以教子丹朱。"意思是说围棋是尧发明的，用于教育儿子。《论语》中也提到了围棋游戏。《孟子》中有关于围棋高手弈秋的记载。

围棋的棋盘大小在不断演化。起初，棋盘大小只有纵横7路，后来发展为9路、11路，甚至17路。这种变化产生的原因主要是古代社会科学水平较低，人们难以通过计算得出较为合理的棋盘大小。因此，棋盘的演化需要经过对弈的经验积累。魏晋时期，围棋棋盘逐渐从17路向19路演进，围棋的战术原则和理论也在这一时期基本定型。19路棋盘由纵横各19条等距离、垂直交叉的平行线构成，形成361个交叉点，简称"点"；棋盘上还标有9个小圆点，称作"星"，中央的星又称"天元"。棋子分黑白两色，呈扁圆形，早期的棋子多为木质，从考古发掘看，汉代有石质棋子，隋代有瓷质棋子，至于玉质棋子，目前最早见于《杜阳杂编》："大中二年，日本王子来唐入贡，携玉质棋盘和棋子，且'光洁可鉴'。"

正式比赛中，棋子的数量为黑、白各180枚。对局双方各执一色棋子，空枰开局，黑先白后，交替着一子于棋盘的点上。棋子下定后，不再向其他点移动。轮流下子是双方的权利，但允许任何一方放弃下子权利。一个棋子在棋盘上，与它直线紧邻的空点是这个棋子的"气"。直线紧邻的点上如果有同色棋子存在，这些棋子就相互连接成一个不可分割的整体；直线紧邻的点上如果有异色棋子存在，此处的"气"便不存在。棋子如果失去所有的"气"，就不能在棋盘上存在。

●隋代张盛墓中出土的瓷围棋盘

围棋空枰开局，对弈进程自简至繁，由浅入深，千变万化，终局后复又空枰，重待来者。这种由无至有、由空至实、周而复始、变化无穷的特性使得围棋能推演出无数战略与战术组合，并赢得"千古无同局"的美誉。围棋不仅是一种有趣的竞技运动，而且是一种高级的思维活动，其广阔、深邃的内涵已经构成独特的文化形态。围棋文化以技艺学为主干，以方法学为灵魂，在对弈、心理、棋手道德、文学表现等多方面显示出丰富深厚的底蕴，体现出中华文化的博大精深。2008 年，围棋入选国家级非物质文化遗产代表性项目名录。

文化漫谈

### 具有东方智慧的体育文化特质

中国古代体育根植、发端于中华传统文化的土壤之中，因此中华传统文化所蕴含的传统思维模式自然地对中国古代体育产生了深远的影响。具有东方智慧的体育文化特质不同程度地呈现在不同的体育形式之中。

弱化竞争性的人格培养模式。中华传统文化中原始朴素的和谐理想、中和融通的宽和精神，决定了中国古代多数体育形式在竞技中会弱化竞争性。中华民族的务实精神催生了古代体育在以外达内、由表及里的身体机能调节过程中，通过无形精神的升华，服务于人格培养的目标，这在一定程度上弱化了中国古代体育求竞求动的生命张力。如中国古代体育中的射箭、龙舟竞渡、舞龙舞狮、弈棋等强调个人身体锻炼与心理素质、精神升华与自然和谐的关系等，都是传统文化影响下人格培养模式的显现，而这一模式正是在多数体育形式弱化竞争性的前提下形成的。

凸显教育与社会功能的体育形式。具有典型农业文明特征的中华传统伦理教育观念贯穿于中国古代体育的发展过程。汉魏以来，诸多

体育形式的内在个性深受传统学风、士风影响，不同程度地呈现出寓艺于教的特色。如射礼、赛车等活动，在西周时期被纳入"六艺"的教育体系，并形成了一整套体育教育规仪。再如武术活动中蕴含的宽厚、容忍、人道、谦虚、忠诚等理念，本身就与中国传统儒家的"中庸"思想相通相融。明人汇编的《蹴鞠谱》一书还专门指出参与蹴鞠活动者"要和气、要信实、要志诚、要行止、要温良"等。这类体育形式展现的理念与相关规仪，凸显了中国古代体育所具有的教育与社会功能。

"与众乐乐"的文化特质。中国古代体育还有一个很明显的文化特质——与文娱活动融为一体。宋元以后，多数体育形式冲破"礼仪"的束缚，出现了娱乐化趋势，如水嬉、蹴鞠、马球、摔跤以及其他民俗游乐项目，其表演性、游戏性、趣味性越来越明显。在宋代瓦舍一类的市民综合性娱乐场所中，不但出现了民间自发组织的业余运动团体，而且娱乐式竞赛形式也更为多样。体育项目的广泛普及及其平民化的推广模式，体现出中国古代体育在发展过程中"与众乐乐"的文化特质。

体美合一的艺术展现。中国古代体育蕴含的身心一体思想使其体美合一的特点表现得尤为突出。对于古人来说，"体育"既是一种增强体质的活动，又是一种塑造健美体型的活动。古人追求的灵与肉、神与形、理性与感性、能动与被动、人为与自然有机统一的"美"，成为中国古代体育的重要文化特质。如包含在儒家文化"六艺"教育中的体育形式"射""御"，它们之所以与"艺"联系在一起，就是因为在古人心中，体育亦"习艺"，这反映出体育已经超越了人自身的生命活动，成为一种"对美的追求""关于美的活动"，当然这种"美"是人通过运动表现出来的，是中国古代体育体美合一的艺术展现。

当代，随着人类价值观、思维方式、行为方式以及生活方式的变化，由中国古代体育演进而来的中国传统体育，强调个人身心同步发展，关注心理意识和内部生理功能的运行模式，将为当代人类体育提供一种新的以促进人类健康发展为目的的运动模式，并且它将与世界现代竞技体育一起为人类体育文化的发展与进步做出更大贡献。

（节选自崔乐泉《中国古代体育精神及其文化特质》，有删改）

文以践行

材料1：2001年北京申奥成功后，国际武术联合会曾向国际奥林匹克委员会申请，将武术列为2008年北京奥运会正式比赛项目，未获批准。后来，武术以特设项目的形式出现在2008年北京奥运会上。2002年8月，瑞士洛桑奥林匹克委员会工作会议拒绝了将武术纳入奥运会正式比赛项目的提案。2011年，国际武术联合会第三次向国际奥林匹克委员会提交武术入奥申请，武术入围2020年东京奥运会8个备选项目，但最终无缘入选。2020年1月8日，武术成为第四届青年奥林匹克运动会正式比赛项目，"武术申奥"取得了历史性突破。

材料2：继2005年韩国"江陵端午祭"被联合国教科文组织宣布为"人类口头和非物质遗产代表作"后，2009年9月，联合国教科文组织正式审议并批准中国端午节列入世界非物质文化遗产，该节日成为中国首个入选世界非物质文化遗产的节日。

本次申报的遗产名称为"中国端午节"，由湖北秭归县的"屈原故里端午习俗"和黄石市的"西塞神舟会"、湖南汨罗市的"汨罗江畔端午习俗"及江苏苏州市的"苏州端午习俗"4部分内容组成，申报材料由3省联合创作。受文化和旅游部委托，湖北省代表中国向联合国教科文组织递交了申报表和相关材料。

阅读以上两则材料，从"中国武术如何申奥"和"端午节申遗带给我们的启示"中任选一个话题，以小组为单位，自拟题目，写一篇2000字左右的小论文。具体要求如下。

（1）学生自由分组，5～8人为一组，填写任务分配表。

（2）各小组上交论文，教师根据评分表进行评分。

任务分配表

评分表

# 专题四

## 超群的智慧：中国古代科技

**金句启学**

  中国古代科技是中华优秀传统文化的重要组成部分，对人类文明发展产生了深远的影响。"在绵延 5000 多年的文明发展进程中，中华民族创造了闻名于世的科技成果。我们的先人在农、医、天、算等方面形成了系统化的知识体系，取得了以四大发明为代表的一大批发明创造。"马克思曾说："火药、指南针、印刷术——这是预示资产阶级社会到来的三大发明。火药把骑士阶层炸得粉碎，指南针打开了世界市场并建立了殖民地，而印刷术则变成新教的工具。"回顾中国古代科技史，每一项辉煌的成就都令人惊叹不已：一流的农学、独特的医药学、超前的天文学、杰出的数理化、发达的工艺学……它们推动了人类文明的进步，充实了世界科技的宝库。科技兴则民族兴，科技强则国家强。让我们走近中国古代科技，了解中国古代科技，为实现高水平科技自立自强，建设教育强国、科技强国做出新的贡献。

## 任务清单

完成一项学习任务后，请在对应的方框中打钩。

| | | |
|---|---|---|
| 课前预习 | ☐ | 准备学习用品，预习课本知识 |
| | ☐ | 通过网络搜集有关中国古代农学、天文学、数理化、工艺学的资料，感知中国古代科技之美 |
| | ☐ | 完成每一任务下的分项任务并进行课堂分享 |
| 课堂学习 | ☐ | 辨别并描述不同类型的中国古代科技对应的名人、著作、发明 |
| | ☐ | 了解中国古代农学、天文学、数理化、工艺学，丰富科技知识，开拓科技视野 |
| | ☐ | 感知中国古代科技的魅力，理解中国古代科学家传达的品质和精神，发掘中国古代科学家背后的故事，以史鉴今 |
| | ☐ | 理解并掌握中国古代科学精神，培养求实精神、求真精神、探索精神、创新精神，传承并发扬中国古代科学精神 |
| 课后实践 | ☐ | 观看本专题中的微课，并完成课后作业 |
| | ☐ | 结合课上所学的理论知识，欣赏中国古代科技之美 |
| | ☐ | 在实践中，与同学友好沟通，主动参与小组合作，运用所学知识合作完成一份调查报告 |

## 溯文之源

英国著名科学史家李约瑟说："中国在 3 世纪到 13 世纪保持着西方望尘莫及的科学知识水平。"两宋时期，中国的航海、造船技术已独冠全球。指南针正是在此时大量应用于航海，提升了导航技术的精确性。之后，指南针传到西方，在大航海时代发挥了重要作用。宋朝，中国便已出现了多达 24 个桨轮的车船，而欧洲到 14 世纪才开始研究桨轮船，16 世纪西班牙才造出桨轮船。

因文教发达，宋朝的印刷术有了长足发展，社会需求不断推动印刷技术革新，胶泥活字印刷术等技术应运而生。北宋印刷的书籍美观大方，被后世视为珍版书。

数学方面，北宋初期已经形成了古代算术的完整体系，这集中体现于"算经十书"中。

天文学方面，沈括在前人研究成果的基础上制造出新的浑仪、浮漏和圭表。

军工方面，曾公亮和丁度创作的《武经总要》对以往的兵器制造技术与方法进行全面总结。

矿冶业方面，煤与石油被大量开采，并且成为民用燃料，优质钢也因此出现。

手工业方面，宋朝五大名窑（汝窑、官窑、哥窑、钧窑、定窑）出现。

⋯⋯⋯⋯⋯

这个时代的科学巨匠群星璀璨，熠熠生辉。

（节选自郭闻《古代科技巅峰为什么会出现在宋朝》，有删改）

## 思考讨论

中国古代的科技成就灿若繁星，宋朝科技水平领先于同时期的其他国家和地区。除上文中提到的科学家外，你还知道中国古代农学、天文学、化学方面有哪些著名的科学家吗？你知道中国古代农学、天文学、化学在现代有什么创新发展吗？

## 任务一　了解中国古代农学

**【分项任务1】**

1. 搜集关于中国古代农学家的资料，选择一名农学家，在课上对其进行介绍。

2. 查找关于中国古代农学的典籍，选择一部典籍，说说其历史成就和对后世的影响。

3. 选择一种自己喜欢的农作物，介绍这种农作物的"前世今生"。

### 一、中国古代农学的特点

#### （一）刀耕火种

刀耕火种，也称"刀耕火耨""火耕农业"，是中国古代的一种原始农耕方法，属于原始生荒耕作制。

在新石器时代，由于生态变化和人口增加，野生动植物不再能满足先民的生存需求，农业开始萌芽，先民们开创了"刀耕火种"的农业文明。

《淮南子》记载："于是神农乃始教民播种五谷，相土地之宜，燥湿肥硗高下。"神农发明了刀耕火种的耕种方式。刀耕，就是用刀或者斧子，将野草铲除，将树木砍掉，整理出一块平整的空地。火种，就是将已经晒干的杂草和树木用火烧毁，经过火烧的土地会变得松软，不用翻整便可进行播种，同时可以直接将地表的草木灰作为肥料，播种后不用再施肥，一般5年后必须丢荒休耕，另辟新地。

商代，南方用刀耕火种的方式种稻。周代，云南地区广泛采用这种耕作方式。春秋战国时期，铁锄、铁犁出现后，刀耕火种逐渐被锄耕和犁耕代替。公元前1世纪后，随着移民屯田，滇中、滇西地区的刀耕火种耕作方式逐渐减少，但边远地区仍保留此种耕作方式。

此后，中国的农业生产工具由石刀、石凿、石斧进化到铁刀、铁锄、铁犁，种植作物由单一的稻谷演变为稻谷、玉米、豆等，耕作方式也由刀耕火种发展为轮耕、轮作复种和多熟农作制。刀耕火种是人类社会发展初期开田辟耕地的生产方式，对农业发展起到了积极的推动作用。随着生产工具的改进和天然林地的减少，刀耕火种这种原始耕作方式已基本被废弃。

文化名片

**耒耜**

耒耜是神农发明的农具，用于翻整土地、播种庄稼。《易经》记载："神农氏作，斫木为耜，揉木为耒，耒耜之利，以教天下。"耒耜是先秦时期的主要农耕工具。耒是耒耜的柄，由一根尖头木棍和一段短横梁组成，耜是耒耜下端的起土部分。使用耒耜时，把耒的尖头插入土壤，然后用脚踩横梁使木棍深入。耒耜提高了耕种五谷的效率，后来人们又将耒耜发展成犁。

● 耒耜

### （二）男耕女织

"千耦其耘"出自《诗经》，描绘了中国古代早期的劳动场景，指众多农人在农田里并肩耕作，这是一种集体劳动的农业方式。商周时期，土地归国家所有，人们集体耕作。春秋战国时期，铁农具的出现和牛耕的逐步推广，提高了社会生产力，加速了原始公社制度的瓦解，推动了封建土地私有制的确立，男耕女织正是在这样的背景下产生的。

男耕女织是中国传统农业社会生产的基本模式，也是中国封建社会占主导地位的经济形态，具有重要作用：它是封建王朝的主要财源，是古代中国文明成就的基础；基本与当时的生产力发展水平相适应，有利于社会经济的发展；有利于调动农民的生产积极性，推动精耕细作技术的发展。

男耕女织也有消极作用：规模小，水平低，抵御天灾人祸的能力弱；简单的性别分工很难扩大再生产，不利于先进技术的推广和运用；随着人口增加和土地兼并加剧，人地矛盾日益突出，导致人类生存环境恶化；在封建社会后期是阻碍生产力发展和社会进步的主要因素。

### （三）精耕细作

精耕细作，遵循"因时制宜、因地制宜、因物制宜"的原则，以提高土地利用率、提高单位面积产量为中心，采取良种、精耕、细管、多肥等一系列技术措施。例如，在公认的中国最早的农书《氾胜之书》中提到的区田法，被当作抗旱高产的耕作栽培法，这体现了中国传统农学精耕细作的特点，中国古代关中地区一直提倡这种耕作方式。

夏代至春秋时期是原始农业向传统农业过渡的关键期。春秋时期，人们开始使用铁农具，并逐渐推广牛耕技术，同时出现了当时世界上最先进的垄作法。

战国至南北朝时期是精耕细作的成型期。汉代，赵过推行代田法，采用这种方法能达到防风抗旱的目的，之后还出现了区田法。赵过还推广了耦犁，后来又出现了犁壁、耧车等耕作工具。北方形成了以耕、耙、耱为中心的旱地农业技术体系，江南垦田面积扩大，耕作技术取得了较大的进步。

### 耧车

耧车，也叫"耧犁""耙耧"，是中国西汉农学家赵过发明的农具，已有2000多年的历史。耧车由耧架、耧斗、耧腿、耧铲构成，用于播种大麦、小麦、大豆、高粱等。耧车的种类有一腿耧、三腿耧、七腿耧等。播种时，用一头牛拉着耧车，耧脚在平整的土地上可以同时进行开沟和下种两项工作，省时省力。目前我国出土的小型铁耧车的使用年代大约为公元前2世纪。

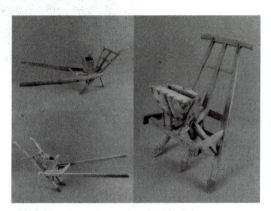

● 耧车

隋代至元代是精耕细作的发展期。隋唐时期，江东地区出现曲辕犁，这种工具能适应水田和各种土壤，此时我国的耕犁技术已经非常完善。南方的水田精耕农业技术逐步成熟，水稻种植普遍采用育秧移栽等技术。宋元时期，北方干旱地区出现了中耕农具耧锄，江南推广水旱轮作的稻麦复种制，南方形成了以耕、耙、耖为中心的水田农业技术体系，经济中心南移。

明清时期是精耕细作的成熟期。为了应对因人口激增而出现的人口多、耕地少的矛盾，人们致力于提高复种指数和扩大耕地，土地利用率达到了中国传统农业的最高水平。

### （四）重心逐渐南移

中国古代农业的重心逐渐从北方转移到南方。

新石器时代，中国农业划分成两大系统，分别是北方黄河流域的旱地粟作农业系统和南方长江流域的水田稻作农业系统，当时北方的主食是粟、黍，南方的主食是稻。

南北朝以前，中国农业的重心在黄河流域，由于此时的南方洪涝灾害较多，农业耕作技术水平低下，北方农业的发展水平一直高于南方。魏晋南北朝时期是中国历史上中原人口南迁的第一次高潮。在这一时期，南方土地被大量开垦，耕作技术进步，农作物品种增多，单位面积产量提高，北方和南方的农业水平差距缩小。

隋唐时期，中国农业的重心开始南移。北方人民为了躲避战乱，大量南迁，这增加了南方的劳动力，也为南方带去了先进的工具和技术，促进了南方农业的发展。南方气候温暖，土地肥沃，河流众多，随着铁制农具和牛耕技术的普及，南方土地被进一步开发，南方成为重要的粮食产地。

宋代至元代，中国农业的重心转移到长江流域。北方长期战乱，南方相对安定，稳定的社会环境有利于社会经济的发展。另外，政治中心的南移也加快了南方的开发进程，南方统治者为了维护统治，鼓励农业，兴修水利。南方形成了稳定的稻麦轮作的一年两熟制，水稻产量跃居粮食作物首位。"苏湖熟，天下足"的谚语表明此时南方农业水平已超过北方，中国古代农业重心南移完成。

## 二、中国古代的农学家及农学著作

### （一）贾思勰与《齐民要术》

贾思勰，生卒年不详，青州益都（今山东寿光）人，中国北魏农学家，著有《齐民要术》。

贾思勰祖上研究农业生产技术，这对他产生了巨大影响。成年以后，贾思勰担任过高阳郡（今山东临淄）太守等官职，到过河南、河北、山西等地。贾思勰十分重视农业生产，他认为农业是人民衣食之本，只有发展农业才是富民强国之道，因此，他提倡推广农业技术，改革耕作制度。但贾思勰并不只把农业生产归结为生产粮食，他认为农副产品加工是农业生产的继续，是生产转向消费的必要环节。他强调要顺应自然规律，遵循农作物的生长规律。中年以后，贾思勰回到故乡，萌生了撰写农书的想法。约永熙二年（533年）至武定二年（544年），贾思勰征引前人典籍，搜罗农谚歌谣，整理农业知识，总结实践经验，写成了综合性农学著作《齐民要术》。

● 贾思勰

● 《齐民要术》

《齐民要术》全书10卷，92篇，约11万字，系统地总结了我国公元6世纪以前黄河中下游地区劳动人民的农牧业生产经验、食品的加工与贮藏方法、野生植物的利用及治荒方法等，这反映出当时中国农业的发展水平已经很高。后世许多农书如元代的《王祯农书》、明代的《农政全书》和清代的《授时通考》的撰写，都参考了《齐民要术》。

该书出版后，长期受到中国历朝政府的重视。该书约于唐末传入日本，至今日本还藏有北宋最早刊印的残本。19世纪，法国来华耶稣会士使《齐民要求》传入欧洲。英国学者达尔文在其名著《物种起源》中提及参阅了一部中国古代百科全书，该书正是《齐民要术》。

贾思勰编写《齐民要术》时，吸收了前人总结的生产经验，还向农民学习农业知识。当时，北魏的农民热衷养鸡，但养不出优质的鸡种。贾思勰通过实践研究，总结了养鸡经验：春夏养鸡，个子大，但是不爱生蛋；秋冬养鸡，个子小，但是下蛋较多，又会孵化小鸡。《齐民要术》主张农民从事农业生产的时候，不仅要注重方法，还要注重实践，以实际效果为准。

### （二）陈旉与《陈旉农书》

陈旉（1076—1154 年），号西山隐居全真子，中国南宋农学家，著有《陈旉农书》。

●陈旉

陈旉生于南北宋交替的战乱时期，居无定所，经常辗转于长江南北一带，后在真州（今江苏仪征）西山隐居务农。陈旉非常重视农业生产，立志要以农圃之事作为自己毕生的事业，经过长期的躬耕力行，决心撰写农书。

绍兴十九年（1149 年），74 岁的陈旉写成《农书》3 卷，经地方官吏先后刊印传播。

《陈旉农书》是我国第一部总结南方农业生产经验的农书，也是我国最早总结水稻栽培技术的农书，因陈旉亲自务农而具有理论上和实践上的特色。该书分为 3 卷，上卷论述了土地的耕作以及农作物的种植；中卷记述了牛的饲养管理以及疾病防治；下卷记载了种桑养蚕的技术。3 卷合一，既各成体系，又相互联系，这反映了中国古代农业科技在宋代达到了新的水平。

●《陈旉农书》

### （三）王祯与《王祯农书》

王祯，生卒年不可考，字伯善，东平（今山东东平）人，中国元代农学家，著有《王祯农书》。

据史书记载，王祯做过两任县尹：元贞元年（1295年），任宣州旌德（今安徽旌德）县尹，在职6年；大德四年（1300年），调任信州永丰（今江西广丰）县尹。王祯任旌德县县尹时，有一年碰上旱灾，他想起家乡东平有一种水转翻车可以把水提灌到山地里。于是，他立即画出图样，召集木工赶制，组织农民抗旱。王祯任永丰县县尹时，奖励农民种植桑树，教导农民播种作物，推广使用各种农具。旌德、永丰两县民众对王祯十分敬重，称赞他"惠民有为"。

皇庆二年（1313年），王祯写成《王祯农书》，该书正式刻版发行，全书共37集，371目，约13万字，分《农桑通诀》《百谷谱》《农器图谱》三大部分，最后所附《杂录》包括"法制长生屋"和"造活字印书法"两部分内容。

《王祯农书》总结了元代以前农业生产实践的丰富经验，第一次对广义农业生产知识做了较全面系统的论述，在中国综合性农书中具有开创意义。

● 王祯

● 《王祯农书》（武英殿聚珍版印本）

### （四）徐光启与《农政全书》

徐光启（1562—1633年），字子先，号玄扈，谥文定，上海人，中国明代农学家、科学家，师从利玛窦学习西方的天文、数学和水利等科学技术，为17世纪的中西文化交流做出了重要贡献。

《农政全书》成书于明代，是中国古代农业科学的集大成之作。它分为12个门类（农本、田制、农事、水利、农器、树艺、蚕桑、蚕桑广类、种植、牧养、制造、荒政），共60卷。《农政全书》基本上囊括了中国古代汉族农业生产和人民生活的各个方面，集前人农业科学经验之大成，总结了清代之前的农业科学技术。

● 徐光启

● 《农政全书》

《农政全书》的主导思想是"富国必以本业"，这一思想正是《农政全书》不同于其他大型农书的地方。徐光启将农政措施和农业技术结合，使《农政全书》超越了以往的纯技术性的农业书，集中表达了以农治国的农业生态观。

### （五）宋应星与《天工开物》

宋应星（1587—约1661年），字长庚，江西奉新人，中国明代农学家、科学家，著有《天工开物》。

● 宋应星

宋应星自幼聪明强记，万历四十三年（1615年）与兄宋应升一起参加乡试，而后考取举人，名列全省第3名，其兄名列第6。奉新诸生中只有他们兄弟中举，故称"奉新二宋"。之后他们二人参加会试，6次名落孙山。崇祯八年（1635年），宋应星任江西袁州府分宜县学教谕。崇祯十一年（1638年），宋应星升任福建汀州府（今福建长汀）推官（正八品），掌管一府刑狱。崇祯十三年（1640年），宋应星辞官返回奉新。明亡后，宋应星拒不出仕，一直过着隐居生活。宋应星最大的成就是在历史上第一次全面、真实、系统地记述了明代以前农业和手工业领域的生产知识和技术经验，并且使其条理化。

《天工开物》成书于明代，是世界上第一部关于农业和手工业生产的综合性著作，详细叙述了各种农作物和手工业原料的种类、产地、种植养殖技术、加工工艺和生产装备，以及一些生产组织经验，是中国古代农业、工业技术的百科全书。

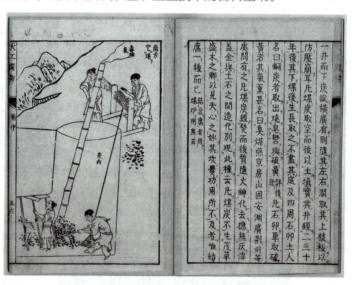
●《天工开物》

《天工开物》分为上、中、下3编，共18卷，附有120余幅插图，描绘了130多项生产技术及工具的名称、形状和操作工序。上编记载了谷物豆麻的栽培和加工方法、蚕丝棉苎的纺织和染色技术，以及制盐、制糖工艺。中编涉及砖瓦陶瓷的制作、车船的建造，以及榨油、造纸方法。下编包括金属的开采、兵器的制造、颜料的生产等内容。

《天工开物》在17世纪传入日本，日本学者评议："《天工开物》不只是中国，而且是整个东亚的一部代表性技术书，其包罗技术门类之广是欧洲技术书无法比拟的，是中国有代表性的技术书。"18 世纪，《天工开物》传入欧美，直接推动了欧洲农业革命，被欧洲学者称为"中国 17 世纪的工艺百科全书"。

**文以立心**

　　《天工开物》写于宋应星多次科考失利后。在担任江西袁州府分宜县学教谕的闲暇之余，他整理昔日科考路上的见闻，又查阅本县所有的相关文献，还去外地考察各行业的技术。除了整理搜集资料以外，他还画出了很多设备的操作图。此外，他对大量的技术经验进行梳理和概括，令它们成系统、有条理，更易于流传。比如，《天工开物》中记录了农民培育水稻、大麦新品种的事例，研究了土壤、气候、栽培方法对作物品种变化的影响，亦有"土脉历时代而异，种性随水土而分"的科学见解。难能可贵的是，他主张对事物的考察要用"试见"和"试验"的科学方法，对未亲自检验的事物和现象，不会随便断言，十分严谨客观。而且《天工开物》是按照"贵五谷而贱金玉"的理念来编排的，也就是说，宋应星把与吃饭、穿衣有关的农业科技放在最前面，然后才是有关手工业各方面的科技，把珠玉之类的制造内容放在最后。这种编排次序正好反映了宋应星重视农业、注重实学的科学思想。

## 任务二　了解中国古代天文学

**【分项任务 2】**

1. 搜集关于中国古代天文学的资料，选择一名天文学家，并在课上对其进行介绍。
2. 查找关于中国古代天文学的典籍，选择一部典籍，说说其历史成就和对后世的影响。
3. 选择一个自己喜欢的天文学仪器，介绍这个仪器的"前世今生"。

### 一、中国古代天文学的概念

#### （一）阴阳历

　　阴阳历，是指兼顾月亮绕地球的运动周期和地球绕太阳的运动周期而制定的历法。阴阳历历月的平均长度接近朔望月的平均长度，历年的平均长度接近回归年的平均长度，因此这种历法既与月相相符，也与地球绕太阳周期运动相符。中国的农历就是阴阳历的一种。

　　农历，是中国现行的传统历法，是一种阴阳合历历法，古时称为夏历，又称旧历、阴历。传说它是夏代创立的历法，历代不断完善，一直沿用至今，1970 年以后，正式使用"农历"这一名称。

农历以月相的变化周期为依据，全年一般是354天或355天，比公历年的365天或366天少了11天。农历的年份分为平年和闰年，平年有12个月，闰年有13个月；月份分为大月和小月，大月有30天，小月有29天。农历的一个月叫作"朔望月"，每月初一为朔日，十五为望日。

## （二）干支纪法

干支纪法，也称"干支纪元法"，干支是天干、地支的总称。干支纪法，传说创立于黄帝时期，在殷墟出土的甲骨文中，已有表示干支的象形文字，这说明在商周时期人们就已经使用干支纪法了。

甲、乙、丙、丁、戊、己、庚、辛、壬、癸为"十天干"，子、丑、寅、卯、辰、巳、午、未、申、酉、戌、亥为"十二地支"。古人把十天干和十二地支按固定的顺序依次相配，共配成60组，用来表示年、月、日的序号。因此，干支纪法是60年一个轮回，周而复始，循环使用。

古人还设计了十二生肖与十二地支互相搭配，十二生肖是十二地支的形象化代表，即鼠、牛、虎、兔、龙、蛇、马、羊、猴、鸡、狗、猪，每一生肖对应着相应的地支。

## （三）七政五纬

五纬，亦称"五星"，即金、木、水、火、土五星。七政，又称"七曜""七纬"，古人将日、月与五星合称"七政"。七政五纬，源于古人对星辰的自然崇拜，最早可以追溯至周代，东汉以后应用甚广。

日在古代被称为"太阳星"，为中天主星、光明之神。月在古代被称为"太阴星"，为中天之星、真水之神。金星在古代被称为"太白星"，清晨在东方天空被称为"启明星"，夜晚在西方天空被称为"长庚星"，是除了太阳和月亮之外最亮的自然天体。木星在古代被称为"岁星"，是七政中最大的行星，古人用木星来计时纪年，木星围绕太阳公转一周为12年。水星在古代被称为"辰星"，是七政中最小的行星。火星在古代被称为"荧惑星"，因为它荧荧如火，使人迷惑。土星在古代被称为"镇星"，每28年运行一周，就像坐镇二十八宿，所以被称为镇星。

## （四）二十八宿

二十八宿是中国古代天文学家为观测日、月、五星的运行情况而划分的28个星区。

古人早已认识到了恒星的位置恒久不变，经过长期观测，以黄道、赤道附近的28个星宿为坐标，又将这28个星宿按方位分为东、南、西、北4宫，每宫7个星宿。

角、亢、氐、房、心、尾、箕，这7个星宿组成一个龙的形象，春分时节出现在东部的天空，称"东方青龙七宿"。

斗、牛、女、虚、危、室、壁，这7个星宿组成一组龟蛇的形象，春分时节出现在北部的天空，称"北方玄武七宿"。

奎、娄、胃、昴、毕、觜、参，这7星宿组成一个虎的形象，春分时节出现在西部的天空，称"西方白虎七宿"。

井、鬼、柳、星、张、翼、轸，这7个星宿组成一个鸟的形象，春分时节出现在南部的天空，称"南方朱雀七宿"。

二十八宿最初用来说明太阳、月亮、五星所在的位置，后被广泛应用于天文等。

● 曾侯乙墓出土的战国早期《二十八宿图》衣箱

### （五）二十四节气

二十四节气是中国上古农耕文明的产物，它是先民顺应农时，通过观察天体运行情况，总结时令、气候、物候等变化规律所形成的知识体系。

二十四节气最初依据斗转星移制定，北斗七星的斗柄顺时针旋转一圈为一周期。现行的二十四节气依据太阳在回归黄道上的位置制定，即把太阳周年运动轨迹划分为 24 等份，每 1 等份为 1 个节气。一岁四时，春、夏、秋、冬各 3 个月，每个月有 2 个节气。

二十四节气分别为：立春、雨水、惊蛰、春分、清明、谷雨、立夏、小满、芒种、夏至、小暑、大暑、立秋、处暑、白露、秋分、寒露、霜降、立冬、小雪、大雪、冬至、小寒、大寒。一年四季由"四立"（立春、立夏、立秋、立冬）开始，"四立"标示着四季轮换。

二十四节气科学地揭示了一年四季交替的时间以及自然现象发生的规律，早在汉武帝时期就被纳入《太初历》，作为指导黄河流域农事的历法补充。二十四节气将天文、农事和民俗巧妙结合，成为指导中国古代农事活动的基本时间指针，也成为人民日常生活的岁时节令文化。二十四节气也伴随着一些民俗活动，如九华立春祭、画九九消寒图等。

● 九九消寒图

文化名片

#### 九华立春祭

立春，居二十四节气之首，是重要的岁时节日。我国 3000 年前就有迎"春"仪式。九华立春祭是浙江省衢州市柯城区九华乡外陈村比较完好地保留下来的传统农时节令习俗。农历立春日为祭祀日，梧桐祖殿是立春祭的主要活动场所。立春祭的主要活动有祭拜春神句芒、迎春接福赐求五谷丰登、供祭品、扮芒神、焚香迎奉、扎春牛、演戏酬神、踏青、鞭春牛等。鞭春牛是整个立春祭活动的重要环节，由选定的人装扮成芒神鞭打春牛，地方行政主管官员行进香之礼，表示劝农春耕的开始。该仪式表达了人们对风调雨顺、五谷丰登、国泰民安的企盼。2016年11月30日，九华立春祭被列入联合国教科文组织人类非物质文化遗产代表作名录，也成为衢州市首个世界人类非物质文化遗产。

● 九华立春祭，奏响"迎春曲"

## 二、中国古代的天文学家

### （一）石申

石申，又名石申夫，生卒年不详，战国中期魏国人，大约生活在公元前400年，天文学家，著有《天文》八卷（就是后来的《石氏星经》）和《浑天图》。

石申建立了全天恒星区划命名系统，观察了金、木、水、火、土五大行星的运行规律，记录了行星的名字，测定了恒星的方位。他还编制了星表《石氏星经》，这个星表比西方最早的星表《托勒密星表》早出现几百年，在世界天文学史上占有重要地位。《石氏星经》是古代天体测量工作的基础。

石申创建了岁星纪年法，尤其是以12年为周期的预报方法。他还掌握了推算行星出没动态的方法。

● 石申观星图

## （二）甘德

甘德，生卒年不详，齐国人，是生活在公元前300多年的天文学家，著有《天文星占》《岁星经》。

甘德在石申的《石氏星经》的基础上创造了定位星体的"甘氏四七法"，对若干恒星的位置进行了定量的测量，制作了世界上最古老的恒星表。

甘德还观测到了木星的卫星木卫三，比伽利略通过望远镜发现木卫三早了近2000年。在没有望远镜的条件下，甘德仅凭肉眼就发现了木卫三，这是天文学上的一个奇迹。

甘德与石申都生活在战国时期，也都在天文学领域有所建树，后人把甘德的《天文星占》与石申的《天文》八卷合称《甘石星经》，这是世界上现存最早的天文学著作之一。

## （三）落下闳

落下闳，生卒年不详，字长公，巴郡阆中（今四川阆中）人，中国西汉天文学家。

落下闳擅长观测天象，汉武帝时被推荐入京，元封年间（公元前110—公元前105年）担任待诏太史。落下闳与当时的天文学家唐都、邓平一起研制历法，他们提出的历法优于当时提出的其他17种历法。此历法被汉武帝采用，于太初元年（公元前104年）颁行，故称为《太初历》，是中国历史上第一部有完整文字记载的历法。

落下闳在实测的基础上，考订历代重大的天文数据，改革了不合理的岁首制度，立孟春正月为岁首。因此，人们将正月初一称为"元旦"，民间也就有了"春节"的说法，落下闳也被尊称为"春节老人"。

落下闳完善了古代天文学说，提出了浑天说，这奠定了中国古代先进的宇宙结构理论的基础。落下闳创制的浑仪形象地展示了宇宙模型，在中国用了2000多年。落下闳还在其家乡阆中蟠龙山建立了中国最早的民间观星台。

## （四）张衡

张衡（78—139年），字平子，南阳西鄂（今河南南阳）人，中国东汉天文学家。

元初二年（115年），张衡出任太史令，执掌天文、星历、术算、典籍。元初四年（117年），张衡发明了由水力推动的浑天仪。在此期间，他写出了《地形图》《浑天仪注》《灵宪》等著作，其中《灵宪》和《浑天仪注》是中国古代具有里程碑意义的天文论著。

张衡主张浑天说，提出了"宇之表无极，宙之端无穷"的观点，定性地描述了行星运动的快慢和行星到运转中心的距离的关系，这比开普勒提出行星运动三大定律早1500年左右。

●张衡

张衡第一次正确解释了日食的成因，说明了月光是日光的反射，并测得日月的视直径，这一数值与现今测值相近。他最早正确解释了月食现象，指出其成因是地球的影子遮掩了月亮。

● 西安交通大学汉墓中的汉代星图

张衡为中国天文学、地震学的发展做出了杰出的贡献，被后人誉为"木圣"（科圣）。

### （五）郭守敬

● 郭守敬

郭守敬（1231—1316年），字若思，顺德邢台（今河北邢台）人，中国元代天文学家。

至元十三年（1276年）起，郭守敬与许衡、王恂等奉命修订新历法，历时4年，制定出《授时历》。至元十八年（1281年），《授时历》开始实施，成为当时世界上最先进的一种历法，通行360多年。《授时历》推算出的一个回归年为365.2425天，和现在世界上通行的阳历周期一致。

郭守敬还改制、发明了12种文台上使用的新仪器，分别为简仪、高表、候极仪、浑天象、玲珑仪、仰仪、立运仪、证理仪、景符、窥几、日月食仪、星晷。郭守敬的观测项目甚多，如冬至时刻、二十八宿距度、四海测验、黄赤交角等，其中大部分观测数据都是中国古代历法史上最精确的，或近于最佳的。

郭守敬编撰的天文著作有《推步》《立成》《上中下三历注式》《五星细行考》等。

**文以立心**

苏颂（1020—1101年），字子容，福建泉州人。作为天文学家的苏颂，主要贡献有两项：一是领导建造了水运仪象台和假天仪；二是著有《新仪象法要》一书。根据后人研究，假天仪可能是一个和人体大小相仿的天球仪。天球仪以竹条为骨架，外面糊一层纸，纸上按照天上星星的位置凿有许多小孔。人由球南端开的口进入球内，就可以坐在其中观星了。天球仪的转动轴上装有手轮，通过该手轮可以转动整个仪器，这样就可以模拟星的东升西落现象。《新仪象法要》是苏颂为了介绍水运仪象台的结构而写的，书中以附图形式说明了水运仪象台各个部件的结构，这些图可以说是中国最早的机械图。这本书中还附有5幅星图，它们都是根据实际观测结果绘制的，具有不可磨灭的价值。

## 三、中国古代的天文仪器

### （一）圭表

　　圭表，是中国古代用于观测天象的一种仪器，由"圭"和"表"两个部件组成，垂直于地面的标杆叫"表"，水平放置于地面的标尺叫"圭"。当太阳照射表的时候，圭上会出现表的影子，根据表的影子的方向和长度，人们就能定方向、测时间、算周年、分季节。

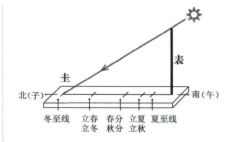

● 圭表示意图

　　圭表是中国最古老的天文仪器，陶寺遗址表明，4000 多年前的中原地区就已使用圭表测影法。安徽阜阳西汉汝阴侯墓中曾发现大量文物，其中一件漆器是用于测量日影长度的"圭表"，名为"汝阴侯墓圭表"，这是世界上现存的年代最早且具有明确纪年的圭表。

　　汉武帝时期，人们根据圭表日影长度确定"二十四节气"，用圭表测出一年中影子最长的冬至日，并将其作为"二十四节气"的起点。1279 年前后，郭守敬在河南登封建造了一座观星

● 登封观星台遗址

台，它是中国现存最早的古代天文台，也是一个巨大的圭表。

　　用圭表测时间的做法一直延续至明清时期，南京紫金山天文台的一个圭表便是明代所造的。

### （二）漏刻

　　漏刻，是中国古代计量时间的一种仪器，又叫漏壶、水钟。漏刻由"漏"和"刻"组成，"漏"是带孔的壶，"刻"是有刻度的浮箭，其计时原理是利用水位的变化来反映时间的流逝。

　　漏刻主要分为泄水型和受水型两种，泄水型漏刻的浮箭随着壶中水面的降低而下降，受水型漏刻的浮箭随着壶中水面的上升而升高。中国的漏刻最先是泄水型，后来泄水型与受水型并用或两者合一。

　　漏刻的发明源于古人对容器漏水现象的观察。在黄帝时代，古人就发明了滴水计时的漏刻。夏商时期，漏刻已被普遍使用。东汉时期，张衡研发了二级漏壶，后来它演变为精确的四级漏壶。

　　漏刻在中国使用了几千年，直到光绪二十三年（1897 年）仍在使用。约在西汉中期，中国漏刻的计时精确度就高于 14 世纪欧洲的机械钟。东汉以后，中国漏刻的误差大都在 1分钟以内，最精确的漏刻误差在 20 秒以内。

● 北京鼓楼铜漏刻

### （三）浑天仪

浑天仪，是中国古代的一种天文观测仪器，用于演示天体运动、测定天体位置，由浑象和浑仪组成。浑象是一个大圆球，上面刻画了星宿、赤道、黄道等，类似天球仪。浑仪由环管组成，用于测定天体的赤道坐标、黄道经度和地平坐标。

落下闳提出了浑天说理论，他还改进了赤道式浑天仪，测定了二十八宿赤道距度，经他改进后的赤道或浑天仪一直用到开元十三年（725 年）。

元初四年（117 年），张衡发明了由水力推动的浑天仪。浑天仪以铜铸造，是空心球体，主体是几层可转动的圆圈，各层分别刻着内外规、南北极、黄道、赤道、二十四节气、二十八宿、日月星辰等。仪上附着两个壶，壶底有孔，壶滴水便可推动圆圈按刻度转动。浑天仪每日均匀地绕中轴旋转，与实际天体运动情况一致，可预报天体运动情况。

● 浑天仪

郭守敬改进了浑天仪，把结构繁杂的浑天仪简化，故称"简仪"。中国现存最早的浑天仪制造于明代，陈列于南京紫金山天文台。

### （四）地动仪

地动仪，是中国古代测量地震方向的一种仪器。地动仪有 8 个方位，分别是东、南、西、北、东南、西南、东北、西北，每个方位均有含龙珠的龙头，龙头下方都有一只蟾蜍与其对应。任何一方有地震发生时，该方向的龙头所含龙珠便会落入蟾蜍口中，由此测出发生地震的方向。

阳嘉元年（132 年），张衡制造了候风地动仪，这是世界上第一架地动仪。候风，是指测定风的变化。在古代，地震被认为是阴阳两气相搏而形成的，气的变化会产生风，因此哪个地方有地震，就可以测到哪个方向有气的变化。

● 张衡候风地动仪复原模型

候风地动仪的形状像圆形酒瓮，其内部中央置有一根很重的柱子，称"都柱"，都柱可以向 8 个方向倾斜。8 个方向上各有一个含有铜球的龙头，龙头下各有一只蟾蜍。地震发生时，震源方向上的龙头张口，铜球落下，掉入蟾蜍口中，由此可知地震方向。

阳嘉三年（134 年），候风地动仪的一个龙头吐出铜球，掉进蟾蜍口中，随后传来陇西地震的消息。

### （五）仰仪

仰仪，是中国古代的一种天文观测仪器，由郭守敬设计制造，位于河南省登封市告成镇的观星台。

仰仪的主体是一个直径约一丈（1 丈 ≈ 3.33 米）二尺的铜质半球面，像一口仰放着的大锅，因而得名。仪唇上刻着时辰和方位，相当于地平圈。仰仪的内部球面上，纵横交错地刻着一些规则网格，用来量度天体的位置。

仰仪的锅口上刻有一圈水槽，在其中注水可以校正锅口的位置，使其保持水平。水槽边缘均匀地刻着 24 条线，以示方向。仰仪正南方的刻线上安置着两根十字交叉的、指示正南和正北方向的竿子。

仰仪使用起来非常方便。当太阳光透过仰仪中心的小孔时，仰仪内部的球面上就会投影出太阳的倒立实像，观测者可以直接从网格中判断出太阳的位置。

● 仰仪

尤其在日食发生时，人们能通过仰仪测定日食发生的时间，清楚地观看日食的全过程，甚至连日食的位置、大小都能准确地测量出来，因此仰仪被称为"日食观测工具的鼻祖"。

## 任务三　了解中国古代理学

【分项任务 3】
1. 搜集关于中国古代数理化的资料，选择一名科学家，在课上对其进行介绍。
2. 查找关于中国古代数理化的典籍，选择一部典籍，说说其历史成就和对后世的影响。

### 一、中国古代的数学家

#### （一）刘徽

刘徽，生卒年不详，淄乡（今山东邹平）人，中国魏晋时期数学家，著有《九章算术注》《海岛算经》。

《九章算术注》约成书于景元四年（263 年）。《海岛算经》是中国最早的一部测量数学的著作，为中国地图学奠定了数学基础。该书提出了重差术，采用了重表、连索和累矩等测高测远方法。

在代数方面，刘徽提出了正负数的概念及其加减运算的法则，改进了线性方程组的解法。在几何方面，他提出了"割圆术"，证明了圆面积的精确公式，求出了圆周率 π=3.1416 的结果，这一结果被称为"徽率"。他提出的计算圆周率的科学方法，奠定了此后千余年中国圆周率计算在世界上的领先地位。

● 刘徽

刘徽是中国最早明确主张用逻辑推理的方式来论证数学命题的人，也是中国古典数学理论的奠基人之一。

#### （二）祖冲之

祖冲之（429—500 年），字文远，祖籍范阳郡遒县（今河北涞水），中国南北朝时期的数学家，著有《缀术》。

　　祖冲之算出了圆周率 π 的真值，并将其精确到小数点后第 7 位，他因此被世界纪录协会认定为世界上第一位将圆周率值计算到小数点后第 7 位的科学家。祖冲之对圆周率的精确推算值对于中国乃至世界都是一个重大贡献，后人将这个精确推算值命名为"祖冲之圆周率"，简称"祖率"。

● 祖冲之

　　《缀术》是祖冲之和其子祖暅之合著的一部算经，汇集了父子二人的数学研究成果。唐代，《缀术》被列入国子监教材，这本书还曾流传至朝鲜和日本。祖冲之还提出了"开差幂"和"开差立"的问题，"开差幂"就是二次代数方程求解正根，"开差立"就是三次方程求解正根。

### （三）杨辉

　　杨辉，生卒年不详，字谦光，钱塘（今浙江杭州）人，中国南宋数学家，著有《杨辉算法》。

　　杨辉致力于改进筹算乘除计算技术，促进了算盘的改良。杨辉的另一重要成果是垛积术，他还论证过弧矢公式，时人称之为"辉术"。

　　杨辉的数学著作有 5 部，共 21 卷，即《详解九章算法》12 卷、《日用算法》2 卷、《乘除通变本末》3 卷、《田亩比类乘除捷法》2 卷和《续古摘奇算法》2 卷，后 3 部合称《杨辉算法》。

　　杨辉在《详解九章算法》中画了一张表示二项式展开后的系数构成的三角图形，它的两条斜边都是由数字 1 组成的，而其余的数则等于它上面的两个数之和，这一图形被称作"开方作法本源图"，又称"杨辉三角"。

● 开方作法本源图（杨辉三角）

### （四）秦九韶

　　秦九韶（1202—1261 年），字道古，生于普州（今四川资阳），祖籍鲁郡（今山东曲阜一带），中国南宋数学家，著有《数书九章》。

　　秦九韶于 1247 年完成《数术大略》，此书于明代改名为《数书九章》，全书 18 卷，分为 9 类，每类 9 个问题，共列算题 81 问。

　　秦九韶在数学上的主要成就是总结和发展了高次方程数值解法和一次同余组解法。他创造的"大衍求一术"被称为"中国剩余定理"，"正负开方术"被称为"秦九韶程序"。

　　秦九韶改进了一次方程组的解法，改进后的解法与现今

● 秦九韶纪念馆中的秦九韶汉白玉雕像

的加减消元法完全一致。世界各国从小学到大学的数学课程几乎都涉及他提出的定理、定律。

## 二、中国古代的地理学家

### （一）裴秀

裴秀（224—271年），字季彦，河东郡闻喜县（今山西闻喜）人，中国魏晋时期的地图学家，著有《禹贡地域图》。

● 裴秀

裴秀出身于魏晋士族，曾任黄门侍郎、尚书令、右光禄大夫。约在泰始四年（268年）至七年（271年），裴秀完成了《禹贡地域图》18篇，这是一部以疆域政区为主而绘制的历史地图集，也是中国第一部有文献可考的历史地图集，裴秀因此被称为"中国传统地图学的奠基人"。

裴秀在地图学上的主要贡献在于他第一次确立了中国古代地图的绘制理论。他提出了制图理论"制图六体"，这是绘制地图时必须遵守的6项原则：分率、准望、道里、高下、方邪、迂直。裴秀的"制图六体"对后世制图工作的影响深远，直到明末西方的地图投影方法传入中国，中国的制图学才再一次革新。

裴秀作《禹贡地域图》，开创了中国古代地图绘制学，英国科学家李约瑟称他为"中国科学制图学之父"。

### （二）郦道元

郦道元（约470—527年），字善长，范阳涿县（今河北涿州）人，中国南北朝时期的地理学家，著有《水经注》。

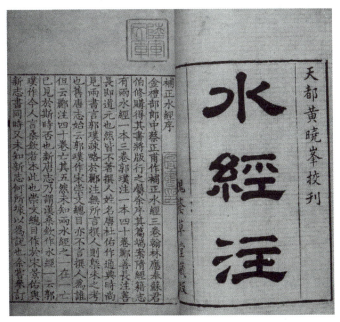
● 《水经注》

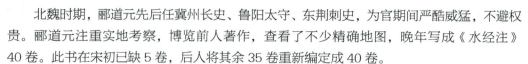

北魏时期，郦道元先后任冀州长史、鲁阳太守、东荆刺史，为官期间严酷威猛，不避权贵。郦道元注重实地考察，博览前人著作，查看了不少精确地图，晚年写成《水经注》40卷。此书在宋初已缺5卷，后人将其余35卷重新编定成40卷。

《水经注》以水道为纲，总结了北魏以前的地理情况，开创了中国古代"写实地理学"的历史，是中国古代最全面、最系统的综合性地理著作。该书记述了1000多条大小河流的发源地点、流经地区、支渠分布、河道变迁等情况，还记载了大量农田水利建设工程资料，以及城郭、风俗、土产、人物、神话等内容。

《水经注》既是一部内容丰富的地理著作，也是一部山水散文集，具有较高的文学价值，其文笔隽永、描写生动，可称为"中国游记文学的开创之作"。

### （三）徐霞客

徐霞客（1587—1641年），名弘祖，字振声，号霞客，南直隶江阴（今江苏江阴）人，明代地理学家，著有《徐霞客游记》。

徐霞客游览了江苏、浙江、山东、山西、陕西、河北、河南、安徽、江西、福建、广东、湖南、湖北、广西、贵州、云南等地，晚年身患重病，被送回江阴老家，其作品经好友整理成书，名为《徐霞客游记》。

徐霞客在对山脉、水道、地质和地貌的调查研究方面都取得了超越前人的成就，他对许多河流的水道源进行了探索，论证了金沙江是长江的源头。

●《徐霞客探幽图》

徐霞客考察了200多个石灰岩洞，没有使用任何仪器，全凭目测和步量，得出的见解大部分符合现代科学的原理。

《徐霞客游记》是一部以日记体为主的地理名著，记录了徐霞客在万历四十一年（1613年）至崇祯十二年（1639年）的旅行所得。该书在地理学和文学上卓有成就，既是记述我国地貌地质的地理名著，又是描绘我国风景资源的游记佳作。

赵友钦（约 1260—1330 年），自号缘督，又名敬，字子恭，一说字敬夫。他擅长历法、数算，尤精天文，筑观星台于鸡鸣山，从事研究著述，注重实验。他在鸡鸣山通过实验验证自己关于小孔成像的猜想，具体实验过程记录在《革象新书》第五卷"小䍀光景"中。这是中国古代史上乃至欧洲中世纪，世界上规模最大、记录最详细的光学实验。小孔成像现象的发现是早期光学研究中揭示光的直线传播性的最重要的证据之一，也是后世照相、幻灯等技术诞生的物理基础。

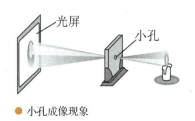

● 小孔成像现象

## 三、中国古代的化学成就

### （一）造纸

造纸术是中国古代的四大发明之一。纸出现以前，古人把文字刻画在甲骨、金石、竹简、木牍、绢帛等材料上。西汉时，人们已经掌握了用麻质纤维造纸的方法。东汉时，蔡伦总结前人经验，发明了以树皮、麻头、破布、旧渔网为原料的造纸术，纸的质量大大提高。

《后汉书·蔡伦传》记载："自古书契多编以竹简，其用缣帛者谓之为纸。缣贵而简重，并不便于人。伦乃造意，用树肤、麻头及敝布、鱼网以为纸。"元兴元年（105 年），在汉和帝的支持下，经过蔡伦改良的纸被大量生产并推广应用。这种纸具有原料易找、价格低廉、平滑光洁、适宜书写等优点，被称为"蔡侯纸"。

此后，中国造纸术不断完善，随着造纸技术的不断提升，纸的产量、质量也不断提升，原料来源不断增加，应用范围不断扩大。3～4 世纪，纸基本取代了竹简帛书，成为中国最重要的书写材料。中国的造纸术于 4 世纪传入日本，8 世纪传到欧洲。中国造纸术的发明和推广对世界科学、文化的传播产生了深刻的影响，对社会的进步和发展起到了重要的作用。

### （二）火药

火药是中国古代的四大发明之一，已有 1000 多年的历史。火药的发明源于古代炼丹术。从春秋战国时期起，历代帝王幻想长生不老，驱使方士炼丹，方士们在炼制过程中逐渐发明了火药。

火药的原始配方及燃烧性能的相关记载见于《真元妙道要略》，书中说"以硫磺、雄黄合硝石，并蜜烧之"，会发生"焰起，烧手面及火尽屋舍"的现象。硫黄、硝石与木炭混合，这就是火药最早的配方。

唐代末年，出现了硝酸钾、硫黄、木炭粉末混合的黑火药。当时火药已被用于军事，还出现了叫作"火箭"的武器。

宋代对火药的需求日益增加，南宋时出现了管状火器。1132年，陈规发明了火枪。明代发明了"多发火箭"，有发射10支箭的"火弩流星箭"，也有发射100支箭的"百虎齐奔箭"。

12世纪以后，火药逐渐传播至世界各地。恩格斯曾高度评价中国在火药发明中的首创作用。中国的火药推进了世界历史的进程，是欧洲文艺复兴的重要支柱之一。

### （三）酿造

酿造是指利用发酵作用制造食品。中国古人就已经懂得利用微生物发酵作用制造发酵食品。中国传统发酵食品的种类很多，主要有酒、醋、酱等调味品。此外，腌菜、腌肉、腐乳、乳酪等也是我国人民普遍喜爱的传统发酵食品。

贾湖遗址中发现了陶罐酒器，说明9000年前的先民就已经掌握了酿酒技术。商代使用酵母曲来酿酒。西周设有专门管理酒的酿造和使用的官吏。唐宋以后，酿造工艺不断发展，酒的种类主要有黄酒、白酒、葡萄酒。

醋起源于中国，至少有3000年的历史。商周时期，人们用酒作为发酵剂来酿造醋。春秋战国时期，酿醋从酿酒业中分离，出现了酿醋作坊。《齐民要术》中记录了22种酿醋法。唐宋以后，出现了陈醋、白醋、米醋、香醋。

### （四）印染

印染是中国古代的一种化学加工技术。古代劳动人民很早就利用矿物、植物对纺织物进行印染，掌握了印染的前处理、染色、印花、后整理、洗水等技术。

早在新石器时代，我国先民就用赤铁矿粉末将麻布染成红色。商周时期，我国设有专门管理染色的官吏。唐宋时期，我国的色谱已经比较齐全。明清时期，我国的印染业相当发达，复杂的印花技术也有了较大发展。

古代的染料主要有矿物染料和植物染料两大类，印染技术逐渐从原色向套色转变。古人将青、赤、黄、白、黑称为"五色"，将"五色"混合可以得到"间色"。随着染色技术的提高，印染的颜色也不断增加，纺织品的颜色越来越丰富，唐代的丝织物已经有24种颜色。

**文化名片**

扎染，又称扎缬、绞缬，是中国传统的手工印染工艺。扎染的具体步骤是：先通过纱、线等工具对织物进行扎、缝、缚、缀、夹等操作，再进行印染，最后把打绞成结的线拆除。织物绑扎处会因染料无法渗入而形成自然的特殊图案。扎染已有1000多年的历史。东晋时期，扎染技术已经成熟。唐宋时期，扎染纺织品十分流行。

● 扎染

| 任务四 | 了解中国古代工艺学 |

【分项任务 4】

1. 搜集关于中国古代工艺学的资料，选择一项工艺，在课上对其进行介绍。
2. 选择一个自己喜欢的中国古代工艺品并讲解。

## 一、中国古代的金属工艺

### （一）青铜器

在中国古代，青铜器被称为"金"或"吉金"，刚铸造好的青铜器是金色的，但经过腐蚀氧化，大多会变成青绿色，所以被称为青铜器。

中国的青铜器时代包括夏、商、周、春秋及战国早期，延续时间为 1600 多年。甘肃马家窑文化遗址出土的单刃青铜刀是我国迄今为止发现最早的青铜器。

商代早期的青铜器造型独特。商代中期，青铜器上出现了铭文和花纹。商代晚期至西周早期是青铜器发展的鼎盛时期，这一时期的青铜器种类多样，造型丰富，铭文加长，花纹富丽，有食器、水器、酒器、农器、兵器、车器、礼器、乐器等。春秋战国时期，由于铁器的推广，青铜器品种减少。

四羊青铜方尊为商代晚期的青铜器，属于礼器，在 1938 年出土于湖南宁乡，是中国现存商代青铜方尊中体型最大的方尊。四羊青铜方尊器身呈方形，高 58.6厘米，重近 34.6 千克，四角各有一羊，造型优美，是中国十大传世国宝之一。

就中国古代青铜器的使用规模、铸造工艺及造型艺术而言，世界上没有一个地方可以与中国相比，这也是中国古代青铜器在世界艺术史上占有独特地位并受到普遍重视的原因。

● 四羊青铜方尊

### （二）景泰蓝

景泰蓝，又称"铜胎掐丝珐琅"，是一种将铜与珐琅结合，经过多道工序制成的工艺品，是中国古代工艺巅峰的代表之一。

景泰蓝以珐琅为主要材料，其制作需先用细扁的金银铜丝在铜制的胎上捏出花纹，再将五彩珐琅点填在花纹内，然后烧制、磨平、镀金。景泰蓝最初叫"铜胎掐丝珐琅"，因在景泰年间流行，又以蓝色居多，故有"景泰蓝"一名。

● 景泰款掐丝珐琅缠枝莲纹兽耳三环尊

宣德年间（1426—1435年）是景泰蓝的兴起期。这一时期的景泰蓝掐丝整齐，磨光细润，镀金匀实，品种有瓶、盘、碗、炉、圆盒等，纹样有蕉叶、饕餮、狮戏球、大明莲，釉色有天蓝色、浅绿色、红色、白色、黄色等。

清代，景泰蓝得到了空前的发展。康熙十九年（1680年），宫廷设立珐琅厂，后改为珐琅作。乾隆年间，景泰蓝制品在皇宫中随处可见，甚至突破了瓶、壶、碗、盘的范围，被应用到了家具上。

北京是景泰蓝的发祥地，也是景泰蓝最重要的产地。北京景泰蓝以典雅的造型、繁复的纹样、清丽的色彩著称，成为驰名世界的传统工艺品。

## 二、中国古代的陶瓷工艺

### （一）陶器

陶器，是以黏土或陶土为主要材料，经捏制、成型、干燥、烧制而成的器具。

陶器是人类社会由旧石器时代发展到新石器时代的标志之一。先民发现，被水浸湿的黏土有可塑性，它们经晒干、火烧后会变得坚硬，而且可以防水，陶器就这样产生了。

中国最早的陶器出现于新石器时代早期，如江西万年县仙人洞遗址出土的圆底罐。新石器时代中晚期的仰韶文化、马家窑文化、大汶口文化、龙山文化等遗址，都出土了大量风格粗犷的陶器，有红陶、白陶和黑陶。

人面鱼纹彩陶盆是新石器时代早期的陶器，是一种特制的葬具。该陶盆高16.5厘米，口径为39.8厘米，由细泥红陶制成，敞口卷唇，口沿处绘间断黑彩带，内壁以黑彩绘出两组对称人面

● 人面鱼纹彩陶盆

鱼纹，是仰韶彩陶工艺的代表之一。

商代以后，用高岭土烧制的原始青瓷出现，由于瓷器在质量及寿命方面均优于陶器，陶器制造与使用逐渐失去了以往的规模。彩绘陶器兴于战国，盛于汉代；产生于中原，后扩展至全国大部分地区。彩绘陶器即绘制了彩纹的陶器，主要作为明器，用于陪葬，在盛行厚葬之风的汉代尤为流行。

### （二）瓷器

瓷器，也叫"磁器"，以瓷石、高岭土、石英石、莫来石为主要材料，在窑内经过高温烧制而成，因温度不同，瓷器表面的釉色也不同。

中国是瓷器的故乡。商代中期，中国就出现了早期的瓷器。此时的瓷器胎体和釉层都比较粗糙，是由陶器向瓷器过渡的产物，所以被称为"原始瓷"。

东汉出现了青瓷，其因器表施有一层薄薄的青釉而得名。北齐出现了白瓷，其釉呈乳浊淡青色。唐代的邢窑白瓷与越窑青瓷分别代表南北两大瓷窑系统。宋代，名瓷名窑遍及中国，钧窑、哥窑、官窑、汝窑和定窑并称"五大名窑"。元代，江西景德镇在制瓷工艺方面有了新的突破，其出产的青花瓷釉质透明，胎体轻巧，釉色素雅。明代流行斗彩瓷，这是釉下青花结合釉上彩而烧成的一种瓷器。清代康熙时期创烧了珐琅彩，雍正时期烧制出粉彩。

汉代的丝绸之路促进了中外交流，瓷器作为丝绸之路出口的大宗商品，获得了众多国家的赞誉。

文化名片

### 唐三彩

唐三彩，全名唐代三彩釉陶器。"三彩"是多彩的意思，不专指3种颜色。唐三彩最早出现于唐高宗时期（650—683年），在玄宗开元时期（713—741年）达到鼎盛，天宝时期（742—756年）以后衰落。唐三彩是一种低温釉陶器，以白色黏土为原料。制作唐三彩，要先烧素坯，再上釉。此种陶器在烧制过程中，各种着色剂相互交融，形成黄、绿、蓝、白、紫、褐等釉色，但以黄、绿、白三色为主，故名唐三彩。唐三彩大多是明器，在唐代作为随葬品使用，小部分是生活用具，已出土的唐三彩有三彩马、骆驼、仕女、乐伎俑、枕头等。

● 唐三彩釉陶女俑

### 三、中国古代的织绣工艺

#### （一）刺绣

刺绣，中国古代称"针绣"，是用绣针引彩线，在纺织品上穿刺，以构成各种图案的一种工艺。

中国的刺绣已有 4000 多年的历史，古代多为妇女所作，所以属于女红的重要部分。湖南长沙楚墓中出土的两件战国时期的绣品是中国现存最早的绣品。

唐宋时期，刺绣施针匀细，设色丰富多彩。明清时期，宫廷刺绣规模很大，民间刺绣进一步发展，出现了许多地方绣，苏绣、蜀绣、粤绣、湘绣 4 种地方绣被誉为"四大名绣"。

苏绣，起源于苏州，图案秀丽、构思巧妙、绣工细致、针法活泼、色彩清雅，技巧特点是平、光、齐、匀、和、顺、细、密。

蜀绣，又名川绣，针法丰富，具有针法严谨、针脚平齐、变化丰富等特点。

粤绣，是广州刺绣和潮州刺绣的总称，以用色富丽、对比强烈而著称。粤绣起源于唐代，最大的特点是布局紧凑，少有空隙，绣工多为男工。

湘绣以湖南长沙为生产中心，特点是形象逼真、色彩鲜艳、针法多变、线条细致，人称湘绣"绣花能生香，绣鸟能闻声，绣虎能奔跑，绣人能传神"。

● 蜀绣代表作《芙蓉鲤鱼》

#### （二）织锦

织锦，是指用染好颜色的彩色经纬线和提花工艺织出图案的丝织品。

织锦起源久远，殷商时代已有丝织物，周代的织锦技艺臻于成熟。汉代设有宫廷丝织作坊，专门织造织锦。东晋设立了专门管理织锦的官署。唐代出现了利用彩色经纬线来表现的退晕手法。宋代建立了许多织造工场。明清时期，民间作坊兴起，形成了江南织锦的繁荣局面。

织锦在历史演变中，发展出了多种风格，南京的云锦、四川的蜀锦、苏州的宋锦和广西的壮锦被誉为"四大名锦"。

云锦，起源于南京，有"寸锦寸金"之称，因色泽灿烂、美如云霞而得名，其织造精细、锦纹绚丽。

蜀锦，起源于成都。蜀锦兴于汉代，汉代至唐代的织锦几乎都是蜀锦，其特点是色调鲜艳、对比强烈。

● 柿红盘绿朵花宋锦

宋锦，起源于苏州，是中国"锦绣之冠"，具体分为重锦、细锦、匣锦、小锦，特点是图案精致、质地坚柔。

壮锦，又称僮锦，起源于广西，特点是结构严谨、色彩斑斓，具有热烈开朗的民族格调。

文以立心

黄道婆又名黄婆、黄母，松江府乌泥泾（今属上海）人，宋末元初棉纺织家。之前，脱棉籽是棉纺织发展进程中的一道难关，黄道婆日夜钻研，发明了轧棉方法，使得工效大幅提高，这种技术比国外相关技术早出现好几百年。黄道婆回到家乡后，致力于改革落后的棉纺织工具。她还把从黎族人民那里学来的织造技术与自己的实践经验结合，总结出了一套先进的织造技术。黄道婆将棉纺织工具和织造技术广传于人，使百姓普遍受惠。

## 四、中国古代的剪刻工艺

### （一）剪纸

剪纸，是用剪刀或刻刀在纸上剪刻花纹，用于装点生活或配合民俗活动的一种工艺。

战国时期，人们就已经用皮革、银箔镂空刻花，这为民间剪纸的形成奠定了基础。汉代，人们以雕、镂、剔、刻、剪等技法在皮革、金箔、绢帛上剪刻纹样。《木兰辞》中"对镜帖花黄"的诗句说明南北朝时期女性会利用剪纸化妆。宗懔在《荆楚岁时记》中记载："正月七日为人日，以七种菜为羹，剪彩为人，或镂金箔为人，以贴屏风，亦戴之头鬓，又造华胜以相遗，登高赋诗。"唐代也有镂金为"胜"的记载，实物可见收藏于日本奈良正仓院的"人胜"残片。中国已经发现的最早的剪纸是新疆吐鲁番火焰山附近出土的北朝时期的5幅团花剪纸。

● 唐代至德年间的"人胜"残片

● 团花剪纸金

唐代，剪纸水平极高，画面构图完整。南宋出现了以剪纸为职业的手工艺人。宋代造纸业成熟，纸品名目繁多，为剪纸的普及提供了条件。明清时期，剪纸工艺达到鼎盛。

剪纸可以张贴于门窗、墙壁等处作为装饰，如窗花、墙花等；也可用于点缀嫁妆、供品、礼品，如喜花、供花、礼花；还可作为刺绣底样，用于衣服、枕头等物品上。

剪纸在发展过程中产生了许多流派，南方派有自贡剪纸、佛山剪纸、福建剪纸等，江浙派有南京剪纸、扬州剪纸等，北方派有陕西剪纸、甘肃剪纸、山东剪纸等。

剪纸自诞生以来，在中国历史上就没有中断过。它出现于各种民俗活动中，是中国民间历史文化中内涵最丰富的工艺之一。

子（鼠）　丑（牛）　寅（虎）　卯（兔）

辰（龙）　巳（蛇）　午（马）　未（羊）

申（猴）　酉（鸡）　戌（狗）　亥（猪）

● 十二生肖剪纸

## （二）皮影

皮影，是指皮影戏中的人偶、场景、道具等皮制品，由艺人手工雕刻、彩绘而成。

关于皮影的形成时期，尚无确切说法。皮影在长期演化过程中形成了不同流派，常见的有四川皮影、湖北皮影、湖南皮影、北京皮影、山东皮影、山西皮影、陕西皮影等。

中国各地的皮影都有自己的特色，但各地皮影的制作程序大致相同，一般要经过选皮、制皮、画稿、过稿、镂刻、敷彩、发汗熨平、缀结合成8道工序。

为了让皮影人偶动作灵活，一个完整的皮影人偶通常有头颅、胸、腹、双腿、双臂、双肘、双手等，共计11个部件。这些部件是分别雕刻的，雕完要敷彩，脱水发汗，最后将它们缀结并装置操纵杆。这样皮影人偶就能做出跑、立、坐、卧、躺、滚、爬、打斗等百般姿态。

表演皮影戏时，艺人在白色幕布后面，一边操纵皮影做动作，一边用当地流行的曲调讲故事，同时配以打击乐和弦乐，具有浓厚的乡土气息。

● 海宁皮影

**文化漫谈**

有人说中国古代没有科学，没有科学精神，没有科学文化，此言偏颇矣。

中国古代产生的农、医、天、算四大科学体系和以"四大发明"为代表的技术发明受到中华传统文化"天人合一""格物致知""经世致用""兼收并蓄""四海一家"的影响，具有强烈的哲理性、实践性、交融性、开放性。

中国传统科学技术和科学文化的哲理性，以"天人合一""格物致知"为纲领。

荀子曰："天行有常，不以尧存，不以桀亡。"孟子曰："天之高也，星辰之远也，苟求其故，千岁之日至可坐而致也。"老子曰："人法地，地法天，天法道，道法自然。"

..............

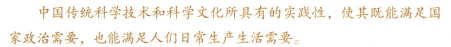

中国传统科学技术和科学文化所具有的实践性，使其既能满足国家政治需要，也能满足人们日常生产生活需要。

中国古代强调"士农工商"，农民的社会地位仅次于读书人，排在第二位。因此，"耕读传家久，诗书继世长"。

医术以治病救人为宗旨，这与儒学的仁义道德一致，因此医术又被称为"仁术"；儒家还认为医术治病的道理与治国理政的道理是一致的。韩愈和顾炎武都在其著作中以医术之事比附天下政事。医术被儒家所看重，范仲淹说："不为良相，便为良医。"历代很多知识分子都兼通医术，这使得中医药学中的望、闻、问、切"四诊"，以及脏腑学说、经络学说等，成为中国优秀民族文化遗产中的一座宝库。

…………

中国传统科学技术和科学文化的交融性体现为科技、理工、文理的交融。中国古代的格致学、博物学、物理学、天文学等都是综合性的科学，不像西方那样把它们视为相互独立的学问。

西方近现代甚至当代科学家都推崇中国传统科学文化的交融性、综合性和整体性。如耗散结构论的创始人普利高津说："中国传统的学术思想着重于研究整体性和自发性，研究协调和协合，现代新科学的发展、近些年物理和数学的研究，都更符合中国的科学思想。"提出协同学理论的哈肯也指出："事实上，对自然的整体理解是中国哲学的一个核心部分。在我看来，这一点西方文化中未获得足够的重视。"

中国传统科学技术和科学文化的开放性表现在中外科学技术内容和科学文化的交流上。

中国传统科学文化在中世纪通过阿拉伯传至欧洲，对近代文艺复兴、科学技术革命产生了深刻影响。

李约瑟说，中国"在许多重要方面有一些科学技术的发展，走在那些创造出著名的希腊奇迹的传奇式人物前面，和拥有古代西方世界全部文化财富的阿拉伯人并驾齐驱，并在3世纪到13世纪保持着西方望尘莫及的科学知识水平"。

…………

（节选自王渝生《解码中国古代科学文化优秀"基因"》，有删改）

以"中国古代科技对现代科技的影响和启示"为主题，查阅相关资料，结合自己的观点，写一份调查报告，字数在800字以上，具体要求如下。

（1）学生自由分组，5～8人为一组，并填写任务分配表。

（2）各小组上交调查报告，教师根据评分表打分。

任务分配表

评分表

# 专题五

## 璀璨的星空：中国传统艺术

### 金句启学

　　中国传统艺术的长廊璀璨辉煌，无论是挥洒自如的书法、气韵生动的绘画，还是婉转曼妙的歌舞、惟妙惟肖的雕塑，或是美轮美奂的建筑、浩如烟海的文学，都能带给我们美的享受和心灵的震撼。我们"要挖掘中华优秀传统文化的思想观念、人文精神、道德规范，把艺术创造力和中华文化价值融合起来，把中华美学精神和当代审美追求结合起来，激活中华文化生命力。故步自封、陈陈相因谈不上传承，割断血脉、凭空虚造不能算创新。要把握传承和创新的关系，学古不泥古、破法不悖法，让中华优秀传统文化成为文艺创新的重要源泉"。接下来就让我们走进中华传统艺术的殿堂，感悟中国独有的美学浪漫。

## 任务清单

完成一项学习任务后，请在对应的方框中打钩。

| | | |
|---|---|---|
| 课前预习 | ☐ | 准备学习用品，预习课本知识 |
| | ☐ | 通过网络搜集有关中国书法、绘画、音乐、雕塑、建筑和文学的资料，感知中华传统艺术之美 |
| | ☐ | 完成每一任务下的分项任务，并进行课堂分享 |
| 课堂学习 | ☐ | 了解并掌握中国传统艺术形式的内涵、类型，能够辨别并描述不同类型的中国传统艺术形式 |
| | ☐ | 了解中国传统艺术形式的发展历史，拓宽自己的艺术视野 |
| | ☐ | 感知中国传统艺术品的魅力，理解中国传统艺术品传达的价值观念和情感，能够发掘中国传统艺术背后的故事，以史鉴今 |
| | ☐ | 理解并掌握中国传统艺术的美学理论，形成正确的审美意识、健康向上的审美情趣与鉴赏品位，能够传承并发扬中国传统艺术之美。 |
| 课后实践 | ☐ | 观看本专题中的微课，并完成任务分配表 |
| | ☐ | 结合课上所学美学理论，欣赏中国传统艺术之美 |
| | ☐ | 在实践中，与同学友好沟通，主动参与合作，展示出中国传统艺术的意境美 |

## 溯文之源

优秀传统文化与现代艺术形式的创新融合一直是央视春晚的一大亮点。今年春晚同样坚持传统根脉与当代律动的结合，一方面从传统文化、艺术中汲取养分，另一方面努力为底蕴深厚的中华优秀传统文化注入当代活力。

"燃起来了""真的不够看""让我热泪盈眶"……在西安分会场上演的《山河诗长安》，千人齐诵《将进酒》的震撼场面让观众热血沸腾。曾写下"俱怀逸兴壮思飞，欲上青天揽明月"的唐代诗人李白用他的笔触记录了盛唐光景。时光流转，今年春晚特地"请"他再来看看"今日长安"。

陕派说唱抑扬顿挫、创意舞袖灵动多姿、鼓乐交响悠远绵长，《山河诗长安》不仅让观众沉浸在古韵盎然的诗词世界，更将长安城的浪漫具象化，激发出无数中华儿女深深的自豪感，实现了一次古今文化的深度碰撞与交融。节目最后，众多文艺名家朗诵流传千古的诗篇，使观众仿佛能听见那些流淌在历史长河中的音符，感受到中华诗歌不朽的魅力。

（节选自韦衍行《2024年春节联欢晚会：彰显文化底蕴 绽放时代光彩》）

## 思考讨论

当前人类社会已进入网络信息时代，各种新的艺术形式、艺术种类，以及新的传播媒介对我国传统艺术造成了巨大的冲击，但也带来了新的机遇。请结合2024年央视春晚想一想，我们该如何有效利用新媒体、新技术、新手段来助力中华优秀传统艺术的传承与发展？

## 任务一　理解中国书法艺术

**【分项任务1】**

1. 搜集关于楷书四大家的资料，选一幅他们的代表作进行临摹，并在课上展示。
2. 查找关于天下三大行书的资料，选出自己喜欢的作品并陈述理由。
3. 了解中国书法艺术的基本要素有哪些，并说一说你觉得最重要的是什么。

### 一、中国书法艺术的发展历史

中国书法艺术历史悠久，源远流长，是中华民族独有的瑰宝，也是中华传统文化的重要组成部分。书法是以汉字为载体的艺术。汉字是世界上最古老的文字之一，也是世界上唯一流传至今从未中断的文字，是中华传统文化传承和发展的重要载体，反映了中国人的思维方式、道德理念、审美情趣。汉字从诞生之日起就是美的载体。特别是早期汉字，用线条勾画形象，直观生动，是优美的写意性形体，这使它除了具有实用价值外，还具有审美价值。随着汉字形体的演变，古人利用毛笔这一书写工具，从整齐的点划开始，逐渐创造出了变化多端的笔锋，直到最后形成了举世无双的书法艺术，这使汉字具备了既可表情又可达意的审美功能。从甲骨文到楷书，各个历史时期形成的各种字体有着各自鲜明的艺术特征，呈现出不同的艺术风格，如篆书古朴典雅；隶书静中有动，富有装饰性；草书风驰电掣、结构紧凑；楷书工整秀丽；行书易识好写，实用性强；等等。

微课

汉字"六书"

**文化名片**

**湖笔**

　　湖笔，与徽墨、宣纸、端砚并称"文房四宝"，是中华文明悠久灿烂的重要象征。湖笔亦称"湖颖"，被誉为"笔中之冠"，有"毛颖之技甲天下"之说。"颖"是湖笔的最大特点。所谓"颖"，就是指笔头尖端有一段整齐而透明的锋颖，业内人称之为"黑子"，"黑子"的深浅就是锋颖的长短。锋颖是用上等山羊毛经过浸、拔、并、梳、连、合等近百道工序精心制成的。湖笔之乡在浙江省湖州市善琏镇。2006年，湖笔制作技艺入选国家非物质文化遗产名录。

### （一）生成期

中国书法艺术的历史是从甲骨文开始的，甲骨文的出现奠定了中国书法艺术的基础。中国书法艺术主要有5种字体：篆、隶、草、行、楷。

中国书法艺术萌芽于古文字时期，这期间的文字大致包括甲骨文、籀文、石鼓文等，以实用为主，主要用于记录王朝关注的事务。尽管当时的文字没有人为艺术化，但也呈现出整齐划一、端庄大方的特点。如甲骨文笔画瘦挺有力，布局疏密有致，已初步体现了线条美、单字造型的对称美，并具备了书法的笔法、章法、结字三要素。用现代人的审美标准来评价，那个时期文字的美，是一种原始之美、质朴之美。

● 甲骨文

文以立心

殷墟甲骨文的重大发现在中华文明乃至人类文明发展史上具有划时代的意义。甲骨文是迄今为止中国发现的年代最早的成熟文字系统，是汉字的源头和中华优秀传统文化的根脉，值得倍加珍视、更好传承发展。

新中国成立70多年来，党和国家高度重视以甲骨文为代表的中华优秀传统文化传承和发展，多部门多学科协同开展甲骨文研究和应用，培养了一批跨学科人才，经过几代人辛勤努力，甲骨文研究取得显著成就。新形势下，要确保甲骨文等古文字研究有人做、有传承。希望广大研究人员坚定文化自信，发扬老一辈学人的家国情怀和优良学风，深入研究甲骨文的历史思想和文化价值，促进文明交流互鉴，为推动中华文明发展和人类社会进步作出新的更大的贡献。

## （二）发展期

从小篆诞生到汉魏六朝时期是中国书法艺术的发展期。秦始皇统一六国之后，下令"书同文"，秦相李斯简化了从前的文字，创造了小篆，这种文字被作为全国规范文字。文字的统一为书法艺术的发展奠定了基础。秦代是中国书法艺术发展的一个分水岭。李斯被称为"小篆之祖"，《泰山刻石》《琅琊刻石》《峄山刻石》《会稽刻石》等相传为其所书。从上述石刻来看，小篆行笔圆转，线条匀净修长，笔画精细划一，上密下疏，呈现出纯净简约的美感。但是小篆笔画多圆转弯曲，书写不便，于是人们便在此基础上创造出了隶书。隶书的出现被文字学家称为"隶变"，隶书改变了篆书的结构，破圆为方，改圆转为方折，从尚婉而通到欲精而密，强调横平竖直、间架紧密，这标志着汉字由古文字蜕变为今文字。相较于小篆，隶书不仅书写简单，艺术性也更强。它讲究"蚕头雁尾，一波三折"。隶书的出现是汉字书写的一大进步，是书法史上的一次革命，它不但使汉字趋于方正楷模，而且为以后各种书体流派奠定了基础。《西狭颂碑》《乙瑛碑》《史晨碑》《张迁碑》《曹全碑》等汉隶碑刻，或朴拙或秀巧，或方刚或圆柔，或含蓄或张扬，各臻妙绝，被后世的书法家视为珍品。汉隶著名书法家有蔡邕等人。

● 《曹全碑》（局部）（明代拓本）

　　《会稽刻石》是刊刻于秦始皇三十七年（公元前 210 年）的一方摩崖石刻，相传为李斯所书，俗称"李斯碑"，属小篆书法作品，与《峄山刻石》《泰山刻石》《琅琊刻石》合称"秦四山刻石"。原石已佚，现有清代刘征复刻碑（钱泳本）存于大禹陵碑廊。整体上，《会稽刻石》的书法姿态肃穆、浑厚平稳，字形方正匀称、修长圆转，线条遒劲圆健、圆中带方，结构对称均衡、疏密得当，章法上横成行、竖成列，行距大于字距，气势恢宏，严谨规整。与大篆相比，小篆的字体结构保留了先秦字形的特征，但线条上削弱了象形因素和装饰成分，更强调字的"写"而非"画"，笔画流畅，方正的结构更显抽象，表现出一种均衡和谐、秩序井然的美感。

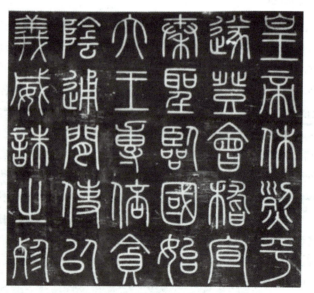
● 秦　《会稽刻石》（局部）　李斯

草书是为书写便捷而产生的一种字体，形成于汉代。其特点是"存字之梗概，损隶之规矩，纵任奔逸，赴速急就"。草书的发展分为章草和今草两个阶段。章草起于西汉，字体具有隶书的特点，往往还带有波磔，虽然笔画牵带钩连，但字与字仍相对独立，不相互纠连。历代对章草的名称有不同的解释，比较有说服力的是，章法之"章"与章程书、章楷的"章"同义，这符合早期草书略存八分笔意，字与字不相牵连，笔画省变有章法可循的事实。东汉书法家张芝擅作章草，被称为"草书之祖"。汉末，章草进一步草化，脱去隶书笔画行迹，上下字之间笔势牵连相通，偏旁部首也进行了简化和互借，被称为"今草"。

楷书又称"真书""正书"，是由隶书演变而来的，其特点是端庄工整、书写简便、形态丰富、结构严谨、笔画细腻。楷书诞生以后，汉字的字形就稳定下来，确定了"横、竖、撇、点、捺、挑、折"的基本笔画，笔形得到了进一步的规范，各个字的笔画数和笔顺也固定了。1000多年来，楷书因端庄大气、简洁美观而流行至今，现在仍是汉字的标准字体。

行书是在楷书的基础上发展起来的，有"行楷"和"行草"之分，其产生主要是为了弥补楷书书写速度太慢、草书难以辨识的不足。"行"是"行走"的意思，行书不像楷书那样端正，也不像草书那样潦草，实质上是楷书的草化或草书的楷化。行书中，楷法多于草法的叫"行楷"，草法多于楷法的叫"行草"。行书最大的特点是用连笔和省笔，却不用或少用草化符号，较多地保留正体字的可识性结构，从而达到既能快速书写又通俗易懂的目的。

至此，篆、隶、草、楷、行五大主流字体全部出现。书写不仅是出于实用目的，还是为了满足审美需要，这推动中国书法艺术迈入成熟期。

### （三）成熟期

到了魏晋时期，中国书法艺术才真正进入觉醒时代。所谓觉醒，是人们在抽象的线条中发现了美、感悟了美、理解了美，并且把自己对美的理解运用到书法的创作实践中。魏晋时期的书法已经成了人们生活中的艺术必需品，人们有意识地追求书法之美，把书法作为一种艺术实践活动，并在技法、审美方面孜孜以求。钟繇的《宣示表》《荐季直表》成为楷书经典的开山之作。两晋有代表性的书法作品包括"三希帖"，即王珣的《伯远帖》（行书）、王羲之的《快雪时晴帖》（行书）、王献之的《中秋帖》（草书）。

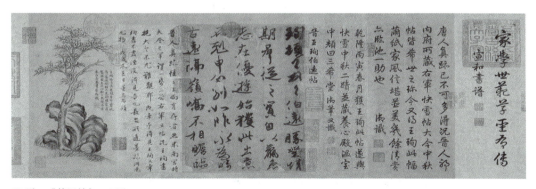

● 晋　《伯远帖》　王珣

● 晋 《快雪时晴帖》（局部） 王羲之

● 晋 《中秋帖》 王献之

南北朝时期，中国书法艺术进入"北碑南帖"时代。北朝碑刻书法以北魏、东魏的为最佳，风格亦多姿多彩，似重现汉碑之辉煌，代表作有《张猛龙碑》《敬使君碑》。楷书经过魏、西晋的发展，到东晋已趋成熟，南北朝碑刻书法大都是用楷书书写的。

整个唐代书法以楷书为主流，结构谨严整饬。欧阳询、虞世南、褚遂良和薛稷并称"初唐四家"。稍晚的孙过庭、李邕、陆柬之、怀素、张旭等一大批书法家也都有相当大的成就。到了中唐，楷书再度有新的突破。以颜真卿为代表的书法家为楷书制定了标准，树立了楷模。柳公权是继颜真卿之后的重要书法家，其字点画爽利挺秀，骨力遒劲，结体严紧。

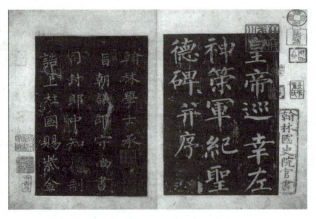

● 唐 《神策军碑》（宋拓本）（局部） 柳公权

文以立心

公权字诚悬。幼嗜学，十二能为辞赋。元和初，进士擢第，释褐秘书省校书郎。李听镇夏州，辟为掌书记。穆宗即位，入奏事，帝召见，谓公权曰："我于佛寺见卿笔迹，思之久矣。"即日拜右拾遗，充翰林侍书学士，迁右补阙、司封员外郎。穆宗政僻，尝问公权笔何尽善，对曰："用笔在心，心正则笔正。"上改容，知其笔谏也。

——《旧唐书·柳公权传》

### （四）个性期

宋、元、明、清时期是中国书法艺术彰显个性的时期。宋代书法尚"意"，是对唐人书法尚"法"的超脱更新，于法度之外，多了几分意趣与内涵。宋代书法代表人物有苏轼、黄庭坚、米芾、蔡襄等。他们都力图在表现自己的书法风貌的同时，凸现出一种标新立异的姿态，并给人以一种新的意境与趣味。苏轼的《寒食帖》为"天下三大行书"之一，它作于苏轼被贬黄州的低谷时期。《寒食帖》又名《黄州寒食诗帖》或《黄州寒食帖》，是苏轼苦难人生的见证，亦是其书法艺术的杰出代表。《寒食帖》章法老辣苍劲、流畅不拘、起伏跌宕、一气呵成；用笔或正或攲，或提或按；结字或大或小，或长或扁；用墨饱满，酣畅浓烈。

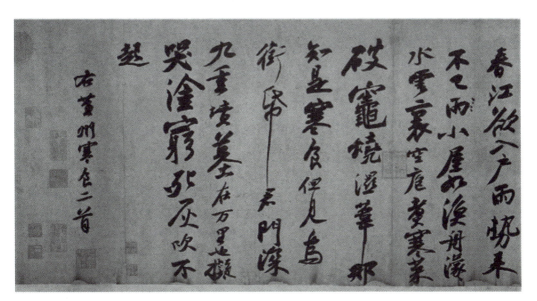

● 宋 《寒食帖》（局部） 苏轼

此外，宋徽宗赵佶独创"瘦金体"，这种字体横画收笔带钩，竖画收笔带点，撇如匕首，捺如切刀，竖钩细长，与晋楷、唐楷等传统字体区别较大，极富个性。赵佶的代表作有《千字文》《秾芳诗帖》《牡丹诗帖》《闰中秋月诗帖》等。

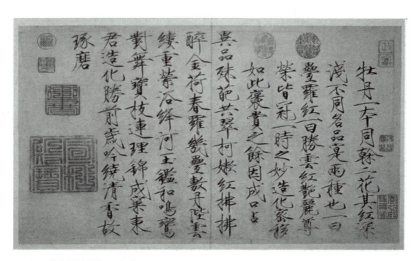

● 宋 《牡丹诗帖》 赵佶

元代时，书法也得到一定的发展，总的情况是崇尚复古，宗法晋、唐而少创新。元代书坛的核心人物之一是赵孟頫，他擅长篆、隶、楷、行、草诸体，用笔秀研飘逸，体势姿媚。他创立的楷书"赵体"与"欧体""颜体""柳体"并称"四体"。他的书法在当时和明、清两代都有很大的影响力。在元代书坛享有盛名的还有鲜于枢、邓文原，虽然他们的成就不及赵孟頫，但是他们的书法风格也有自己的独到之处，他们主张书画同法，注重结字的体态。邓文原与赵孟頫、鲜于枢并称"元初三大书法家"。

明代中期，文人书法重新抬头，苏州出现了祝允明、文徵明、唐寅、王宠等书法家。此4人中，祝允明成就最大，其小楷直追晋唐，行书、行草、章草、今草诸体皆善。另外，在祝允明、文徵明、王宠等人周围，还聚集着一批书法家，如陈淳、文彭、文嘉、周天球、王穉登等人，他们都属于吴门派的书法家，所以当时有"天下书法尽归吴"的说法。晚明书坛，徐渭、邢侗、董其昌、张瑞图、黄道周、倪元璐、许友、米万钟等人继起，开启了一场复古运动，书风离俗而趋雅。其中，董其昌法唐而入晋，兼工楷、行、草书，形成生拙秀雅的书法风格。

清代书法总体尚质，分为帖学与碑学两大发展时期。康熙酷爱董其昌的书法，乾隆又推崇赵孟頫的书法，因此董、赵书体身价大增，一般书法家只奉董、赵为典范。乾隆在位很久，且嗜书又深，尽力搜集历代名迹，命梁诗正摹刻《三希堂法帖》，因此清代中期帖学仍很风行。帖学书法家中以刘墉、王文治、梁同书、翁方纲4人为代表。

清代金石出土日多，士大夫从热衷于尺牍转而从事金石考据之学，加之包世臣、康有为大力张扬碑学，因此碑学作为一种与帖学相抗衡的书学系统而存在。当时著名的书法家有金农、邓石如、伊秉绶、何绍基、赵之谦、杨守敬、吴昌硕、康有为等人，此时的书法作品达到了尽性尽理的境地，可谓中国书法文化中的一大景观。

这一时期还有一些画家兼书法家，如"扬州八怪"中的郑燮、黄慎、汪士慎、李方膺等，其作品都有自己的风格和特点。

## 二、中国古代著名的书法家及其作品

### （一）王羲之与《兰亭集序》

王羲之（303—361年，一作321—379年，又作307—365年），字逸少，原籍琅琊临沂

（今山东临沂），后移居会稽山阴（今浙江绍兴），因以右军将军衔领会稽内史，世称“王右军”，是杰出的书法家，是划时代的巨匠，受到人们的尊崇，有“书圣”之誉。王羲之酷爱书法，7岁学书，12岁读前人笔论，少学卫夫人，后渡江北游名山，阅历渐广，特别是看到李斯的《峄山刻石》、蔡邕的“三体石经”、郭香察的《西岳华山庙碑》以及钟繇的《宣示帖》真迹后，意识到自己的不足，便改变初学，遍学众碑，博采众长，最终书艺大进，在篆书、隶书、草书、行书、楷书等书体上均有很深的造诣，书法风格多样、气象万千。其楷书代表作有《黄庭经》《乐毅论》，行书代表作有《兰亭集序》《快雪时晴帖》《丧乱帖》，草书代表作有《十七帖》。

《兰亭集序》又名《兰亭序》《禊帖》《临河序》《兰亭宴集序》，是中国晋代书法成就的代表，被誉为“天下第一行书”。唐太宗李世民酷爱王羲之的书法作品，在得到《兰亭集序》真迹后，曾命当朝书法名家褚遂良、欧阳询以及冯承素等勾摹数本，分赐臣下，以广布扬。现存的《兰亭集序》临摹本以冯承素的“双钩填廓”摹本为最好。

永和九年（353年）三月初，王羲之与谢安、孙绰等41人在山阴兰亭“修禊”，会上各人作诗，《兰亭集序》是王羲之为他们的诗写的序文手稿。《兰亭集序》骈散结合，通篇气息淡和空灵、潇洒自然；用笔方圆结合，刚柔兼济，遒媚飘逸；手法既平和又奇崛，既严谨又潇洒，大小参差，既有艺术匠心，又没有做作雕琢的痕迹，浑然天成。其中，凡是相同的字，写法各具风韵，皆无雷同，如“之”“以”等字，各有变化，特别是“之”字，在艺术方面达到了多样与统一的效果。全文28行，324字，字字飘若浮云，矫如游龙，波谲云诡，变化无穷，一改汉魏以来质朴稳拙的书风，开姿媚瘦硬的笔风，其雄秀之气似出天然，在后世极为流行。直到唐代，颜真卿创造肥壮的颜体以后，这种风气才有所改变。

● 晋　《王羲之行书兰亭序》卷（传唐褚遂良摹本）（局部）　王羲之

### （二）欧阳询与《九成宫醴泉铭》

欧阳询（557—641年），字信本，潭州临湘（今湖南长沙）人，唐代书法家，主持编撰《艺文类聚》。欧阳询聪敏勤学，少年时就博览古今，博闻强记，精通《史记》《汉书》《东观汉记》，尤其笃好书法，几乎达到痴迷的程度，民间流传着“欧阳询观碑”的佳话。欧阳询练习书法时，最初效仿王羲之，后独辟蹊径自成一家。他的正楷，骨气劲峭，法度严整，被后代书家奉为圭臬，以“欧体”之称传世。因其子欧阳通亦通善书法，故欧阳询又称“大欧”。欧阳询与虞世南俱以书法驰名初唐，并称“欧虞”。欧阳询的书法成就以楷书为最，其法度之严谨，笔力之险峻，结构之独异而世无所匹，被称为“唐人楷书第一”。他的楷书无论用笔还是结体都有十分严肃的程式，很适合初学者学习。后人所传的“欧阳结体三十六法"就是从他的楷书中归纳出来的结字规律。武德年间（618—626年），高丽（今朝鲜）特地派使者来长安求取欧阳询的书法作品。欧阳询的代表作包括：楷书《九成宫醴泉铭》《皇甫诞碑》《化度寺碑》，行书《梦奠帖》《千字文》。欧阳询对书法有独到的见解，有书法论著《八诀》《传授诀》《用笔论》《三十六法》等。

  《九成宫醴泉铭》，或称《九成宫碑》，魏徵撰文，欧阳询书丹，贞观六年（632年）立于九成宫内。碑高约274厘米，宽120厘米，厚27厘米。碑额刻有六龙缠绕及阳文篆书"九成宫醴泉铭"6字。碑有界格，格约3.5厘米（即古之谓"寸楷"），24行，满行50字，总计1000余字。原石现在陕西西安麟游九成宫，但残损过多，已非原貌。《九成宫醴泉铭》是欧阳询75岁时书写的，他的书法艺术在此时达到了炉火纯青的地步。该碑书法用笔方正刚劲，于方正中见险绝，笔画安排得紧凑匀称，间架开阔稳健。《九成宫醴泉铭》最显著的特点就是法兼南北，融南朝之清雅秀丽与北碑的遒劲雄强于一体。《九成宫醴泉铭》的笔画似方似圆，结构布置精严，上承下覆，左揖右让，局部险劲而整体端庄，无一处紊乱，无一笔懈怠。整个碑文高华浑朴，法度森严，一点一画都成为后世楷书的模范，被誉为"楷书之极则"，赵崡在《石墨镌华》中称《九成宫醴泉铭》为"正书第一"。《九成宫醴泉铭》既有晋人风韵，又开唐人新风，是一份法度合理谨严、笔力遒劲深厚、造型美观活泼、气韵生动传神的佳作。

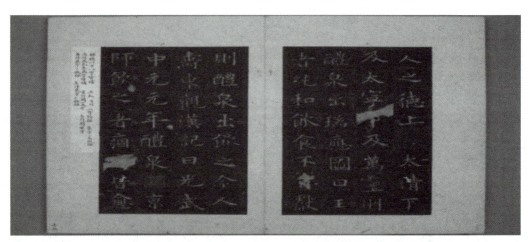

● 唐 《九成宫醴泉铭》（南宋拓本） 欧阳询

### （三）张旭与《古诗四帖》

  张旭，生卒年不详，字伯高，一字季明，吴郡吴（今江苏苏州）人，一作吴兴（今浙江湖州）人，唐代书法家，擅长草书，喜欢饮酒，世称"张颠"，与怀素合称"颠张醉素"，与贺知章、张若虚、包融合称"吴中四士"，又与贺知章等人合称"饮中八仙"，其草书与李白的诗歌、裴旻的剑舞并称"三绝"。张旭既继承传统，又勇于创新，皎然在《张伯英草书歌》中称"阆风游云千万朵，惊龙蹴踏飞欲堕。更睹邓林花落朝，狂风乱搅何飘飘"。张旭的草书透出狂逸的气息，集张芝、钟繇、"二王"（王羲之、王献之）的势态特征于一身，呈现出统一的风格。在书法思想方面，张旭崇尚师法自然的思想，强调从自然界和人类社会生活中寻找灵感。《国史补》记载，张旭说："始吾见公主担夫争路，而得笔法之意。后见公孙氏舞剑器，而得神。"研究者认为张旭从"争道"

中丰富了布白构体的构思，从"闻鼓吹"中得到了笔法快慢、轻重、徐疾、粗细的启示，从"剑器舞"中找到了紧凑有力、节奏合理、飘忽多变的狂草书法神韵，这使他的书法有了质的变化，最终形成飞动豪荡的"狂草"表现形式和风格。黄庭坚评张旭书法为"草书之冠冕"。张旭的传世书迹有《肚痛帖》《心经》《醉墨帖》《千字文》《自言帖》《古诗四帖》等。

《古诗四帖》墨迹本，传为张旭狂草之作，极为珍贵，现收藏于辽宁省博物馆。其中，前两首是庾信的《步虚词》，后两首是谢灵运的《王子晋赞》《四五少年赞》（疑为伪托）。此作承魏晋笔法的精髓，通篇笔画丰满，绝无纤弱浮滑之笔。行文跌宕起伏，动静交错，满纸如云烟缭绕，堪称唐代草书巅峰之作。笔法上侧笔中锋，自由交替，灵动多变；字法上因势成形，高古宽博；章法上既自然疏密，又错落有致、飘逸自然，无雕琢之痕。整幅手卷严格遵守传统成法，与魏晋草书一脉相承，是天才美与自然美的典型。

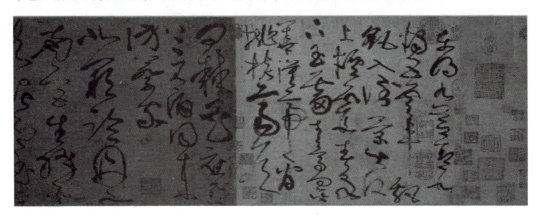

● 唐　《古诗四帖》（局部）　张旭

### （四）颜真卿与《祭侄文稿》

颜真卿（709—785年），字清臣，小名羡门子，别号应方，京兆万年（今陕西西安）人，祖籍琅琊临沂，唐代书法家。颜真卿书法精妙，擅长行书、楷书，早年受外祖家殷氏教导书法，此后更是广汲蔡邕、王羲之、王献之、褚遂良等人的书法之营养，融会贯通，形成了雄伟刚劲、大气磅礴的独特风格，世称"颜体"。该风格在中国书法史上起着承前启后的作用，对后世书法艺术的发展影响极大。颜真卿与赵孟頫、柳公权、欧阳询合称"楷书四大家"，又与柳公权合称"颜柳"。颜真卿的书法雄秀端庄，结字由初唐的瘦长变为方形，但方中见圆，具有向心力。他用笔浑厚强劲，善用中锋笔法，饶有筋骨，亦有锋芒，一般横画略细，竖画、点、撇与捺略粗。这一书风大气磅礴，多力筋骨，具有盛唐的气象。颜真卿的代表作有《颜勤礼碑》《颜氏家庙碑》《多宝塔碑》《麻姑仙坛记》《祭侄文稿》等。

《祭侄文稿》又称《祭侄季明文稿》，是颜真卿晚年所书，计24行。这篇文稿追叙了常山太守颜杲卿父子一门在安禄山叛乱时挺身而出，坚决抵抗，以致"父陷子死，巢倾卵覆"、取义成仁之事。颜真卿援笔作文之际，悲愤交加，情不自禁，一气呵成。这幅作品原不是作为书法作品来写的，只是一篇草稿，上面有大量涂抹之处，由于颜真卿心情极度悲愤，情绪已难以平静，错讹较多，时有涂抹。但正因为如此，这幅作品凝重峻涩而又神采飞动，笔势圆润雄奇，姿态横生，纯以神写，得自然之妙，通篇波澜起伏，时而沉郁痛楚，声泪俱下，时而低回掩抑，痛彻心扉，堪称动人心魄的悲愤之作。颜真卿的行书遒劲郁勃，点画飞扬，结构沉着，真情流露，在王派之后为行草书开一生面。这种风格也体现了唐代繁盛的风度，并与他高尚的人格契合，是书法美与人格美完美结合的典例。鲜于枢称："唐太师鲁公颜真卿书《祭侄季明文稿》，天下第二行书。"此评为历代书家公认。

● 唐　《祭侄文稿》　颜真卿

### 三、中国书法艺术的基本要素

中国书法艺术以汉字为表现媒介，并通过笔法、墨法、字法和章法来表现汉字独有的艺术魅力。

微课

字如其人

#### （一）笔法

笔法的概念单从字面上讲，就是用毛笔的方法，其中有两层含义：一是执笔的方法；二是怎样运用毛笔的性能来表现丰富的线条，即用笔问题，这是书法的核心。严格意义上的笔法，是指如何用毛笔塑造线条的形态，即用笔。王羲之在《书论》中说："夫书字贵平正安稳。先须用笔，有偃有仰，有敧有侧有斜，或小或大，或长或短。"用毛笔书写每个笔画一般都有起笔、行笔、收笔3个步骤。书写不同的书体要运用不同的用笔方法和使锋的技巧，如运用提、按、顿、挫、转、折、切、绞、掠、逆、回等不同的运笔动作，笔画中就会出现中锋、侧锋、藏锋、露锋、实锋、虚锋等不同的笔锋形态。不同的运笔动作使笔画（线条）有粗有细、有曲有直、有方有圆、有整有破，从而产生刚柔相济、强弱相合、虚实相生的效果。笔法之于书法最基本的意义在于我们能够根据线条中丰富的笔法的引导，发现和领悟更深层的书法美。

#### （二）墨法

墨法也称"血法"，指的是写字过程中的水墨运用之法。前人谓水墨为书之血，极为讲究书法中的水墨变化。没有墨色的变化、配合，用笔效果就难以达到理想状态。字缺乏血肉，就没有生命。欧阳询在《八诀》中说："墨淡则伤神采，绝浓必滞锋毫。"因此，必须做到"浓欲其活，淡欲其华"。历代书法家重视笔法，也非常重视墨法。包世臣在《艺舟双辑·述书下》中云："画法、字法，本于笔，成于墨。"书法中，笔墨相依，笔以墨现，墨以笔成，可见笔与墨是相辅相成、互为补充的。墨法的适当运用还有助于弥补笔法不能充分表达之处。

## （三）字法

字法也称"结体""小章法"，即字的结构安排，含有造型的意义。字法是一种法则，指的是按照均衡、比例、和谐、节奏、虚实等造型规律来组织字的间架，是书法的重要因素。结构合理，间架巧妙，字形则耐看；否则，字形非丑即俗。字法被列为书法技巧中最重要的因素。如果字的结体不好，呈现出来的作品就难称得上是好的作品。历代书法家通过违与和、正与斜、疏与密、增与减、向与背、松与紧、平与险、避与就的处理原则构成美的汉字形体，这就是理想的字法。孙过庭在《书谱》中说："至若数画并施，其形各异；众点齐列，为体互乖。一点成一字之规，一字乃终篇之准，违而不犯，和而不同。"他指出了每个字都应遵循一个规律——"违"与"和"。"违"即变化，"和"即统一，"违"与"和"即要在错综复杂的结体变化中求得整体上的统一。

## （四）章法

章法，是指一幅书法作品的整体布局。章法主要表现为字与字、行跟行之间相互呼应的规律，也包括字的布列方式，以及落款、钤印的方法等。章法是书法艺术美的核心，也是书法家追求艺术的最高境界。集点画成字，集字成行，由行成篇，构成章法。章法安排上要做到均衡协调、照应严谨。

章法又叫"布白"。字中之布白，就是前面讲过的字法；逐字之布白，行间之布白，即字与字、行与行之间的空白安排。在纸上写字，有字的地方叫"黑"，无字的地方叫"白"，有字处要留意，无字处也要妥善安排。而且对行款间的空白要合理安排，疏且不散，密且不挤，疏密得当，才会气息畅通。学习章法，要善于运用笔墨之外的空白，使黑白虚实相映成趣，字里行间上下承接，左右顺盼，相互映带，彼此照应，从而使得整篇既富有变化又浑然一体。

评价一幅字的优劣，不仅要看其笔法、字法，更要看其章法。章法也因各体、各书、各人而异，很难统一；但都要求有变化，左顾右盼，前后相关，首尾呼应，气贯神足。要做到这一点，关键在于处理好整幅字的虚实、疏密、敧正问题。一篇字中，字不必大小如一，行不必上下如割，主要在于相让相承、相成相破，达到相映成趣的境界。

## 任务二　理解中国古代绘画艺术

**【分项任务 2】**

1. 了解宋代画院的发展历史，以小组为单位探究宋代画院给宋代绘画带来的影响，并在课上分享。

2. 搜索"元四家"的山水画作，挑选一幅自己喜欢的作品并阐述喜欢它的理由。

中国画，简称"国画"，按照题材来分，可以分为人物画、山水画、花鸟画 3 类。中国画注重笔墨的变化和运用，通过不同的笔法和墨色表现物象，追求画面的意境和情感表达，强调"画中有诗"，巧妙利用空白，以虚衬实，增强画面的想象空间。

## 一、中国古代人物画

人物画在中国古代绘画中有着十分重要的地位，最早可追溯到新石器时期，其作为一种纹饰被绘制在一些生活用品上，如"人面鱼纹""舞蹈纹"等。

战国楚墓出土的《人物龙凤帛画》《人物御龙帛画》是现在已知最早的独幅人物画作品。《人物龙凤帛画》描绘的是一名广袖细腰的垂髻女子，她双手合掌，长裙拖地，衣袍上的花纹呈云团状，画面上方的凤凰优雅地引颈上飞。《人物御龙帛画》描绘的是墓主人乘龙升天的情景，墓主人宽袍高冠，侧身直立，腰佩长剑，正在安然御龙而行。两幅帛画用笔劲挺，优美流畅，随物象的形体、质地和运动而产生粗细、刚柔的变化；画面整体以线描为主，平涂法设色略做渲染。这两幅帛画反映出战国时期人物画的艺术成就，无疑为后世人物画的发展打下了良好的基础。

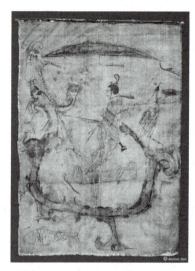

● 战国 《人物龙凤帛画》 （作者未知）　　● 战国 《人物御龙帛画》 （作者未知）

汉代人物画是中国绘画艺术的重要组成部分，佛教的传入极大地丰富了汉代人物画的题材与内容，使其艺术表现和风格产生了新的变化，促进了汉代绘画艺术的发展。

唐代是中国绘画艺术发展的一个高峰期，人物画在这一时期取得了显著的成就。唐代人物画注重写实，通过精湛的技法及细微的刻画使人物跃然纸上，栩栩如生，生动形象地反映了人物的性格及当时的社会风貌。仕女画是唐代绘画艺术中的一个独特门类，它以描绘宫廷女性和上层社会的妇女的生活为主要内容，体现了唐代的审美趣味和社会风尚。唐代的代表画家有张萱和周昉，二人将仕女的生活情态展现在世人面前，他们笔下的人物无不尽显体态丰腴华贵之美。他们的传世名作有《捣练图》《虢国夫人游春图》《簪花仕女图》等。

● 唐 《簪花仕女图》 周昉

## 唐代女子的妆容

文化名片

唐代是中国历史上文化多元、开放包容的时期，女子的妆容也体现出这一时代的特点，具有多样化的风格和丰富的色彩。白妆和红妆是唐代两种具有代表性且流行的妆容。白妆强调皮肤的白皙，使用米粉等敷面，通常搭配细长的眉毛和淡雅的胭脂，整体妆容清新脱俗。红妆则是在面颊上大量使用胭脂，使双颊呈现出鲜明的红色，有时甚至将胭脂涂抹至耳朵，以形成强烈的视觉冲击，这种妆容在唐代盛期尤为流行，反映了当时社会对女性美的一种热情奔放的追求。

● 白妆

● 红妆

五代的绘画上承唐代余绪，下开宋代新风。这一时期的人物画呈现出较鲜明的地域性，题材内容仍承传统，在表现技巧上，传神写照能力进一步提高，顾闳中的《韩熙载夜宴图》是这一时期人物画的杰出代表。该作品如实地再现了南唐大臣韩熙载夜宴宾客的历史情景，细致地描绘了宴会上弹丝吹竹、清歌艳舞、主客杂糅、调笑欢乐的热闹场面，同时深入地刻画了主人公超脱不羁、沉郁寡欢的复杂性格。全卷共分为5个段落（听乐、观舞、暂歇、清吹、散宴），以连环画的形式表现各个情节，每段以屏风隔扇分隔，又巧妙地相互联结，场景显得统一完整，布局有起有伏，情节有张有弛，人物神态刻画得栩栩如生。其中，最出色的还是主人公韩熙载的刻画，长髯、高帽的外形与文献记载均吻合，举止、表情更显露出他复杂的内心。

● 五代　《韩熙载夜宴图》（局部）　顾闳中

宋代是中国人物画的深入发展时期，此时的人物画画面工整细致，题材风格多样。宋代城市经济发展迅速，绘画题材日益趋于风俗化，出现了很多反映社会生活的画作，如张择端的《清明上河图》、苏汉臣的《秋庭戏婴图》、李嵩的《货郎图》等。张择端的《清明上河图》作为中国的十大传世名画之一，生动地记录了北宋时期都城汴京（今河南开封）的繁华景象，整幅画作宽 24.8 厘米、长 528.7 厘米，绢本设色。

● 北宋　《清明上河图》（局部）　张择端

　　宋代以后，山水画逐渐走向繁荣，人物画在画坛中的地位虽不再显赫，但仍在继续发展，呈现出鲜明的时代特征。同时这一时期涌现出了众多画家，如明代的仇英、唐寅、文徵明、陈洪绶，清代的金农、冷枚、禹之鼎等。

## 文化名片

　　陈洪绶（1597/1598—1652 年），字章侯，号老莲，是明末清初的著名画家，生于诸暨的一个家道中落的官宦世家。因为出生前有一个道士给了陈洪绶父亲陈于朝一枚莲子并告诉他，吃了它，他的儿子就会像这莲子般可爱。所以陈洪绶一生下来，就得了一个小名——莲子，随着年龄的增长，他也慢慢开始自号"老莲"。

　　陈洪绶的绘画作品涉及人物、花鸟、山水等多种题材，他在人物画方面的成就最为突出。他所画人物躯干伟岸，衣纹线条细劲清圆，晚年所画人物则形象夸张或变态怪异。其代表作《归去来图》描绘了东晋诗人陶渊明的故事，通过陶渊明的形象，陈洪绶表达了自己对于友人周亮工降清做官的惋惜之情，希望周亮工能够效仿陶渊明"不为五斗米折腰"。《归去来图》分为 11 段，包括采菊、寄力、种林、归去、无酒、解印、贯酒、赞扇、却馈、行乞和渡酒等场景，展现了陶渊明辞官归隐、淡泊名利的生活态度。

● 明末清初　《归去来图·解印》　陈洪绶

## 二、中国古代山水画

山水画，简称"山水"，以自然山川为主要描绘对象，讲究意境的表达与情感的抒发。山水画在形式上可以分为水墨山水、青绿山水、浅绛山水、金碧山水、没骨山水等；在技法上大致分为工笔山水画和写意山水画两类。工笔山水画注重写实，以精细的描绘与细节的刻画来塑造物象；写意山水画注重意境的表达，强调通过画家主观情感的抒发和艺术想象来表现自然，追求意境和气韵生动。

魏晋时，中国山水画逐渐从人物画的背景中解脱出来，其形成与成熟均晚于人物画，但逐渐成为后世中国画的主要形式。这一时期的山水画传世之作有顾恺之的《洛神赋图》，其被称为"山水画的早期雏形之一"。总体而言，此时的山水画仅被作为人物画的背景。

隋唐时期，山水画逐步成熟。展子虔的《游春图》展现了中国早期山水画的面貌，绢本青绿设色，整幅画以"游春"为主题，画面以自然景色为主，人物点缀其间，画家用石青和石绿描绘了早春时节江南青山绿水的胜景，画中人物或走或骑马，悠闲自在地享受着大好春光。

● 隋　《游春图》　展子虔

五代时期出现了山水画四大家，分别是董源、巨然、荆浩、关仝，4人并称"荆关董巨"，其中董源和巨然是南方画派，笔法细腻，画作尽显江南灵秀之美。董源的代表作有《潇湘图》《溪岸图》《夏山图》等，巨然的代表作有《万壑松风图》《山居图》《秋山问道图》等。荆浩和关仝是北方画派，其采用的全景式构图使得画作气势宏大，尽显北方山河的巍峨雄姿。荆浩的代表作有《匡庐图》《雪景山水图》等，关仝的代表作有《关山行旅图》《山溪待渡图》等。

两宋时期是中国山水画发展的一个高峰期。这个时期的画家在继承五代绘画的基础上，进一步发展了勾、皴、染、点等笔墨技法，运用"三远法"来表现山水空间，注重表达山川的神韵，形成了独特的艺术风格和表现手法。

● 北宋 《千里江山图》（局部） 王希孟

　　《千里江山图》是北宋著名画家王希孟创作的一幅青绿山水画，画的是庐山和鄱阳湖的美丽景色，笔法精细，构图宏大，以矿物质颜料石青和石绿为主进行设色，着色浓重，色彩艳丽。画面中，烟波浩渺的江河两岸层峦叠嶂，山间屋舍俨然，亭台楼阁点缀其中，长桥架于水面之上，捕鱼人行船湖中，飞鸟展翅翱翔，整幅画面动静结合，展现出雄伟壮丽的江南胜景。

文以立心

　　"米家山水"通常指的是北宋时期米芾、米友仁父子创立的山水画派，也称"米派"。"米家山水"在笔墨运用上独树一帜，以湿润的墨色和自由的笔触来表现山水的气韵，创造出一种朦胧而富有诗意的画风。同时，"米家山水"注重意境的营造，通过对山水的描绘来传达画家的情感和哲思，使作品极富文化内涵和艺术魅力。"米家山水"的创新不仅体现在技法和风格上，更体现在其对自然和艺术的深刻理解上。这种创新精神和艺术实践为现代人在艺术创作、生活态度、文化修养和审美追求等方面提供了丰富的启示和灵感。

● 宋 《潇湘奇观图》卷（局部） 米友仁

　　到了元代中后期，黄公望、王蒙、吴镇、倪瓒合称"元四家"，将中国山水画发展到了一个新阶段。

### 富春山居图

　　《富春山居图》是元代画家黄公望的杰作，也是中国古代水墨山水画的巅峰之作。该画作为纸本水墨画，描绘了富春江两岸初秋的景色。该画作运用了丰富的皴法和点染技法，山石勾皴用笔顿挫转折，线条疏密有致，墨色干湿兼并，构图疏密得当，层次分明，大片留白给观者以遐想的空间。《富春山居图》几经易手，因"焚画殉葬"事件而身首两段，前半卷称为《剩山图》，后半卷称为《无用师卷》，目前《剩山图》藏于浙江省博物馆，《无用师卷》藏于台北故宫博物院。

● 元　《富春山居图》（局部）　黄公望

　　明代是中国山水画发展的一个高峰期，出现了多个画派，如"浙派""吴门派""华亭派"等，这些画派各有特色，丰富了明代的山水画艺术。明代山水画题材广泛，融入文人思想和情感表达，强调意境和气韵，追求与自然和谐共生的美学理念，代表作品有王绂的《山亭文会图》、王履的《华山图册》、徐贲的《秋林草亭图》等。

　　清代山水画以文人画为主流，重视笔墨情趣，强调表达主观情思，而不重视实景描绘，笔墨上崇尚仿古，风格上呈现出多样化的特征。清代出现了新安画派、金陵画派、虞山画派、娄东画派、扬州画派等多个画派，各个画派以当地不同的文化特色、地理环境和历史背景为基础，形成了各具特色的艺术风格和表现手法。

## 三、中国古代花鸟画

　　花鸟画是中国古代绘画的重要组成部分，描绘对象是以花卉为主的植物和以禽鸟、昆虫为主的动物。

　　花鸟画独立成科于唐宋时期。五代西蜀的画家黄筌将精勾细勒用于花鸟画的绘制之中，其绘画技法细致工整，作品以色彩富贵艳丽闻名于世；五代南唐时期的徐熙多以山野之间的花鸟鱼虫入画，其作色彩淡雅，画面清新脱俗，与黄筌的风格形成了鲜明的对比。后人将二者的绘画风格总结为"黄筌富贵，徐熙野逸"。

　　宋代政治、经济、文化的繁荣极大地推动了绘画的发展。宋徽宗赵佶统治时期，宋代花鸟画进入鼎盛时期。朝廷大力建设画院，并建制设学，把绘画考试并入科举取士之列，宫廷画师所画的作品被称为"院体画"，其特点是细腻工整、精雕细琢、写实逼真。赵佶本人就是一位杰出的花鸟画家，代表作有《芙蓉锦鸡图》《红蓼白鹅图》《池塘秋晚图》等。

● 宋　《芙蓉锦鸡图》　赵佶

元代花鸟画逐渐由"重形"向"重意"转变，形式多为水墨写意，设色更为淡雅，同时注重以笔墨来表现物象，将书法的笔意趣味融于绘画之中，形成了独特的风格。在绘画题材上，元代画家对梅、兰、竹、石情有独钟，通过笔墨的运用来抒发个人心境。王冕的《墨梅图》是元代花鸟画的代表之一，画面以一枝梅花为主角，集诗书画印于一体；画家用淡墨勾勒梅花，用浓墨点染花萼，花枝相互穿插，前后错落有致；花朵布满枝头，或含苞待放，或迎风绽放。王冕借梅花在严寒中绽放的特性，表达了自己坚强与高洁的品性。

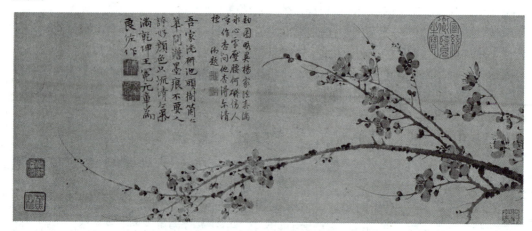

● 元　《墨梅图》　王冕

明代花鸟画的发展以江南地区为中心，表现技法以水墨写意为主，出现了以"明四家"（沈周、文徵明、唐寅、仇英）为代表的"吴门派"。

### 《花卉十开》

项圣谟（1597—1658年），浙江嘉兴人，明末清初著名书画收藏家和画家。《花卉十开》是项圣谟创作的花鸟画册页，采用没骨淡彩的绘画技法，纸本设色，共计10幅精美画作，画中依次描绘了千叶桃花、石榴花、白色桃花、海棠、兰花、野菊、秋菊、荷花等不同的花卉，色彩淡雅，清新脱俗。

清代花鸟画家人才辈出，各具风格。朱耷，号八大山人，是明末清初著名的花鸟画家。他的花鸟画以写意为主，造型夸张，构图险怪，笔墨雄健，以独特的风格和情感表达著称。恽寿平，明末清初著名的书法家和画家，常州派的开山祖师。他的画画法工整、色调清新自然，所作的没骨花卉画作淡雅清丽，代表作有《百花图卷》。郑板桥，清代著名的书画家，擅长画竹、兰、石、松、菊等，以兰、竹画最为著名，绘画风格劲健疏朗。他主张不拘泥于古法，提出了"眼中之竹""胸中之竹""手中之竹"的三阶段论，将深思熟虑的构思与熟练的笔墨技巧结合起来，使所画之竹气韵生动、形神兼备。

● 明末清初 《百花图卷》（局部） 恽寿平

## 四、中国古代绘画的表现技法

### （一）工笔绘画的表现技法

#### 1．构思与构图

在开始创作工笔画之前，画家需要对作品的主题、内容、风格和表现手法进行全面思考，考虑作品要传达的思想感情、文化内涵以及审美追求，形成对作品的整体设想。工笔画常见的构图法包括开合式构图、S形构图、三分法构图等。

微课

绘画分类

#### 2．起稿与勾线

起稿与勾线是工笔绘画中极其重要的一步，关系着作品的精细描绘与最终效果。画家根据前期的准备，在确定作品的形态及布局后起稿，用淡墨在纸上勾勒出大致的轮廓，经过反复比较与修改后确认画稿内容，然后将起稿的图样置于正稿之下进行勾线，通过精细的线条勾勒出物体的轮廓和结构，线条要求流畅、有力、富有变化。

#### 3．裱纸

裱纸对于工笔画尤其重要，熟纸或熟绢在湿润时会膨胀，在干燥时会收缩，裱纸可以保证纸面在绘画过程中的平整，避免纸面凸凹不平造成颜色不均匀。裱纸前，先找一张略小于正稿的白色生宣作为衬纸，将衬纸置于画板上，并将衬纸打湿，让其完全膨胀，再将正稿置于衬纸之上，喷湿纸张，趁湿在画板四周及反面涂上胶水或糨糊，固定纸张。

### 4. 分染

分染是指根据画面的需要，为表现物象明暗、凹凸及色彩变化而采用的绘画技法。在分染的过程中，画家需要依据实际情况分区域逐步分染设色，切忌"一步到位"，需逐步加深颜色，从淡到浓，由浅及深。

### 5. 罩染

罩染是在分染的基础上平涂上色，即用透明或半透明的颜料对整体或局部进行层层叠加，以达到调整色调、增加层次感和丰富画面色彩的目的。

### 6. 细节刻画

对于不同的物象，如羽毛、花瓣、树皮等，需根据实际情况用不同的线条和笔法来表现其特有的纹理。细节刻画往往不能一蹴而就，需要反复修正，以确保每一处细节都达到预期的艺术效果。

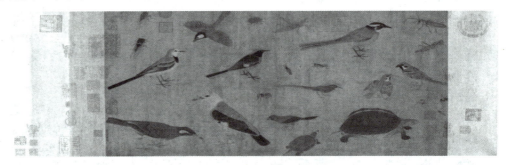

● 五代 《写生珍禽图》 黄筌

### 7. 提色

提色是在分染或罩染的基础上，用较亮或较饱和的颜色在特定区域进行局部强调，以突出物象的质感。在提色过程中，可能需要反复调整，以确保色彩的准确性和整体的协调性。

### 8. 复勾

在前期的设色过程中，画面中的线条可能会变得不够清晰，当颜色干透后，画家会根据画面实际情况决定是否需要复勾。复勾是为了强化画面的轮廓和细节。但复勾要适度，过度勾勒会导致画面过于刻板或失去原有的色彩效果。

### 9. 调整

工笔画画面的最后调整是对画家的审美和技艺的综合考验，需要画家具备敏锐的观察力和精湛的技艺。精心的调整可以使作品更加完善，展现出更佳的艺术效果。

### （二）写意绘画的表现技法

中国画中的"写意"是一种传统的美学艺术观，其追求的不是对物象的真实表现，而是对物象的提炼与概括，通过简练

● 明 《水墨葡萄图》 徐渭

概括的笔墨，着重描绘物象的意态神韵。写意绘画的表现技法要求画家具备深厚的艺术修养、敏锐的观察力和高超的技艺。

写意画注重笔法和墨色，此二者是写意画画面的基础。在用笔方面，写意画注重"四笔"，即笔意、笔力、笔韵、笔趣。笔意要求画家用心中之意驱动笔中之象，使笔随心动，以绘制出理想中的物象。在中国画中，常常会运用书法的笔法，笔意是书法和绘画之间的桥梁。笔力既指画家下笔的力度，又指画家的功力。初学者在绘画时，即使用很大的力气，所绘线条也可能柔弱无力；而功力深厚的画家，哪怕是画一根极细的线条，也可能表现出苍劲之力，这与画家日复一日的练习脱不了关系。笔韵指的是画家笔下的韵味和韵律，要形成笔韵，要求画家用笔要富有变化。笔韵体现在笔墨的起伏、转折中，通过笔触的轻重、强弱形成一种节奏感与运动感，如同音乐的旋律。笔趣指的是画家在创作过程中通过运用笔墨表现出的独特风格和情趣，画家的情感和心境可以通过笔趣传达给观者，使作品具有更强的感染力。

中国画讲究墨分五色，分别为焦墨、浓墨、重墨、淡墨、清墨。在实际创作中，画家会根据画面的需要灵活运用这5种墨色，通过层层叠加、渲染、点染等手法，创造出富有变化的画面效果。墨色的浓淡变化可以表现出物象的质感，也可以营造出不同的画面氛围，还可以表现出画面的空间感，使画面具有深度。写意画中的墨色运用要求画家具有深厚的艺术修养和对墨色变化的敏感把握能力。通过对墨色的巧妙运用，写意画能够以极简的笔墨表现出深邃的艺术内涵和情感。

微课

三远法

## 任务三　了解中国古代雕塑艺术

### 【分项任务3】

1. 了解泥塑的制作过程，用可塑性较强的黏土制作一件泥塑作品。

2. 搜索关于秦代兵马俑的资料，以小组为单位分析其为什么能被称为"世界第八大奇迹"，并在课上分享。

### 一、中国古代雕塑的内涵

雕塑是雕、刻、塑3种技法的总称。雕塑以三维立体形式再现生活，用物质性的实物形式来塑造形象。中国古代雕塑源远流长，从新石器时代开始，历经各个朝代的发展和演变，最终形成了独特的雕塑技法和鲜明的民族特色。中国古代雕塑反映了不同历史时期的审美趣味和艺术风格，如唐代雕塑丰满华美、宋代雕塑清新秀丽等；同时展现了古代工匠的高超技艺，如玉雕精细、木雕生动、石雕雄浑，这些技艺的传承和发展对后世产生了深远影响。

### 二、中国古代雕塑的类型

#### （一）按材料分

#### 1. 泥塑

泥塑以自然界中广泛存在、成本低廉且易获取的泥土为主要原料，泥工经简单处理即可使用。其制作工艺简便，凭借常见手工工具，通过制模、塑形等步骤就能完成创作。泥塑在造型方面丰富多样，可大可小，写实与夸张兼具；在色彩运用上，常采用大红、大绿等鲜艳明快的颜色，对比强烈，并以黑墨勾线以强化视觉效果。此外，泥塑蕴含着深厚的文化内涵，与各地民俗、信仰、生活习俗紧密相连，充分展现出不同地区与民族的独特文化，其中具有代表性的有陕西凤翔彩绘泥塑、天津"泥人张"彩塑、无锡惠山泥人等。

### 2. 石雕

石雕作为一种重要的艺术形式，有着鲜明的特点。其选用的大理石、汉白玉、花岗石等天然石材，各有独特质地与色泽，为作品创作奠定了基础。石雕雕刻技法极为多样，圆雕能呈现立体形象、浮雕能在平面上塑造起伏感、透雕与镂雕则能增加作品的通透感。石雕艺术风格丰富，东西方风格差异显著，国内不同流派也各有千秋。并且题材广泛，从人物、动物到神话传说、历史故事等皆可入雕，展现出石雕艺术的多元魅力与强大表现力，其中具有代表性的有寿山石雕、青田石雕、徽州石雕等。

### 3. 木雕

木雕可以追溯到新石器时代，在中国有着悠久的历史。木雕通常使用黄杨木、樟木、桃木、梨木、檀香木等木材，这些木材质地细腻、硬度适中，适合雕刻。对选好的木材进行设计、切割、雕刻、打磨、上色或上漆等处理，就可以创作出各种艺术品。浙江东阳木雕、福建龙眼木雕、乐清黄杨木雕、潮州金漆木雕被称为"中国四大木雕"。

文化名片

**浙江东阳木雕**

浙江东阳木雕始于唐代，兴于宋代，在明清时期达到鼎盛，以精致的浮雕工艺著称，属于装饰性雕刻作品。其层次丰富，色泽清淡，保留了原木天然的纹理和色泽，被称为"白木雕"。浙江东阳木雕在选料上非常讲究，多使用椴木等质地细腻、软硬适中的木材。

现存最早的浙江东阳木雕之一是"五代木雕罗汉像"，距今已有1000多年，可以追溯到五代灭亡后、北宋初期，于1963年东阳南寺塔倒塌后被发现。这尊木雕罗汉像由一整块木头雕刻而成，底宽4.2厘米，半径2.9厘米，通高18.8厘米，上端为佛龛，下端为佛座，中间佛像身穿长袍，光头圆脸，眉目修长，面颊丰满，微笑如常，双耳垂肩，身着袈裟，双手合十，展现出五代时期浙江东阳木雕的风格特点，目前藏于浙江省东阳市中国木雕博物馆，供世人欣赏和研究。

### 4. 根雕

根雕的主要材料是树根，特别是那些形态奇特、纹理美观的树根。在根雕工艺中有"三分人工，七分天成"的说法，雕刻者根据树根的自然形状进行雕刻，辅以人工修饰，以使树根达到理想的艺术形态。

### 5. 骨雕

骨雕是一种以动物骨骼为雕刻材料的古老雕刻艺术，其可以追溯到旧石器时代，通常采用骆驼、牛、羊等大型动物的腿骨，运用不同的雕刻技法表现对象。随着历史的变迁，骨雕成品也从最初的日用品发展成现在的装饰品，被广泛运用于家居装饰、礼品、饰品等领域。

### （二）按形态分

#### 1. 圆雕

圆雕又称"立雕"，圆雕作品独立于空间之中，可以从各个角度表现物体的空间感，形体饱满、圆整。

#### 2. 浮雕

浮雕作品需要依附一个平面背景，通过背景与图像之间的距离来表现立体感。浮雕根据雕刻深度的不同，可以分为高浮雕和浅浮雕。高浮雕的图像突出程度较高，接近圆雕的效果；浅浮雕的图像突出程度较低。

#### 3. 透雕

透雕结合了圆雕与浮雕的技术，通过对图案的巧妙组织，将纹饰穿透雕空，凸显轮廓，形成玲珑剔透的艺术效果，也称"镂空雕""通花雕"。透雕通常需要高超的技艺和精细的手工操作，以确保图案的完整性和美观性，是雕刻工艺中最为精致的技艺之一。

### （三）按功能分

#### 1. 陵墓雕塑

陵墓雕塑是中国古代厚葬之风下的产物，包括明器雕塑和陵墓表饰雕塑。

明器雕塑通常用于随葬，不仅包括生活用具，还包括人俑、家畜模型、鸟兽模型，甚至建筑、车船等模型。战国至汉代早期，厚葬之风盛行，王公贵族死后，其生前所用大批器物常需一同下葬，到了汉代后期，随着厚葬之风的衰退，明器模型作为新兴的成套随葬品开始流行，如房、灶、井模型，以及家禽、家畜俑等。

陵墓表饰雕塑又称石像生，是指陵墓周围设立的石兽、石人等仪卫性雕塑，体现了陵墓主人的社会地位和权力。中国最早的陵墓表饰雕塑为汉代霍去病墓石雕，展现了汉代工匠的高超技艺。

● 霍去病墓《马踏匈奴像》

### 2．建筑雕塑

建筑雕塑是一种集建筑与雕塑于一体的艺术形式，常用于装饰建筑的立面、门楣、窗户或屋顶等部位，大大增强了建筑的美观性。建筑雕塑的材料多样，包括石材、金属、木材等，并通过不同的雕刻技术来表现。建筑雕塑作为中华民族文化的重要组成部分，贯穿中华文明上千年，成为中国乃至世界文化遗产中的瑰宝。

### 3．纪念雕塑

纪念雕塑主要是指一种具有特殊意义的雕塑形式，通常用来纪念历史人物或重大事件。纪念雕塑的核心功能是纪念，极具代表性的作品有山西晋祠的宋代彩塑圣母殿侍女像。这组人物塑像有40余尊，其中圣母邑姜坐于凤椅之上，头戴凤冠，身披蟒袍，雍容华贵又不失端庄慈祥。其余的塑像神态动作各异，或喜或悲，生动形象地展现出了宫廷侍女不同的心境。这组人物塑像不仅是晋祠的主要组成部分和文化象征，也是中国古代雕塑艺术的杰出代表，展现了宋代雕塑艺术的高超技艺和深刻内涵。

### 4．工艺雕塑

工艺雕塑使用的制作材料种类丰富，如玉石、象牙、陶瓷、金属、木材等。工匠将审美追求与精湛的工艺技术结合，通过

● 圣母邑姜像

各种材料和手法，让工艺雕塑展现出独特的艺术效果，体现出高超的技艺。许多工艺雕塑不仅具有艺术性，还具有一定的实用性，如制作精美的花瓶、瓷碗等。中国的工艺雕塑历史悠久，商周时期的青铜器、汉代的玉雕、明清的牙雕和木雕等都是中国工艺雕塑中的杰出代表。

● 青玉雕芦雁图洗

● 桦木雕镇纸

## 三、中国古代雕塑的发展历程

### （一）史前雕塑

中国雕塑历史悠久，源远流长，早在史前时期就已出现。史前雕塑以陶制品为主，除此之外，还有以石头、骨头和木头等制作而成的雕塑。史前雕塑的题材多样，陶器上的雕塑主要是为了美化、装饰器物，其造型简单且夸张。这一时期还出现了单独的动物形象陶器和独立的

微课

雕塑的类别

人形陶塑，这体现了早期人类对美的追求和表现，尽管技术和材料有限，但雕塑作品仍然展现出生动的形象和独特的风格，如红陶兽形壶、陶鹰鼎（又称陶鸮鼎）等。

● 红陶兽形壶

● 陶鹰鼎

### （二）商周雕塑

商周时期的雕塑以青铜雕塑为主，兼具实用与礼器属性，是权力与信仰的象征。其装饰纹样丰富，兽面纹威严、龙纹神秘、凤纹灵动。商周时期的青铜器充满沉雄、狞厉的美感，夸张、奇特的纹饰渲染出威严神秘的气氛，突出反映了当时人们的审美观和对自然环境的理解，这一时期雕塑的代表有后母戊鼎、立象兽面纹铜铙、大禾人面纹方鼎等。

● 大禾人面纹方鼎

### （三）秦代雕塑

秦代雕塑在中国雕塑史上具有极为重要的地位，主要为秦王宣传统一功业、宣示王权和统治者个人需求服务。秦代雕塑具有雄健浑厚、气势恢宏的特点，体现出封建社会上升期积极向上、朝气蓬勃的精神风貌。秦代雕塑的代表作品如秦始皇陵出土的兵马俑，每一尊兵马俑都有独特的造型与神态，惟妙惟肖、栩栩如生。另外，秦代青铜雕塑以秦始皇陵西侧墓坑出土的两乘彩绘铜车马为代表，其造型严谨写实，制作精巧细腻。

秦始皇兵马俑，又称秦代兵马俑，是中国古代墓葬雕塑艺术的杰出代表，位于今天陕西省西安市临潼区秦始皇陵东垣墙 1000 米处的兵马俑坑内。兵马俑坑是秦始皇陵众多陪葬坑中尤为著名的一处。经过 40 多年的考古调查和发掘研究，目前已在秦始皇陵陵区发现大小形状不同、各具特色的陪葬坑、陪葬墓等 600 余处，出土了包括秦代兵马俑在内的珍贵文物 5 万余件。这些陶俑以精细的制作、生动的表情和丰富的种类而闻名，包括士兵、战车和马匹等形象，每个陶俑都有不同的面孔和表情。工匠们以精湛的工艺和对细节的极致追求，创造出了规模宏大、形态各异、栩栩如生的兵马俑，展现出了极高的艺术和工艺水平。

● 秦始皇兵马俑

### （四）汉代雕塑

汉代盛行厚葬之风，陵墓雕塑得到蓬勃发展。西汉时期，墓内陶俑沿用秦代旧制，这些陶俑被称为明器雕塑，其造型较为呆板，包括武士俑、御手俑、骑兵俑等，除此之外，还有富有生活情趣的伎乐俑、侍女俑等。到了东汉，墓内陶俑中较少出现兵马俑群，更多的是与日常生活相关的说唱俑、农夫俑、庖厨（厨师）俑及家禽家畜俑等，这表明这一时期的雕塑艺术更加注重表达生活情趣和内心情感。

**汉代击鼓说唱俑**

汉代击鼓说唱俑是东汉时期雕塑艺术的杰出代表，于 1957 年在四川省成都市天回山东汉崖墓出土，现藏于中国国家博物馆。这尊陶俑塑造的对象是四川地区正在表演的说唱艺人，高 56 厘米。它以泥质灰陶制成，头上戴帻，额前有花饰，袒胸露腹，两肩高耸，着裤赤足，左臂环抱一扁鼓，右手举槌欲击，嘴部张开，开怀大笑，仿佛正表演到精彩之处，以调谑、滑稽、讽刺的表演来博得主人和观赏者的笑颜。汉代击鼓说唱俑的发现证明了早在东汉时期，说唱艺术就已经成熟并广泛流传于民间。

● 汉代击鼓说唱俑

### （五）魏晋南北朝雕塑

魏晋南北朝时期，雕塑以石窟雕塑为主，采用彩绘泥塑、木雕、石雕等多种形式，所表现的内容多为庄严慈祥的佛像、菩萨等，以及威武雄壮的天王力士、虔诚恭敬的供养人等。石窟雕塑在艺术表现上通常与石窟建筑和壁画融为一体，营造出庄严清净的氛围。

### （六）隋唐雕塑

隋唐时期的雕塑继承并发展了魏晋南北朝时期的雕塑技艺，同时受到外来文化的影响，形成了独特的艺术风格。隋唐时期是中国古代雕塑艺术渐趋成熟且成就最高的一个时期。

### （七）宋代雕塑

宋代雕塑在艺术形式上更加注重写实，人物表情含蓄，衣饰逼真，更贴近生活，趋向世俗，代表作品有晋祠圣母殿彩塑、崇庆寺彩塑等。宋代雕塑注重意趣的表现，追求以形传神，雕塑面貌更加多样化与个性化，作品常常富有情感，能够通过人物的面部表情、姿态等传达出特定的情绪和心境，这展现出了宋人的审美情趣和市井烟火之气。

### （八）元代雕塑

元代雕塑在继承传统的基础上，受到了来自印度、尼泊尔等地的多种文化的影响，形成了独特的风格，这主要体现在宗教雕塑上。

### （九）明清雕塑

明清雕塑的一个亮点是世俗性的案头小件雕塑。由于城市工商业的发展和市民文化的活跃，世俗性的案头小件雕塑和附着于民居建筑、家具器物上的装饰雕塑往往不受陈规限制，面貌各异，有着突出的成就。这些作品多以龙凤为主题，如北京故宫的雕刻装饰。

## 四、中国古代雕塑的艺术特点

中国古代雕塑源远流长，是中华文化的重要组成部分，其风格在不同历史时期有所不同，如商周雕塑庄严神秘、秦汉雕塑雄浑大

● 明代牙雕人物图笔筒

气、魏晋南北朝雕塑清秀飘逸、隋唐雕塑丰满华美、宋元明清雕塑精致细腻等。

中国古代雕塑是一种集多种艺术表现形式于一体的综合艺术，具有装饰性、绘画性、意向性等艺术特点。

### （一）装饰性

装饰性是中国古代雕塑的一个普遍特点，这源于工艺美术的影响。中国古代大部分雕塑在雕刻完成后都会进行彩绘或镶嵌，如在雕塑上绘制几何图案、动植物形象等，或在雕塑的关键部位使用宝石、玻璃、陶瓷等材料进行镶嵌，以提升雕塑的美感和价值，增强雕塑的装饰性和艺术表现力。

文化名片

#### 云冈大佛

云冈大佛位于山西大同云冈石窟的第 20 窟，是一尊露天大佛，高达 13.7 米。它身躯宽阔，面部丰满，两肩宽厚，造型雄伟，气魄浑厚，神情肃穆，给人以稳健之感，是北魏时期佛像的杰出代表。

云冈大佛的雕刻十分精细，大佛的衣褶、面部表情以及身上的装饰图案都经过精心设计和雕刻。大佛嘴角微微上翘，身体略前倾，展现出威武慈祥的气质；对称式坐姿和图案化的袈裟衣纹处理显示出浓厚的装饰性，这不仅提升了作品的艺术效果，还增强了庄严肃穆的气氛。

云冈大佛不仅是云冈石窟中的杰作，也是中国佛像艺术中的精品，不仅展现了佛教艺术的庄严与精美，也体现了当时工匠们高超的技艺和丰富的想象力。通过对这些装饰性雕塑的研究，我们可以更深入地了解当时的社会文化、宗教信仰和艺术风格。

● 云冈大佛

## （二）绘画性

中国古代许多雕塑在雕刻完成后都会进行彩绘，特别是陶俑和佛教造像，以符合当时的文化审美和宗教需求。敦煌莫高窟的彩塑就是一个典型的例子，这些彩塑不仅形象塑造成功，而且运用了丰富的配色，使彩塑与壁画交相辉映。彩绘雕塑中的色彩运用非常讲究，工匠们需要根据雕塑的主题和背景来选择合适的颜色，以使雕塑达到和谐统一的效果。彩绘还可以增强雕塑的质感和立体感，如在肌肤露出的部分涂以颜料润饰，使之色泽鲜亮并具有韧性。除了增加美感，彩绘还可以对雕塑起到一定的保护作用，防止材质直接暴露于环境中受到侵蚀。

## （三）意向性

中国古代雕塑的意向性指的是雕塑蕴含的深层意义、象征意义或内在精神。古人常常通过具体的形象来表达抽象的概念，如龙象征皇权、凤象征高贵等。中国古代雕塑还间接反映了当时的社会风尚和审美趣味，如丰腴饱满的唐代雕塑展现了唐代开放包容的审美风格。中国古代雕塑的意向性是其艺术魅力的重要组成部分，通过这些中国古代雕塑，我们可以深入了解古人的生活、思想和审美观念。

微课

品中国古代雕塑之美

---

## 任务四 理解中国古代音乐艺术

**【分项任务4】**

1. 了解中国古代的音乐作品，选择其中一首说一说你的听后感悟。
2. 了解中国古代音乐的发展概况，谈谈你最喜欢哪个时期的音乐并说明理由。

## 一、早期的音乐先声

### （一）史前

中国音乐历经漫长的发展，最终形成了如今我们喜闻乐见的多种形式。中国音乐最早可以追溯到遥远的史前时期，在人类生产劳作的发展过程中，早期原始音乐的雏形逐渐形成。《吕氏春秋·古乐》中记载："昔葛天氏之乐，三人操牛尾，投足以歌八阕：一曰载民，二曰玄鸟，三曰遂草木，四曰奋五谷，五曰敬天常，六曰建帝功，七曰依地德，八曰总禽兽之极……"一些文物上也有对早期音乐活动的记载。1995年，青海省同德县出土了描绘舞蹈的陶器——舞蹈纹彩陶盆。该陶盆上描绘了24个跳舞的人，分为2组，一组13人，另一组11人。他们头上戴着宽大的头饰，下身穿着裙装，手拉着手一起跳着欢快的集体舞。

● 舞蹈纹彩陶盆

1986年，河南漯河贾湖遗址出土了距今8000多年的骨笛，该笛由鹤类尺骨制成，是中国迄今为止考古发现的最早的乐器，被称为"中华第一笛"。同期，河南中州地区的汝州遗址中也出土了形制相似的骨笛，该笛出土时虽然笛身已经破损，但经中国艺术研究院音乐研究所复原后，被认为可能是当时用作定音的标准音管。通过考古发现的各类文物，我们了解到早在远古时期，先民的生活中就已经充溢着音乐，但这一时期的音乐多与现实生活、图腾崇拜、祭祀活动紧密结合，呈现出歌、舞、乐为一体的特点。

● 河姆渡遗址中出土的陶埙

### （二）夏商周

随着原始社会转向奴隶社会，夏商周时期出现了社会阶级和世袭制度。私有制确立后，音乐被打上了深深的阶级烙印，成为帝王彰显奢华生活的一种手段，更成为帝王歌功颂德的工具。

夏代巫风盛行，音乐具有浓厚的宗教色彩。相传《九韶》就是供夏代统治者享受的乐舞，其内容是歌颂舜德；《大夏》与《大濩》则分别歌颂了大禹治水与商汤伐桀的功绩。《吕氏春秋·侈乐》中说夏朝的音乐"以巨为美，以众为观"。1962年，河南偃师二里头遗址出土了夏代的带翼铜铃，它通高9厘米，钮高0.7厘米，器型规整，做工精湛。到了商代，音乐有了更快速的发展。随着畜牧、农耕、手工业的发展，乐器的制作水平也大大提高，多声乐器频出，出现了大量的青铜乐器。早期单体出现的打击乐器呈编列出现，如青铜编铙、编磬、编钟等。

● 带翼铜铃

周代实行的礼乐制度将音乐和礼教结合，并被当作治理国家、教化国民的重要手段，这在促进音乐发展的同时，又使得音乐成为以礼为中心的模式音乐。这一时期最具代表性的音乐是雅乐，雅乐由钟鼓乐队演奏和歌舞表演构成。

### （三）春秋战国

春秋战国是中国历史上一个充满着变革与创新的时期，随着周王室的衰微，礼乐制度分崩离析，音乐逐渐从宫廷走向民间，成为社会各个阶层人民生活中不可或缺的一部分。在这个时期，音乐形式与风格日益丰富多样，既有庄严肃穆的祭祀音乐，也有轻松欢快的庶民音乐，还有充满哲理意味的雅乐。

钟鼓之乐是春秋战国时期盛行的音乐形式之一。铜钟和鼓作为重要的乐器，在宫廷、宗庙等场所被广泛使用。演奏时，人们通过敲击铜钟和鼓面，产生深沉而富有节奏感的音乐，营造出一种庄重而神秘的氛围。1978年，湖北随州战国曾侯乙墓中出土了曾侯乙墓编钟。此套编钟共计65件，分3层8组悬挂在钟架上，是目前考古史上保存最好、音律最全、气势最宏伟的一套编钟。这套编钟不仅展示了中国古代工匠的精湛技艺，也体现了人们对音乐的追求和热爱。

● 曾侯乙墓编钟

除了钟鼓之乐，春秋战国时期还出现了许多其他类型的音乐形式。琴、瑟等弦乐器逐渐普及，成为文人雅士喜爱的乐器。《诗经》中"琴瑟在御，莫不静好"这一诗句就提到了琴、瑟，由此可知早在先秦时期，琴、瑟已被广泛地用于伴奏。士族文人阶层的兴起使得古琴成为当时士大夫陶冶情操和修身养性的工具。《汉书·艺文志》中就记载着"伯牙鼓琴"的传说，这说明此时期古琴已逐渐发展为用于独奏的乐器，其独奏的音乐已富有一定的艺术表现力。

春秋战国时期的音乐文化是中国古代音乐发展历程中的重要组成部分。它展现了古代音乐的丰富多样和深厚内涵，也为后世音乐的发展提供了宝贵的借鉴和启示。同时，它也反映了当时社会的变革与创新精神，为我们理解以往时代提供了重要的视角。

### （四）秦汉

秦汉时期的音乐可谓中国古代音乐发展历程中的璀璨篇章，不仅继承了先秦时期的音乐传统，更在创作、表演、乐器制作等方面取得

微课

中国古代乐器的
类别

了显著的进步和突破。汉武帝设立乐府，该机构负责搜集整理各地的民间音乐，并进行改编、创作、演唱及演奏等工作。汉乐府几乎囊括了这一时期的各类声乐艺术名作，其歌曲可分为宫廷雅乐歌曲、民间歌曲、琴歌和外来歌曲等。这些音乐不仅用于宫廷内部的仪式和宴会，也用于皇帝上朝和下朝等场合，可见音乐在宫廷中占据着重要的地位。

相和歌是汉魏晋时期各种民间歌曲的总称。"相和歌"之名最早见于《宋书·乐志》："丝竹更相和，执节者歌。"歌者自击节鼓与伴奏的管弦乐器应和，由此得名。相和歌起源于民间，后来在宫廷中得到了发展，常被用于宫廷的朝会、宴会、祀神以及汉族民俗活动等场合。1969年，河南济源泗涧沟汉墓出土了一组西汉相和歌俑，该组歌俑共7人，其中奏乐者4人，包括击节合声者1人、吹埙者1人、吹排箫持鼗鼓者2人（鼗鼓已失），其余3人伸双手仰面而歌，展示的正是"丝竹更相和，执节者歌"的相和歌的演出场景。相和歌在后来的发展中逐渐与舞蹈结合，成为集器乐、歌曲、舞蹈于一体的大型演出形式，又被称为"大曲"或"相和大曲"，具有独特的艺术魅力。

● 河南济源泗涧沟汉墓出土的西汉相和歌俑

张骞通西域后，加强了中原地区与西域各地的文化交流与传播。鼓吹乐最初源于北方少数民族的围猎生活，是一种用打击乐器和吹奏乐器组合演奏的音乐形式。打击乐器通常以鼓、铙为主，吹奏乐器则以排箫、横笛、胡笳、角为主。这些乐器传入中原地区后与中原地区的乐器相互融合，形成了各种不同风格的鼓吹乐。

● 四川成都东汉歌舞宴乐画像石（拓本）

中华传统文化（微课版）

秦汉时期的音乐有着丰富的创作内容、多样的表演形式、精湛的乐器制作工艺和广泛的应用领域，展现了中国古代音乐的独特魅力和深厚底蕴。它不仅为后世音乐的发展奠定了坚实的基础，也为我们了解和研究古代社会文化提供了宝贵的资料。

## 二、中期绚丽多彩的歌舞音乐

### （一）魏晋南北朝

魏晋南北朝时期社会动荡，割据纷扰，由于各民族的大量迁徙杂居，文化交流频繁，音乐正酝酿着巨大的变化发展。从音乐风格与形式来看，魏晋南北朝时期的音乐呈现出前所未有的多样性。这一时期既有典雅庄重的宫廷雅乐，也有清新自然的民间音乐。西域的胡乐，如天竺乐、康国乐、安国乐等大量传入中原，为中原音乐带来了新的元素和风格。

● 北魏彩绘骑马吹号角俑

在这一时期，政权的分裂也使大批文人将文化追求作为自己的精神寄托，以得到更加自由的发展空间。文人音乐展现了此时期独特的艺术风格和文化内涵。

### （二）隋唐

经历魏晋南北朝300多年的音乐交流与融合，隋唐时期迎来了历史上中国音乐发展的高峰。此时，宫廷与民间音乐空前繁荣，涌现了一大批音乐家，他们技艺高超，在音乐理论和作曲方面都有很高的造诣。燕乐是隋唐时期宫廷音乐的重要组成部分，是一种集歌乐舞为一体的音乐形式。燕乐大曲，又称"大曲"，是在汉代相和大曲的基础上吸收了西域的歌舞形式而形成的大型歌舞曲。唐玄宗在位时，在原有太常寺的基础上，设立教坊以负责管理宫廷俗乐的教习和演出事宜，专门从太常寺中挑选顶级人才进入梨园，亲自指导乐舞排演和音乐创作，其中以教习法曲为主。《霓裳羽衣曲》是唐代燕乐大曲中的法曲精品，由唐玄宗根据西凉节度使杨敬述所献《婆罗门曲》加工改编而成。全曲共分36段，由散序、中序、"入破"三大部分组成，表现了变幻莫测的神仙境界，反映了盛唐乐舞的艺术成就。白居易曾在《霓裳羽衣舞歌》一诗中说："磬箫筝笛递相搀，击恹弹吹声迤逦。散序六奏未动衣，阳台宿云慵不飞。中序擘䂮初入拍，秋竹竿裂春冰坼。"这让我们窥探到此曲的绮丽华美。

随着社会的稳定与经济的繁荣，百姓安居乐业，隋唐时期的民间俗乐在社会底层广为流行。民间俗乐包括曲子与变文。曲子是在各地音乐融合发展后，文人依据"胡夷里巷"音乐填词而成的歌曲形式。其乐句结构长短不一，节奏活泼多样。曲子的词又称"长短句"，即后世的"词"。如王维的《送元二使安西》，后来由琴家改编为琴歌《阳关三叠》而盛传。

隋唐的 300 余年是我国古代史上社会经济和文化高度发展的时期，中外音乐的双向交流也达到了空前繁荣的程度。陆上丝绸之路通过西域诸国向西延伸到欧洲大陆，海上丝绸之路的畅通使我国与日本、朝鲜也有了更加频繁的往来。隋唐音乐文化吸收了国内各民族和中亚各国的音乐成分，独特新颖的盛唐音乐又对世界各国，尤其是对其他亚洲国家产生了深远而重大的影响。在 1000 多年以前，我国就在世界性区域范围内对音乐文化的交流做出了历史性的贡献。

中华传统文化（微课版）

160

文以立心

石国胡儿人见少，蹲舞尊前急如鸟。织成蕃帽虚顶尖，细氎胡衫双袖小。手中抛下蒲萄盏，西顾忽思乡路远。跳身转毂宝带鸣，弄脚缤纷锦靴软。四座无言皆瞪目，横笛琵琶遍头促。乱腾新毯雪朱毛，傍拂轻花下红烛。酒阑舞罢丝管绝，木槿花西见残月。

——《王中丞宅夜观舞胡腾》

● 唐代胡人舞蹈木俑

### 三、晚期悠扬婉转的戏曲音乐

#### （一）宋元

宋代工商业的发展和城市人口数量的空前增加使得市民阶层迅速壮大，在这样的背景下，"勾栏""瓦舍"等娱乐场所开始出现，这些场所的音乐表演成了吸引市民的重要方式。音乐表演不再局限于宫廷和贵族，而是向普通市民开放，这极大地推动了音乐文化的传播与发展。

● 《清明上河图》（清院本）中描绘的勾栏瓦舍

宋代的说唱艺术逐渐走向成熟。唱赚是一种用鼓、板和笛作为伴奏乐器，以缠令和缠达两种曲式交替进行的说唱艺术，在宋代十分流行。后来，在唱赚的基础上，宋代说唱艺术进一步成熟，出现了大型的说唱音乐形式——诸宫调。诸宫调集宋、金、元时期诸家之大成，使用多种宫调，多曲连缀，体制宏大，长于表现较为复杂的故事情节。在受到唱赚、诸宫调等艺术形式的大量滋养之后，杂剧艺术开始向成熟的戏剧形式发展，这对宋代的音乐文化产生了巨大影响。

由于市民音乐的繁荣发展，南宋时期出现了很多由民间艺人组成的行会组织，如书会，它专为说书人、戏剧演员编写话本和脚本，成员多为科举失意但有一定才学的文人，也有部分低级官吏、医生、商人和有才学的艺人。因政权南迁，大批文人随之南下，江南富庶水灵，文人音乐得到了充分的发展，代表作有姜夔的《白石道人歌曲》，郭沔的《潇湘水云》《泛沧浪》《秋风》，等等。文人的加入使得民间艺术的创作水平大大提高，他们将所见所思写入词曲唱段中，作品多聚焦于人间疾苦、悲欢离合，充满了现实主义色彩。杂剧的发展以及在南方地区出现的南戏，极大地丰富了戏曲音乐的形态。其中南戏以南方流行的小曲、歌谣为主，结构灵活多变，不拘泥于固定模式，展现了戏曲音乐的新风貌。

文化名片

### 浙派琴家——郭沔

郭沔（约1190—1260年），字楚望，浙江永嘉（今浙江温州）人，南宋时期著名浙派琴师，创作了《潇湘水云》《飞鸟吟》《秋鸿》《泛沧浪》等琴曲。其中《潇湘水云》为"中国十大古琴曲"之一，相传是其在宋末元兵入浙时，移居衡州，泛舟潇湘二水之上所作，结构宏伟，构思严密，感情深刻，抒发了故国沦亡之痛与身世苍凉之情。郭沔创立的浙派古琴，一大亮点是创作了大量新曲，深受宋代皇室以及市民阶层喜爱。

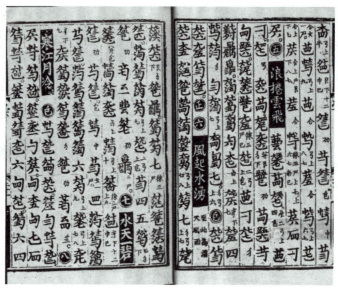

● 《潇湘水云》琴谱（局部）

元代政治中心重回北方，此时，音乐在继承前代的基础上又有了新的发展。元代宫廷音乐的发展为民间音乐的繁荣提供了条件和保障，而民间音乐则为宫廷音乐增添了浓厚的民间气息。这种相互影响和融合使得元代的音乐得到了全面发展，元代也成为中国音乐史上的重要时期。

### （二）明清

历经隋唐宋元的发展，中国音乐在明清时期已经有了相当深厚的积淀，无论是戏曲音乐、说唱音乐，还是其他形式的音乐，在这个时期都有了坚实的基础。说唱音乐在这个时期得到了极大的发展，出现了"南有弹词，北有鼓词"的局面。在弹词的发展过程中，逐渐出现了一批著名弹词家及流派，这些弹词家及流派的唱腔各有不同，比较著名的有苍凉粗犷的"陈调"、婉柔细静的"俞调"、率直酣畅的"马调"等。北方鼓词种类较多，如木板大鼓、西河大鼓、梨花大鼓、京韵大鼓等。

进入明代后，南戏有很大的发展，在流传的过程中，它与当地语言、民间艺术结合，逐步发展成带有地方色彩的声腔。明代中叶，昆山腔、海盐腔、余姚腔、弋阳腔非常流行，后世称它们为"四大声腔"。后来，在南北曲合流的趋势中，魏良辅集张野塘等民间音乐家之力，在原昆山腔的基础上，总结北曲演唱艺术成就，吸取南曲诸腔的长处，对昆山腔加以改革，建立了委婉细腻、流利悠远、号称"水磨调"的昆山腔体系。昆山腔被改革后，昆曲流传南北，逐渐发展为全国性剧种。昆曲代表性剧目有《牡丹亭》《长生殿》《桃花扇》等。到了明末清初，昆曲因迎合统治阶层与文人士大夫的喜好而逐步偏于典雅淡和，离人民的生活情趣越来越远，不少地方戏曲剧种兴起，如高腔、秦腔等，呈现出旺盛的生命力，形成了清代戏曲的"花部""雅部"之争。

明清时期，音乐理论方面也有了巨大的发展。在乐律学方面，明代朱载堉提出了十二平均律。在器乐领域，如古琴、琵琶等领域，出现了众多演奏家、流派与作品。在表演理论方面，出现了古琴表演艺术论著《溪山琴况》、戏曲唱论专著《乐府传声》等。

## 四、中国古代著名音乐作品

### （一）《广陵散》

《广陵散》是一首有着悠久历史的中国古代大型琴曲，由古琴演奏，是著名十大古琴曲之一。该曲描绘了战国时期聂政为报严仲子知遇之恩，替严仲子刺杀韩国宰相韩傀的故事。全曲洋溢着一种愤慨不屈的浩然之气，使聂政的英勇形象和情感深深地印在听众的心中。同时，该曲也表现了作者对聂政不幸命运的同情和对其壮烈事迹的歌颂与赞扬。今存曲谱最早记录在明代朱权编纂的《神奇秘谱》中，嵇康以善弹此曲著称。该曲共有 45 个乐段，可分为开指、小序、大序、正声、乱声、后序 6 个部分。

#### 1．开指

开指作为乐曲的起始部分，音乐舒缓，节奏自由，展现出广陵美景，为后面的乐章做铺垫。

#### 2．小序

小序是乐曲的引起部分，这一段出现了变化音、上倚音、上滑音，音域偏低，中速进行，进一步铺垫情感，为接下来的大序做准备。

#### 3．大序

大序是乐曲的重要部分，演奏时速较快，展现故事的背景和情境。大序中同时包含与《聂政刺韩傀曲》相关的分段小标题，如"刺韩""冲冠""发怒""报剑"等。

#### 4．正声

正声是乐曲的主体部分，着重表现了聂政从怨恨到愤慨的感情变化过程，展现了他不畏强暴、宁死不屈的复仇意志。正声的变化极尽复杂之能事，有缓慢深沉的抒情，也有紧张而激动人心的描述。

#### 5．乱声

乱声是正声的延续和补充，由不断变化的正声、各段主题音调的片段与始终不变的大序和正声的尾声组成。在乐曲急促推进时，乱声会不断重现，形成一种回旋式的曲式，起到统一全曲、概括全曲主旨的作用。

#### 6．后序

后序是后人增添的部分，作为乐曲的结尾，用于收尾和过渡，使乐曲在结束时仍能给人留下深刻的印象。

### （二）《胡笳十八拍》

《胡笳十八拍》是一首具有深厚历史背景和丰富情感内涵的古琴曲，全曲共 18 段，每段为一拍，采用宫、徵、羽 3 种调式，旋律跌宕起伏，对比强烈，充满了浓郁的抒情气息，表现了蔡文姬在战乱中被掳、胡地思乡、忍痛别子归汉的悲惨遭遇。全曲以 3 小节构成的乐节为主，每乐节结束前常有同音重复，节奏较稳定。曲子常采用大、小调交替与同主音不同调式的交替，这使得全曲在保持统一性的同时又富有变化。全曲分为两层，前一层 10 拍，后一层 8 拍。

#### 1．前 10 拍

前 10 拍通过细腻的描绘，表达了蔡文姬身处异乡时对故土和亲人的思念之情。音乐中流露出的深沉哀怨和凄惶伤感使人感受到她内心的痛苦和无奈。

### 2. 后8拍

后8拍着重描绘了蔡文姬在离开胡地时，与幼子惜别的哀怨情感。音乐中充满了蔡文姬对亲情的眷恋和不舍，使得这种情感更加深入人心。

《胡笳十八拍》不仅是一首旋律优美、情感深沉的古琴曲，也是一首感人至深的叙事诗。音乐与诗歌的完美结合使得它在表达情感方面更加生动、立体。该曲成功地传达了蔡文姬的悲惨遭遇和丰富复杂的内心世界。旋律中蕴含的深刻情感使得音乐形象十分鲜明，令人印象深刻。《胡笳十八拍》是中国音乐史上的一部经典之作，具有极高的艺术价值和历史意义。它不仅体现了中国古代音乐的卓越成就，也为后人留下了宝贵的文化遗产。

## （三）《十面埋伏》

自古以来，琵琶因其音域宽广、音色独特、指法和情感丰富等特征而在乐器界享有"民乐之王"的美誉。传统琵琶曲按照演奏手法和风格可以分为三大类：文曲、武曲和文武曲。《十面埋伏》作为琵琶武曲中的经典之作，为琵琶独奏，乐谱最早见于华秋苹编的《琵琶谱》。该曲以公元前202年刘邦与项羽垓下之战的史实为内容，通过音乐的形式描绘了战争的激烈场面。全曲由13段带有小标题的段落构成，可分为战前准备、战争进行、战后场景三大部分。每段曲调对比鲜明，整首曲子凸显出丰富的层次感。

### 1. 战前准备

该部分包含的故事情节为列营、吹打、点将—排阵—走队，从不同角度充分描绘了战前的恢宏壮观场面，在音乐上有着"起"的性质。

（1）列营

列营是全曲的引子，商、角、宫、商、变宫的特性音调在此部分中多次出现。其速度节奏自由，主要通过"轮拂"的弹奏技法模仿战前旌旗密布、士兵排列的场景，营造出紧张肃杀的气氛。

（2）吹打

这部分有较强的旋律性，共分为3个乐句，节奏庄重，模拟元帅升帐的情景，以细腻的"轮指"奏出的长音模仿的是古代军中笙簧的吹奏声。

（3）点将—排阵—走队

"点将"旋律参照"吹打"进行进一步变奏，分两个乐句，后句同头去尾进行重复。"排阵"则由4个乐句组成。"走队"节奏整齐紧凑，富于弹性跳跃的音调恰到好处地模拟出大军斗志昂扬、浩荡出发的场面。

### 2. 战争进行

该部分主要包含埋伏、鸡鸣小战、九里山大战3个故事情节，是整首曲子中的重点，细致地描摹了楚汉交战的惨烈悲壮场面。

（1）埋伏

这是一段内涵深沉的音乐，由两个长句构成。其一张一弛的节奏音型和模进发展的旋律营造了一种紧张、神秘而又恐惧的氛围。

（2）鸡鸣小战

鸡鸣小战由两个长句构成。第一个长句用八分、十六分音符表现弱拍；第二个长句用八分音符，旋律先递升后递降，跌宕起伏，形成多变的节拍和连续无间歇的节奏音型，为了展现短兵相接的情景，此处还利用了煞音技法，生动地描绘了战争初起时的激烈场面。

（3）九里山大战

这是全曲的高潮部分，与其他段落相比，乐音与噪声相互交替，在演奏时主要运用了琵琶的扫、拂、滚、绞弦等技法，音响色彩层次丰富，展现了百万雄兵席卷之势，将战争的激烈场面推向顶点。

### 3．战后场景

这部分主要包括项王败阵、乌江自刎、众军奏凯—诸将争功—得胜回营的故事情节，主要凸显了战争场面的悲壮。

（1）项王败阵

此段以徵音为骨干音，共包括两个乐句。第一句的泛音、时音与"列营"段落的音色对比呼应。第二句增加了段落尾部音符密度，结束部分采用向下的线性旋律，渲染了悲壮情绪。

（2）乌江自刎

乌江自刎共有5个乐句。第一、二、三句采用换头合尾的变奏方式，以宫音收尾。乐曲凄切悲壮，以低沉缓慢的节奏着重刻画了项王自刎的凄凉场面。

（3）众军奏凯—诸将争功—得胜回营

这段描绘了汉军取得战争胜利之后的庆祝场景和喜悦之情，节奏欢快，旋律明朗，音调动感活泼，与项王败阵自刎形成鲜明对比。

《十面埋伏》作为琵琶武曲中的经典之作，虽然以史实为内容，但不乏丰富的感情色彩，如金声、鼓声、剑弩声、人马辟易声等都历历如闻，令人感受到战争的残酷和悲壮，同时展现了我国古代音乐文化的高度发达和演奏者高超的技艺。

## 任务五　理解中国古代建筑艺术

### 【分项任务5】

1．在生活中寻找你熟悉的建筑元素并拍照记录。

2．尝试回忆让你印象最深刻的古代建筑，并说一说原因。

3．每个小组选择一种建筑类型，组内探讨该建筑类型有哪些值得欣赏之处。

### 一、中国古代建筑概况

中国古代建筑承载着中华民族几千年的文明历史和文化审美，见证了中华民族历史的沧桑巨变，不仅是古代工程技术和艺术审美的结晶，更是中华民族哲学思想、社会制度和文化传统的物质体现。我国古代建筑的发展历经原始社会、奴隶社会和封建社会3个时期，从巢居、穴居转变为夯土墙和木架结构，其中封建社会是中国古代建筑形成的主要时期。随着社会体制的变革与经济的发展、建筑技术和艺术的进步，出现了规模宏大的皇家建筑，如秦始皇陵、阿房宫等。到了唐宋明清时期，建筑技术发展到了更高水平。唐代的大明宫、宋代的皇宫建筑群、明代的紫禁城等，无一不体现了中国古代建筑的精华。这些建筑让我们了解到中国的建筑不仅是人们日常生活的空间，更是审美艺术的载体。雕刻、彩绘、琉璃等装饰手法的广泛应用，大大提升了建筑的审美性。中国古代建筑的类型十分多样，主要有宫殿、坛庙、寺观、佛塔、民居和园林建筑等。每一类建筑都有着悠久的历史，在外观、材料、结构和布局等方面形成并保留下了多样化的建筑特点。中国古代建筑独特的设计体系在世界建筑设计史上独树一帜，不仅在我国各民族地区广泛流传使用，还影响了日韩等一系列国家的建筑，是流传范围最广的体系之一。

### （一）原始社会时期

天然岩洞是我国考古史上已知的最早的人类居所。目前，北京、辽宁、贵州、广东、湖北、江西、江苏、浙江等地都发现了天然岩洞，这些岩洞大部分靠近水源，并且洞口较高，洞内较为干爽。随着生产力与技术的提高，以及人类营建经验的丰富，穴居从竖穴居逐步发展到半穴居，最后被地面建筑代替。由于各地气候、地理条件等不同，所以建筑的营建方式也多种多样。其中，最具代表性的建筑主要有两种：一种是由长江流域多水地区的巢居发展而来的干栏式建筑，另一种是由黄河流域的穴居发展而来的木骨泥墙建筑。

#### 1. 浙江余姚河姆渡遗址

1973 年，在浙江余姚发现了距今六七千年的河姆渡遗址，其中有许多干栏式建筑，可见干栏式建筑在河姆渡文化时期就已成型，尤其是榫卯结构和楔口技术的使用，对后世建筑产生了深远影响。干栏式建筑主要流行于长江中下游及其以南、湿热多雨的地区。这种建筑在木桩上的房屋，上层住人，可以纳凉、防潮、避开毒虫禽兽，下层还可以圈养牲畜。

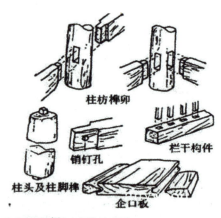

● 仿建的河姆渡遗址干栏式建筑　　　　　　● 河姆渡遗址木构件示意图

#### 2. 西安半坡遗址

木骨泥墙建筑是西安半坡遗址中典型的建筑形式，它体现了先民在建筑技术方面的智慧和创新。半坡遗址中的中小型房屋多采用木骨泥墙建筑方式，面积为 12 ～ 40 平方米，有圆形和方形两种形式；室内设有灶坑等设施，以满足氏族成员的日常生活需求。这种建筑方式得到了广泛的应用，特别是在大型和中小型半地穴式房屋中。西安半坡遗址的木骨泥墙建筑是先民智慧的结晶，体现了他们在建筑技术方面的创新和发展。这种建筑不仅具有良好的保温性和耐久性，还能够有效地抵御野兽的侵袭和自然灾害的破坏。

● 西安半坡遗址复原模型图　　　　　　　　　● 西安半坡遗址方形半地穴式房子复原示意图

### （二）奴隶社会时期

公元前 21 世纪，夏代的建立标志着我国奴隶社会的开始。到了商代、西周，奴隶社会达到了鼎盛时期，春秋时期开始向封建社会过渡。夏代上层贵族集团的居所已经合居住、祭祀、行政为一体，出现了多连间单元、多隔室空间分割、多社会功能的大型建筑组合群体，并不断向华贵和宏伟的方向发展。河南偃师二里头遗址是夏代城市的遗址，也是我国最早的庭院式夯土建筑所在地。其中有一座规模较大的宫殿，其夯土台残高约 80 厘米，东西约 108 米，南北约 100 米。夯土台上面有一座殿堂，面阔 8 间，周围有回廊环绕，是我国早期的封闭式廊园。夏代至商代早期，中国传统的院落样式建筑组合群逐渐定型。

商代作为我国奴隶社会的大发展时期，其统治辖区以河南中部黄河两岸为中心，东至大海，南抵安徽、湖北，西至陕西，北到河北、山西、辽宁。这时的青铜工艺已达到了相当成熟的程度，手工业发展非常正规，分工也十分明确，出现了大量的青铜礼器、生活用具、兵器及生产工具，如斧、刀、锯、钻、铲等。这一系列的进步以及大量奴隶的集中使得建筑技术水平有了明显的提升。商代的建筑已经出现了宫城、内城、外城的格局，既有大型宫殿建筑，又配备了军事防御设施。人们在商代后期都城遗址安阳殷墟中还发现了占地面积约 70 万平方米的宫殿区，这几乎相当于北京故宫的规模。宫室以木架为骨，以草、泥为皮；台基和"四阿顶"俱成为建筑的标准形式；出现了院落群体。

周代时，人们建造了一系列便于奴隶主实行政治、军事统治的城市。周代建筑追求整体的和谐美，城市布局通常遵循中轴线对称的原则，首次出现了大规模的建筑，如城墙、宫殿和祭祀建筑等；崇尚高大、华丽、宏伟。同时，用于装饰的瓦、砖、斗拱、高台建筑相继出现，其中瓦的发明是西周在建筑方面的突出成就，也使得西周的建筑从简陋的状态进入比较高级的阶段。周代实行分封制度，以周礼治天下，形成了森严的等级制度。各国的都城建筑均为夯土建筑，墙外建有城壕，城门高大。宫殿布置在城内，均建在夯土之上，以木构架为主，屋顶使用陶瓦，木构架上则用彩绘装饰。陕西岐山凤雏村的周代早期遗址就是一处相当严整的四合院式建筑。该建筑由两进院落组成，中轴线上依次是影壁、大门、前堂、后室；两侧用通长的厢房连接，使庭院形成一个"口"字形；房屋基址的下面还设有排水陶管和卵石叠筑的暗沟，用来排除院内雨水；多间房屋的屋顶均用瓦覆盖。由此可见，中国古代建筑体系进一步得到了完善。

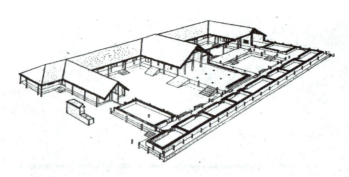

●陕西岐山凤雏村的周代早期遗址四合院式建筑复原图

### （三）封建社会时期

春秋战国时期，铁器和耕牛的使用使得社会生产力水平大幅提升，贵族们的私田大量出现，奴隶社会的各项制度日益崩解，封建生产关系出现。这一时期，各诸侯国为满足政治、军事和生活等方面的需求，追求华丽的宫室，更看重建筑装饰与色彩。建筑上瓦的使用也更为普遍，出现了作为诸侯宫室的高台建筑。另外，在山西侯马（晋国故都）、河南洛阳（东周故城）等地的春秋时期遗址中，发现了大量板瓦、筒瓦、部分半瓦当和全瓦当。在陕西凤翔秦雍城遗址中还发现了空心砖，这说明早在春秋时期人们就已经开始用砖了。

秦汉时期的大一统局面更是促进了中原与吴、楚建筑文化的交流。此时期的建筑大多规模宏大，组合多样，屋顶较大，都城、宫殿、祭祀建筑、陵墓大都以此为主。秦始皇建立了我国历史上第一个中央集权的封建国家，手工业和商业的高速发展，城市规模的逐渐扩大，使得城市建设迎来高潮。在这一时期，高台宫室盛行，这些宫室多以夯土台为中心，周围采用空间较小的木架建筑，上下层叠绕，形成一组建筑群；筒瓦和板瓦广泛使用，甚至还出现了瓦上涂抹朱色的现象。空心砖作为秦砖的一种，是盛行于战国秦汉时期的巨型建筑材料，在建筑物中占有极其重要的地位。秦咸阳宫的空心砖包嵌在台阶表面，既作为踏步，也用来装饰墙面重要的位置，给人庄严、肃穆、规整、大气的感觉。

●龙纹空心砖

秦国都城咸阳摒弃了传统的城郭，在渭水南北的开阔地区建造了许多离宫，从其布局我们就能感受到此时期城市建筑的特色。

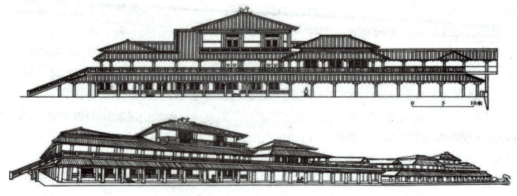

●秦咸阳宫第一号宫殿遗址初步复原图及复原透视图

汉代，社会生产力的不断发展使建筑技术有了显著的进步，筑就了我国古代建筑史的又一辉煌篇章。

从三国、两晋到南北朝，社会长期处于分裂状态，战争破坏严重，政治动荡，社会生产发展速度比较缓慢。此时期建筑虽比不上汉代建筑的创造和革新，但也有一定发展。此时建筑风格从质朴变得成熟和圆淳，从宏大雄浑变得细腻、纤巧，建筑装饰更为讲究，形成了独立而又完整的建筑体系。

唐宋时期是中国古代建筑发展的一个重要阶段，其建筑技术和艺术风格都达到了很高的水平。人们开始大量使用砖石、灰泥等新型材料，与木结构结合，使得建筑更加坚固耐用。建筑技术也有了显著的提升，如斗拱、飞檐更加精细，应用也更加广泛。唐代还出现了"模数制"设计方法，这使得建筑设计和施工更加规范化和标准化。在建筑规模上，建筑群的处理愈发成熟。在装饰艺术上，彩绘、雕刻等技艺得到了广泛应用。此外，建筑还与诗词、书画等融合，这使得建筑更具文化内涵和艺术价值。

**文化名片**

### 南宋德寿宫遗址

靖康之乱发生后，宋室南迁，于绍兴八年（1138年）定都临安（今浙江杭州）。德寿宫位于南宋临安城东、吴山东麓的市井繁华处，曾是高宗、孝宗两任太上皇及其皇后的居所，因位于凤凰山皇城的北面，所以又称"北内"，是南宋礼制规格最高的建筑之一。1984年，德寿宫遗址首次被发现，先后经历了4次较大规模的考古发掘。德寿宫继承了北宋官书《营造法式》中提到的官式建筑特征，又受到五代吴越国的地方工艺做法的影响，呈现出官式与地方、壮伟与秀丽的双重特征，展现了南宋文化"雅致、俊逸、巧趣、柔美"的独特魅力。

● 德寿宫复原效果图

到了元、明、清时期，中国大体上保持着统一的局面，中国古代建筑的发展也趋于尾声。元代的建筑多放荡不羁，且因为元代经济、文化发展缓慢，建筑发展也缓慢。明清两代，宫殿规模宏大、布局严谨。北京故宫，作为明清两代的皇家宫殿，其占地面积达72万平方米，房屋 8000 余间，是世界上现存规模最大、保存最为完整的木质结构古建筑群。园林建筑在明清两代取得了重大的成就，造园艺术和技术成熟，形成了三大地方风格，其中以宅园为代表的江南园林成为我国封建社会后期园林发展史上的一个高峰，而皇家园林在乾隆年间处于鼎盛时期，当时的大型行宫御院有 5 座之多，号称"三山五园"："三山"指玉泉山、香山、万寿山，"五园"指畅春园、静明园、静宜园、圆明园、清漪园。此外，这一时期还修建了承德避暑山庄。

中华传统文化（微课版）

170

**文化名片**

### 天一阁

天一阁，位于浙江省宁波市海曙区，建于嘉靖四十年至四十五年（1561—1566 年），由当时退隐的兵部右侍郎范钦主持建造，用于藏书。"阁"取"天一生水，地六成之"之义。天一阁坐北朝南，为两层砖木结构的硬山顶重楼式建筑，斜坡屋顶，青瓦覆上，一层面阔、进深各 6 间，二层除楼梯外，为一大通间，以书橱间隔。阁前凿"天一池"，连通月湖。园林以"福、禄、寿"作总体造型，用山石堆成"九狮一象"等景点；两侧有封火山墙。清代官修的文渊阁、文澜阁等 7 阁皆仿此。天一阁及其周围园林具有江南庭院式园林特色。天一阁的藏书和建筑为研究书法、地方史、石刻、石构建筑和浙东民居建筑提供了实物资料。1982 年 2 月 23 日，天一阁被中华人民共和国国务院公布为第二批全国重点文物保护单位。

微课

中国古代浙江著名藏书楼

● 天一阁

## 二、中国古代建筑的艺术形象

### （一）结构与布局

中国古代建筑的结构严谨而精巧，基本上是木构架结构体系。这种结构体系经过千百年的不断完善，已形成一套完整的系统，与西方古典建筑的石砌结构体系相比，自有其独特的构造原理与外观造型。

## 1. 结构

中国古代建筑总体以木构架为主，并辅以砖、瓦、石，由屋顶、屋身和台基三大部分组成。木构架具有简单、轻便、易于加工和修缮的优点，同时还具有很好的隔热、防火和抗震性能，主要有抬梁式、穿斗式和井干式3种形式。中国古代建筑在构件之间的连接上常采用榫卯结构。榫卯，是中国古代建筑、家具及其他器械的主要连接方式，是一种在两个构件上使凹进部分（卯）和凸出部分（榫）结合的连接方式。斗拱是中国传统建筑特有的承重结构，构造精巧，通过逐层纵横、交错叠加的榫卯结构，安放在立柱和横梁交接处，不仅可以承重，还可使屋檐外伸，形式优美，为我国传统建筑的重要组成部分。

● 故宫太庙的斗拱和彩绘

（1）抬梁式

抬梁式也称"叠梁式"。这种木构架大体说来是先在地面上筑一个台基，台上安装柱础，立柱，再在柱上架梁，梁与梁之间用横向的枋连接，这样的两组木构架形成的空间称为"间"；在梁上再架檩，檩上架椽，这样层层叠置，最后用椽来承托屋顶，"骨架"就形成了。有了柱子承重，墙就可以灵活分割，几乎不再承受重量，所以古代有"墙倒屋不塌"的说法。抬梁式多用于宫殿、庙宇、住宅等建筑，也是木构架中使用广泛的一种。抬梁式木构架在春秋时期已初步完备。

微课

建筑的构件

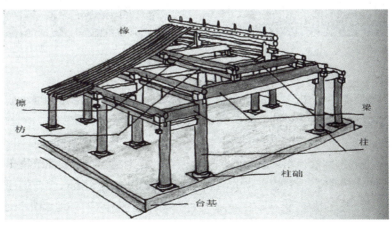

● 抬梁式

（2）穿斗式

穿斗式与抬梁式不同的是，穿斗式没有梁，它把柱布置得比较密，柱直接承受檩的重量，不用架空抬梁，柱间直接用穿枋联系，但因为柱距太密，内部房间不太好用。其优点是节约材料。在实际工程中，抬梁式和穿斗式往往是混用的。比如在房屋两端的山面用穿斗式，而中央柱间用抬梁式。这种木构架在汉朝就已经相当成熟，流传到现在，在我国南方地区使用比较普遍。

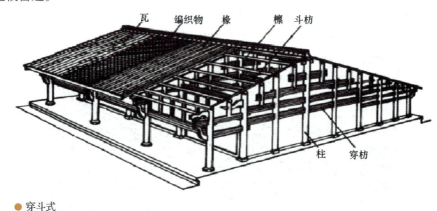

● 穿斗式

（3）井干式

井干式是用天然圆木或方形、矩形、六角形断面的木料，层层累叠形成的木架构。它的应用范围不广，消耗木材较多，主要用在盛产林木的地区。商代后期陵墓内已使用井干式。

● 井干式

## 2. 布局

中国古代建筑的平面布局具有简明的组织规律，以"间"为单位构成单座建筑，再以单座建筑为单位组成庭院，进而以庭院为单位组成各种形式的建筑群组，大到宫殿，小到宅院，莫不如此。单体建筑的平面形式多为长方形、正方形、六角形、八角形、圆形等，布局形式有严格的方向性，常为南北向，以一条纵轴线为主，将主要建筑物布置在该轴线上，次要建筑物则布置在主要建筑物的两侧，东西对峙，最终组成一个方形建筑群组，如故宫和承德避暑山庄的普宁寺、普佑寺等。这种布局体现了古人对天地、秩序的敬畏之心，也体现了古人追求"天人合一""天地合和"的传统观念。

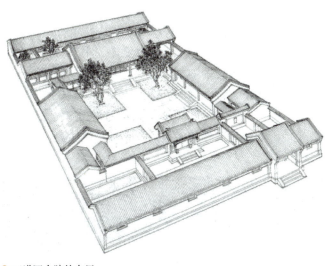

● 三进四合院的布局

## （二）造型与装饰

中国古代建筑的造型与装饰艺术丰富多彩，色彩运用上讲究和谐与对比，体现了中华民族独特的审美观念和文化传统。

### 1．造型

在造型上，中国古代建筑的屋顶是最具有特色的造型之一，主要有庑殿、歇山、悬山、硬山、攒尖、卷棚等形式。其中，庑殿是中国古代建筑中的最高形制，在等级森严的封建社会常用于宫殿、坛庙一类的皇家建筑，并且有"单檐"和"重檐"之分。重檐用于更隆重的建筑物，如故宫午门、太和殿、乾清宫等。庑殿顶中，直线和曲线巧妙地组合，形成向上微翘的飞檐，能为建筑物增添飞动轻快的美感。屋顶上常设有屋脊，通常伴有各种装饰物，如螭吻、走兽等，这不仅美观，更是建筑等级的体现。而在传统民居中，悬山顶较为常见。悬山顶也称"挑山顶"，有正脊和垂脊，两面坡。它的特点是屋檐一直延伸到山墙以外，用来保护山墙；山墙的山尖部分，有时随着各层的排山梁柱砌成阶梯形，也称"五花山墙"。

● 故宫太和殿庑殿顶

### 2．装饰

装饰是建筑艺术的表现形式之一，建筑的风格在很大程度上取决于装饰。中国古代建筑以雕刻及彩绘为主要装饰手段，从而呈现出独特魅力。中国古代建筑中比较常用的装饰方法是雕刻，木雕、砖雕、石雕被称为中国古建筑"三雕"。雕刻的内容也十分丰富，有飞禽走兽、花草树木、田园山水、神灵鬼怪、历史典故、小说戏剧等，几乎涵盖了中国古代造型艺术的所有对象。彩绘则是用油漆、矿物颜料等对梁、枋、斗拱、柱等构件进行装饰，既可以保护木构件，又可以装饰建筑物，使其色彩丰富，更加美观。不同的彩绘可以体现不同的建筑等级与风格。

● 北京故宫太和殿金龙和玺彩画

## 三、中国古代著名建筑作品

### （一）北京故宫

北京故宫是明、清两代皇帝的宫殿，筹建于永乐四年（1406 年），历时 14 年建成，是现存中国古代最豪华、规模最大的建筑群，在世界建筑中十分罕见。北京故宫在明、清两代都经过一些扩建、改建或重建，但总体布局和建筑的基本形制仍遵守明初的模式。

从布局上看，北京故宫位于北京城的中轴线上，南北长 961 米，东西宽 753 米，平面图呈规则的矩形，四周环绕高耸的城墙，均有巨大城门，南面正门为午门，北面正门为神武门，东面正门为东华门，西面正门为西华门，四角设有角楼，它们是皇宫界线的标志。北京故宫可分为外朝与内廷两部分：外朝的中心为太和殿、中和殿、保和殿，统称"故宫三大殿"，是明清两代举行重大典礼的主要建筑；内廷的中心是乾清宫、交泰殿、坤宁宫，统称"后三宫"，是皇帝和皇后居住的正宫。

北京故宫以建筑群的组合方式建造，有别于西方宫殿的单体建筑形式，正是这种用空间变化来衬托主体建筑的手法使其具有极强的艺术感染力，并使其主体建筑能在特定的空间中产生特定的场所精神与威力。

太和殿是北京故宫建筑群中最重要的建筑。太和殿造型十分宏伟壮丽，其形制是木构殿宇中的最高等级，屋顶采用四坡式重檐庑殿顶与金碧辉煌的黄琉璃瓦，不但在屋角处做出翘角飞檐，饰以各种雕刻、彩绘，还常常在屋脊上增加华丽的走兽进行装饰。故宫的建筑集中体现了中国古代建筑艺术的优秀传统和独特风格，是中国古代建筑中的经典之作。

● 太和殿

### （二）福建土楼

福建土楼是以土、木、石、竹为主要建筑材料，结合当地特殊地理环境而建造的兼具居住与防御功能的集体建筑。它最早可能出现于唐末客家人第二次大迁徙时期，以独特的建筑风格和历史文化价值，于 2008 年 7 月 6 日被正式列入《世界遗产名录》。福建土楼大多数为福建客家人所建，故又称"客家土楼"。

福建土楼造型独特，呈圆形、半圆形、方形、四角形、五角形等多种形态，各具特色。其中，圆形土楼最引人注目，当地人称之为"圆楼"或"圆寨"。土楼以土木结构为主，按照一定比例将未经焙烧的土与沙质黏土和黏质沙土拌合，用夹墙板夯筑而成。土墙厚实，下厚上薄，最厚处可达 1.5 米，具有良好的防风、抗震能力。土楼内部功能齐全，一般设有上、中、下三堂，沿中心轴线纵深排列。下堂为出入口，中堂为家族聚会、迎宾待客之地，上堂则用于供奉祖先牌位。楼内还可存放粮食、饲养牲畜，有水井，方便居民生活。在建造土楼的过程中，人们也充分考虑到了防御功能，外墙厚实且坚固，窗户小而少，利于防御外敌入侵。福建土楼的代表建筑有永定初溪土楼群、南靖怀远楼、漳州田螺坑土楼群等。

田螺坑土楼群位于福建省漳州市南靖县书洋镇上阪村，是黄姓客家人的小聚落。田螺坑土楼群坐落在湖崀山半坡上，因具有独特的建筑风格和历史文化价值，被誉为"中国传统民居的瑰宝"。这些土楼依山而建，错落有致，方楼步云楼居中，其余4座圆楼环绕在周围，形成了独特的"四菜一汤"格局。田螺坑土楼群按"金、木、水、火、土"五行相生次序建造，体现了古人对"天人合一"理念的深刻理解。

● 田螺坑土楼群

中华传统文化（微课版）

### （三）苏州园林

苏州园林的历史可上溯至公元前6世纪春秋时期吴王的园囿，但私家园林的最早记载见于东晋时期的辟疆园，当时其号称"吴中第一"。明清时期，苏州封建经济文化的发展达到鼎盛阶段，造园艺术也趋于成熟，出现了许多园林艺术家，这使造园活动达到高潮。最盛时期，苏州的私家园林和庭院达200余处。

苏州园林建筑打破对称、规整的布局，注重因地制宜，灵活变化。园内建筑类型丰富，包括厅、堂、轩、馆、楼、阁、榭、舫等多种形式，装修分外檐装修和内檐装修，具有实用和观赏的双重功能。屋顶采用黑灰色的小青瓦，与青灰色水磨砖门框、窗框相映成趣，给人淡雅幽静的感觉。装饰花纹常采用松、竹、棋、书、画等元素，富有书卷气和文化内涵。

拙政园，江南园林的代表，苏州园林中面积最大的古典山水园林，被誉为"中国园林之母"，占地面积为51950平方米，与承德避暑山庄、留园、颐和园齐名。拙政园始建于正德八年（1513年）前后，为明代弘治进士、御史王献臣弃官回乡后，在唐代诗人陆龟蒙宅地和元代大弘寺旧址处拓建而成。拙政园现有的建筑大多是咸丰十年（1860年），其成为太平天国忠王府花园时重建的，至清末形成东、中、西3个相对独立的小园。拙政园以湖山园林艺术为主，建筑风格古朴典雅。园内中部水池西北角有一座水上楼阁，名叫"见山楼"。见山楼是一座江南风格的民居式楼房，重檐卷棚歇山顶，坡度平缓，粉墙黛瓦，色彩淡雅，楼上的明瓦窗保持了古朴之风。拙政园的造园手法堪称中国传统园林艺术的典范。它布局巧妙，通过障景、借景、框景、对景、漏景等多种造景手法，将自然界的美景浓缩于庭院之中，营造出一种以小见大、曲径通幽、虚实相生的园林景观。

● 拙政园见山楼

### 1. 障景

拙政园在构图上有一条轴线，通过堆叠黄石假山等手法，遮挡远香堂等景点，避免在进门处直接暴露园内景色，达到移步换景、步移景异的效果。小飞虹在拙政园中也起到了阻隔视线的作用，形成障景，把水域空间压缩了；透过小飞虹又能隐约看到远处的见山楼，这能引导观者视线，激发其游览兴趣。障景手法使得景色之间有所遮挡和分隔，增加了景观的层次感和深度。

● 拙政园障景图

### 2. 借景

拙政园巧妙地借用了远处的北寺塔等景色，例如，从梧竹幽居往西穿过荷花池，即可看到园外的北寺塔，这一手法增强了园林的视觉效果，使得园林景色更加深远。另外，拙政园还通过合适的布局和设计，使园内的景观与周边环境相互映衬，达到和谐、统一的效果。

### 3. 框景

框景即通过门窗、树洞等将远处的景色框入其中，形成一幅幅美丽的画面。如东园的芙蓉榭上，通过框洞将太湖石及背后的荷花收入一个空间画面，形成一幅美丽的框景。框景手法使得景色更加集中和突出，增强了观赏的趣味性和艺术性。

● 拙政园借景图

#### 4. 对景

荷风四面亭与见山楼形成对景：从荷风四面亭看见山楼，楼与荷花互相映衬，宁静淡雅；而从见山楼看荷风四面亭，池中铺满荷叶，荷风四面亭立在其中，画面感极强。对景使得两个或多个景点形成呼应和对比，增强了景观的和谐性和整体性。

#### 5. 漏景

漏景即通过门窗框洞、疏林间隙、山石环洞等形成若隐若现的景观，增加景深。如从留听阁往浮翠阁看，树叶枝条在前面半遮半掩，使得后面的浮翠阁更加幽深，景色若隐若现，多了几分神秘感和吸引力。

● 拙政园漏景图

**【分项任务 6】**

1. 课前以"中国古代诗词趣谈"为主题，分组在班级中开展一次诗歌专题交流活动。
2. 每名同学将自己浏览过的景点用游记的形式叙写出来，并在班级中分享。
3. 每个小组从四大名著中选取一个喜爱的人物，并简要分析其性格特点。
4. 每个小组从中国古代戏剧中选取一个经典情境进行演绎。

## 一、中国古代诗歌

中国是一个诗歌的国度，中国古代诗歌是中华民族的瑰宝，源远流长。它是在人们的劳动、歌舞中渐渐形成和发展起来的。《弹歌》作为我国的古老歌谣，采用的是二言短句，即"断竹，续竹；飞土，逐宍"。它文字简洁，押韵自然，内容生动有气势，展现了一幅古代狩猎图，反映了原始生活风貌。商代甲骨卜辞中已经出现了简单的韵文，如"癸卯卜，今日雨。其自西来雨？其自东来雨？其自北来雨？其自南来雨？"（《卜辞通纂·第三七五片》），其句法简单整齐，偶尔协韵，是早期诗歌创作的萌芽。接着是《诗经》和《楚辞》，它们是中国古代诗歌的两大源头。然后是汉乐府、唐诗、宋词、元曲。诗歌的华彩乐章在中华大地上不断奏响。

### （一）《诗经》与《楚辞》

《诗经》为中原遗声，《楚辞》是楚地绝唱，《诗经》和《楚辞》是中国古代诗歌的基石，也是中国早期文学的两座高峰。它们生动地反映了中国上古社会的政治、经济、历史、地理、宗教、艺术等的风貌和特点。透过这些动人的诗篇，我们能了解中国上古人民的生活方式、思想情感和理想追求。

#### 1. 《诗经》

《诗经》是中国古代最早的诗歌总集，收录了西周初年至春秋中叶（约公元前 11 世纪至公元前 6 世纪）的诗歌 305 篇（另有 6 篇只存篇名而无诗文的"笙诗"不包括在内），在先秦时期被称为《诗》，又称"诗三百"。荀子认为《诗》具有表达志向、阐明道理的功能，且在政治教化中具有重要作用。到西汉时，其被尊为儒家经典，才被正式称为《诗经》。《诗经》中的大部分作品是民歌，多为集体创作的产物，作者大都无法考证，只有少数诗篇说明了作者的姓名，如《小雅·巷伯》："寺人孟子，作为此诗。"《诗经》中最早的作品大约创作于西周初期，最晚的作品创作于春秋中叶，跨越了大约 600 年。

《诗经》有"六义"之说，"六义"是指"风、雅、颂、赋、比、兴"。"风、雅、颂"是按照内容的不同对诗歌的分类，"赋、比、兴"是《诗经》的表现手法。《风》又称《国风》，主要反映的是黄河流域十几个地区的乐曲，共 160 篇，大多数是民歌，作者大多是民间歌手，但也有个别贵族。《雅》一般认为是周朝直接统治地区的音乐，"雅"有"正"的意思，把这种音乐看作"正声"，意在表明其和地方音乐的区别。《雅》共 105 篇，《大雅》31 篇，《小雅》74 篇。《雅》多数是朝廷官吏及公卿大夫的作品，其内容几乎都是关于政治的，如赞颂仁政、讽刺弊政，只有小部分是民歌。《颂》是宗庙祭祀的乐曲，在演奏时要配以舞蹈，内容多是颂扬祖先功德的，亦有祭祀神灵祈求降福等的，分为《周颂》《鲁颂》《商颂》，共 40 篇。赋、比、兴的表现手法是《诗经》最突出的一个艺术特点。赋是对事物进行直接的陈述或描写，如在《豳风·七月》中，诗人按季节和物候变化，由春至冬记述了农奴一年的劳动过程，直陈其事。比是打比方，能使内容更加形象贴切，如《卫风·氓》中用桑树从繁茂到凋落的变化来比喻爱情的盛衰。兴是托物起兴，借助其他事物为所咏内容做铺垫，引发联想，从而引出诗人要表达的思想感情，如《周南·桃夭》中的"桃之夭夭，灼灼其华"，盛开的艳丽桃花使人们联想到新娘的美艳。

● 《豳风图》卷

《诗经》是展示先民生活的艺术长卷，开创了现实主义诗歌的传统。《诗经》中的诗歌多数反映的是现实世界的日常生活，几乎不存在凭借幻想而虚构出的超越人间世界的神话世界，不存在诸神和英雄们的特异形象和特异经历（这正是《荷马史诗》的基本素材），只有政治风波、春耕秋获、男女情爱的悲欢哀乐等。它从各个方面描写了中国西周数百年的社会现实生活，真实、深刻、广泛而多彩，尤其是其中的民歌，直率地反映了下层人民的劳动和生活。这些诗歌通过对当时

微课

《诗经》六义

生产、劳动、战争、徭役、爱情、婚姻、家庭、祭祀等的描述，以惊人的艺术概括力揭示出当时社会生活中的一些本质矛盾，形象地反映了当时的社会面貌，表达了民众的理想和愿望。《诗经》是中国文学史上的奠基之作，奠定了中国抒情诗的创作传统，后世的中国诗歌大都是抒情诗。而与《诗经》大体属于同时代的古希腊的《荷马史诗》却完全是叙事诗。《诗经》除了《大雅》中的史诗和《小雅》《国风》中的个别篇章外，大都是抒情诗。

### 2. 《楚辞》

楚辞是战国时期以屈原为代表的楚国作家创造的一种具有浓厚地方色彩的新诗体。楚辞是指具有楚国地方特色的诗歌，在形式上与北方诗歌有明显区别。从诗风看，楚辞具有铺排夸饰、想象丰富的特征。从体式看，楚辞较之《诗经》，篇幅极大增长，句式也由四言为主变为长短不拘、参差错落。楚辞多用楚语楚声。另外，"兮""些"等字作为虚词叹语成为楚辞的一个鲜明标志。楚辞是我国浪漫主义文学的开端，也为后来的优秀诗人开辟了一条通往理想境界的新路。

西汉末年，刘向将屈原、宋玉等人的作品辑录成集，定名为《楚辞》。由于屈原的《离骚》是《楚辞》的代表作，故《楚辞》又称"骚"或"骚体"。今存最早的《楚辞》注本是东汉王逸的《楚辞章句》。后人将《诗经》的《国风》与《楚辞》的《离骚》并称"风骚"。

屈原（约公元前340或公元前399—公元前278年），芈姓，屈氏，名平，字原，是中国历史上伟大的爱国主义诗人和政治家，开创了浪漫主义的诗歌创作传统。他高尚伟岸的人格精神和至死不渝的爱国情怀已经成为永久的典范。他的代表作品有《离骚》《九歌》《九章》《天问》《招魂》等。《离骚》是我国文学史上第一首由诗人自觉创作、独立完成的具有自传性质的长篇抒情诗。屈原在《离骚》中通常会托香草以怨王孙、借美人以喻君子，这是一种特殊的表现手法，表达了诗人的政治理想与高尚人格，展现了诗人"存君兴国"的"美政"理想。

● 宜昌秭归屈原祠里的屈原铜像

在屈原之后，还有一批受屈原影响的楚辞作家，但由于时代久远，他们的作品大多没有流传下来，仅有宋玉的作品传世。宋玉是屈原诗歌艺术的直接继承者，在他的作品中，物象的描绘趋于细腻工致，抒情与写景结合得自然贴切，在楚辞与汉赋之间起着承前启后的作用。后人多将他与屈原合称"屈宋"。

### （二）汉诗

两汉诗歌主要分为汉乐府和文人诗歌两大部分。

诗歌在汉代出现了一种新的形式，即汉乐府。汉乐府，原指专门管理乐舞演唱教习的机构，后指由其采制的诗歌。汉乐府中很多是五言诗，且女性题材作品占重要位置。汉乐府源于民间，走向官府，实现了由四言诗向杂言诗和五言诗的过渡。它用通俗的语言表现生活，采用叙事写法进行创作，对人物的刻画细致入微，所创造的人物性格鲜明，故事情节较为完整，而且能突出思想内涵，着重描绘典型细节，开拓了叙事诗发展的新阶段，是中国诗史上五言诗体发展的一个重要阶段。《陌上桑》和《孔雀东南飞》都是汉乐府，后者是我国古代最长的叙事诗。

汉代文人诗歌的代表为《古诗十九首》。《古诗十九首》最早收录在萧统的《昭明文选》中。学界一般认为其非一人也非一时所作。刘勰称之为"五言之冠冕"。这19首诗习惯上以句首为标题，如《行行重行行》《迢迢牵牛星》等。《古诗十九首》是汉乐府文人化的显著标志，深刻地再现了文人在汉末社会思想大转变时期，追求的幻灭、心灵的觉醒与痛苦，抒发了离别、失意、忧虑人生无常等情感和思绪。诗歌语言朴素自然，描写生动真切，具有浑然天成的艺术风格。

### （三）魏晋诗歌

魏晋南北朝时期是我国文学史上一个充满活力的创新期，也是五言诗发展的全盛期。继汉乐府之后，魏晋南北朝诗歌无论在思想内容上还是艺术形式上都有了全面的发展。在这一时期，出现了许多风格迥异的诗歌流派，其中以"三曹"、建安七子、竹林七贤以及陶渊明和谢灵运的影响较大。三国时期的代表诗歌是建安诗歌，它充分吸收了汉乐府的营养，继承了汉乐府的现实主义精神，慷慨豪迈，气势悲壮，被誉为"建安风骨"。建安风骨首推"三曹"的诗歌，曹操的诗歌古直悲凉，曹丕的诗歌细腻婉约，曹植的诗歌文采气骨兼备。曹操的《蒿里行》《短歌行》，曹丕的《燕歌行》以及曹植的《白马篇》都是不可多得的佳作。东晋时期，人们在语言、题材及风格上多有开掘探索，最有成就的是被誉为"田园诗派鼻祖"的陶渊明和"山水诗派鼻祖"的谢灵运。陶渊明的诗多表现淳真个性与对田园的热爱，如《归园田居》和《饮酒》组诗；谢灵运的诗重在刻画自然景物，风格清新，如《登池上楼》《石壁精舍还湖中作》等。

● 《陶渊明诗意图》册

南北朝文学最具代表性的就是南北朝民歌。南朝民歌和北朝民歌风格迥异。南朝民歌大多描绘的是真挚纯洁的爱情生活，篇幅短小，含蓄蕴藉，晓畅明白，清丽婉转，且多谐音双关，如《西洲曲》便委婉含蓄、细腻绵长。而北朝民歌则多反映动乱的社会现实和人民遭受的深重苦难，以及民风彪炳的尚武精神，古朴苍劲，悲凉慷慨，质直中显出粗犷，坦率中显出豪迈，如《敕勒歌》中的"天似穹庐，笼盖四野"就描绘出了旷远的意境。

文化名片

### 乐府双璧

汉乐府《孔雀东南飞》和北朝民歌《木兰诗》合称"乐府双璧"。这两首诗都是叙事长诗，以深刻的社会思想意义和极高的艺术成就为历代文人推崇。《木兰诗》又名《木兰辞》，是北朝长篇叙事民歌，塑造了花木兰这一不朽的人物形象，既富有传奇色彩，又真切动人。《孔雀东南飞》又名《古诗为焦仲卿妻作》，是汉乐府杰作之一，也是现存最早的一首长篇叙事诗，通过刘兰芝与焦仲卿这对恩爱夫妇的爱情悲剧，控诉了封建礼教、家长统治和门阀观念的罪恶，表达了青年男女要求婚姻爱情自主的合理愿望。

### （四）唐诗

唐诗泛指创作于唐代的诗，是中国诗歌史中最辉煌的部分，是中国文学史乃至世界文学史上的奇迹，是中华民族最珍贵的文化遗产之一。

唐诗可分为古体诗和格律诗两类。古体诗一般又叫古风，就是按照古诗的方法去写、没有格律限制、形式比较自由的诗。而格律诗有着严格的诗歌形式，讲究平仄、押韵（韵脚不能转换）、对仗。格律诗主要分为绝句、律诗和排律。因为这种诗的体式定型于唐代，所以唐人称它为"近体诗"或"今体诗"。

微课

律诗的对仗

#### 1．初唐始音

初唐时期是唐诗走向兴盛的准备阶段，也是唐诗的开创时期。诗的表现领域逐渐从宫廷台阁走向关山与塞漠；诗的情思格调也逐渐走向既有风骨又开朗明丽的境界；在诗的形式上，人们在永明体的基础上创造了一种既有程式约束，又留有广阔创作空间的新体诗——律诗。此期间，"初唐四杰"（王勃、杨炯、卢照邻、骆宾王）和稍后的陈子昂，在转变诗风方面起着重要的作用，而沈佺期、宋之问、杜审言等人则完成了律体的建设，为唐诗的繁荣创造了充分的条件。

"初唐四杰"共同反对宫体诗风，主张"骨气""刚健"的文风。王勃为"四杰"之首，在诗歌体裁上擅长"五律"和"五绝"，其送别诗《送杜少府之任蜀州》境界开阔，含义深刻，尤为著名。杨炯长于五言诗，其诗对仗工整，音韵合律，既有律诗的严谨之风，又有汉乐府的明快特色，代表作是《从军行》，其最后两句"宁为百夫长，胜作一书生"，直接抒发了一介书生愿投笔从戎、保家卫国的豪情壮志，慷慨激昂。陈子昂，曾任右拾遗，后世称其为"陈拾遗"。其存诗共 100 多首，具有代表性的是《感遇》组诗和《登幽州台歌》。陈子昂否定齐、梁以来的诗歌创作的形式主义倾向，提倡"汉魏风骨"，主张诗歌要反映现实，要有健康的思想内容、遒劲刚健的风格，并配合优美的声律和词采。陈子昂的诗歌践行了其"兴寄"主张，抛弃了浮艳积习，也是建功立业的进取精神与幽愤心态的结合，为唐诗发展开辟了正确的道路。

#### 2．盛唐放歌

盛唐是唐诗发展的高峰。此时，诗坛群星辉映，王维和孟浩然善于表现山水田园的美，以及人与自然和谐相处的宁静平和的心境；高适、岑参、王昌龄等气势磅礴的边塞诗人，彰显着盛唐的国威；而最能反映盛唐精神风貌、代表盛唐诗歌艺术成就的，是伟大诗人李白和杜甫。盛唐诗歌情感基调昂扬明快，意境博大雄浑，自然天成。

（1）山水田园诗

盛唐山水田园诗的代表作家是孟浩然、王维，重要诗人还有裴迪、储光羲、常建等。

孟浩然（689—740 年），字浩然，号孟山人，襄州襄阳（今湖北襄阳）人。其山水田园诗的风格自然平淡，有一种单纯明净之美。如《过故人庄》，语言朴实无华，不假雕饰，意境清新隽永；又如《春晓》，自然纯净，近于陶渊明诗歌"豪华落尽见真纯"的境界；其乘舟行吟之作《宿建德江》《耶溪泛舟》，给人以洗削凡近之感。其作品中也有壮逸之气，如《望洞庭湖赠张丞相》中"气蒸云梦泽，波撼岳阳城"切合时代的脉搏，颇具盛唐气象。

● 建德新安江风光

王维（701？—761年），字摩诘，号摩诘居士，祖籍太原府祁县（今山西祁县），后随父徙家河东蒲州（今山西永济），有"诗佛"之称，肃宗时曾任尚书右丞，世称"王右丞"，有《王右丞集》。

● 王维画像

王维与孟浩然齐名，世称"王孟"。其山水诗境界空明，宁静优美。他早年曾出使边塞，写有部分边塞诗歌。王维多才多艺，除了诗歌，兼善散文、音乐、书法、绘画，尤以绘画见长。其诗能融音乐、绘画之理，营造出诗情画意结合的完美意境。苏轼这样评价王维的作品："味摩诘之诗，诗中有画；观摩诘之画，画中有诗。"王维精通音乐，又擅长绘画，善于用空明的心境去观察事物，在动态中捕捉自然事物的光和色，在诗中表现出清幽宁静、高雅绝俗的境界，代表作有《山居秋暝》《终南山》《竹里馆》等。

（2）边塞诗

边塞诗的代表作家是高适、岑参，重要诗人还有王昌龄、王翰、崔颢、王之涣等。

高适（702—765年），字达夫，渤海蓨县（今河北景县）人，唐代中期名臣，被誉为"边塞诗魂"，其诗作以雄浑豪放、气势磅礴著称，代表作有《燕歌行》《塞上听吹笛》等。除七言歌行外，他还多采用长篇咏怀式的五言古诗，将个人的边塞见闻、观察思考和功名志向合为一体，苍凉悲慨中带有理智的冷静，如《送李侍御赴安西》《塞下曲》。高适边塞诗语言多发自肺腑，流露真情实意，气质沉雄，境界壮阔，浑厚有骨力，读后如见其人。

岑参（717—769年），荆州江陵（今湖北荆州）人，曾任嘉州刺史，世称"岑嘉州"，与高适齐名，二人并称"高岑"。在以写边塞题材著称的盛唐诗人里，岑参的边塞诗歌不仅描绘了西北荒漠奇异风光的瑰丽画卷，更抒发了他慷慨报国的英雄气概，用韵灵活，意调高远。如《白雪歌送武判官归京》内涵丰富宽广，色彩瑰丽浪漫，气势浑然磅礴，意境鲜明独特，具有极强的艺术感染力，堪称盛世大唐边塞诗的压卷之作。岑参也有反映边地各族人民生活习俗的诗歌，如《赵将军歌》，还有不少反映少数民族的音乐歌舞和西域奇异风光的诗歌。

边塞诗领域还有一位豪侠型诗人王昌龄，其诗体多用七绝，诗歌格调或雄浑跌宕，或明丽自然，颇有风骨，王昌龄因此被誉为"七绝圣手"。他的《出塞》，内容由古到今，有深沉的历史感，场面辽阔，有宏大的空间感，字里行间充满了强烈的爱国精神和豪迈的英雄气概。此后"关、山、月"等成为边塞诗咏叹不绝的意象。在王昌龄现存的180余首诗中，绝句约占一半，七绝"俱是神品"。

（3）李白与杜甫

李白与杜甫是唐代诗坛璀璨的双子星。李白被尊为"诗仙"，是浪漫主义诗风的集大成者，诗风飘放俊逸；杜甫被尊为"诗圣"，是现实主义诗风的集大成者，诗风沉郁顿挫。

李白（701—762年），字太白，号青莲居士，自称祖籍陇西成纪（今甘肃静宁），一说出生于绵州昌隆（今四川江油）。他的诗歌散失不少，今尚存近1000首。李白最大的人生理想就是安邦定国，治国平天下。他展现在世人面前的形象是多面的。他既是一心报国的志士，也是不媚权贵的隐士。他既是豪情万丈的侠客，也是风流倜傥的文士。他既会自信地高呼"仰天大笑出门去，我辈岂是蓬蒿人""天生我材必有用，千金散尽还复来"，也会微笑不语或者心静如水，如"问余何意栖碧山，笑而不答心自闲""我醉欲眠卿且去，明朝有意抱琴来"，在遇到坎坷和挫折时以"长风破浪会有时，直挂云帆济沧海"自勉。

● 李白画像

他作品的思想内容丰富，有的表现了对劳动人民的关怀，如《宿五松山下荀媪家》《丁都护歌》《秋浦歌（炉火照天地）》；有的描绘自然风景，如《蜀道难》《望庐山瀑布》等，这类诗表现了他的豪情壮志和开阔胸襟，从侧面反映了他对成就不凡功业的渴望。他的另外一些诗，如《秋登宣城谢脁北楼》《独坐敬亭山》《清溪行》，善于刻画幽静的景色，清新隽永；有的表现了日常送别、相思之感，如《黄鹤楼送孟浩然之广陵》《赠汪伦》《宣州谢脁楼饯别校书叔云》等，感情深挚，形象鲜明，具有强烈的艺术感染力。

李白的诗歌想象丰富奇特。他的"狂风吹我心，西挂咸阳树""我寄愁心与明月，随风直到夜郎西"等诗句，都以奇特的想象表现了对长安和诗友的怀念。《梁甫吟》通过幻想的方式表现作者在长安受到谗毁，《远别离》更通过迷离恍惚的传说表现了作者对唐玄宗后期政局的隐忧。它们都形象鲜明，寓意深刻。《蜀道难》《梦游天姥吟留别》等则借助神话传说，构造了色彩缤纷、惊心动魄的世界。

李白擅长形式比较自由的古诗和绝句。其诗歌语言直率自然，音节和谐流畅，浑然天成，不假雕饰，散发着民歌的气息，可以说是"清水出芙蓉，天然去雕饰"。此外，他传世的书法作品也呈现出苍劲雄浑而又气势飘逸的特点，一如他的诗风，如下图所示。

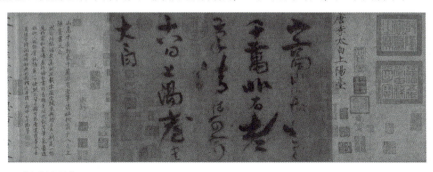

● 《上阳台帖》

杜甫（712—770年），字子美，祖籍襄阳（今湖北襄阳），生于河南巩县（今河南巩义），因曾居长安城南少陵，在成都被严武荐为工部员外郎，也称"杜少陵""杜工部"，有《杜工部集》。杜甫存诗约有1500首，其中，律诗占了多半。杜甫的一生适逢从开元盛世到安史之乱的特殊历史时期，他始终心系国家安危，忧国忧民，创作出大量反映社会现实的作品，其诗歌被誉为"诗史"。杜诗充满了哀伤愤怨、激昂慷慨之情，呈现出沉郁顿挫的风格特征。

● 杜甫像图轴

青年时期的杜甫过着无忧无虑的生活，他读万卷书，行万里路，乐观潇洒，对人生充满信心。他在《望岳》中期盼"会当凌绝顶，一览众山小"。后来，杜甫来到长安，科场蹭蹬使他的诗歌风格发生了深刻的变化，他创作出了《兵车行》《丽人行》《前出塞》《后出塞》《自京赴奉先县咏怀五百字》等名篇。安史之乱爆发后，杜甫冒死从长安逃到凤翔，任左拾遗。此时的杜甫对现实有了更清醒的认识，正可谓"国家不幸诗家幸，赋到沧桑句便工"，先后写出了《春望》《北征》《羌村》"三吏""三别"等传世名作。759年立秋后，杜甫至成都，从此在"成都草堂"里一住就是5年。严武去世以后，杜甫出蜀，重新踏上漂泊之旅。此时杜甫多作绝句和律诗，也有排律，名作有《茅屋为秋风所破歌》《闻官军收河南河北》《秋兴八首》《登高》等。其中《登高》被誉为"七律之冠"。杜甫继承了前人的优秀传统，广泛吸收前人长处，"转益多师"。他不忘祖训，自豪宣称"诗是吾家事"，专一于诗歌创作，深知"文章千古事，得失寸心知"。他的写作态度十分严肃，立誓"语不惊人死不休"。

微课

杜甫诗歌特色

### 3. 中唐新变

中唐诗歌，正像乐曲中的大调转入小调一样，从雄壮有力的盛唐之音变成了色彩斑斓的中唐回响。"大历诗人"委婉的忧伤，苦吟诗人的奇崛险怪，"文章合为时而著，歌诗合为事而作"的新乐府，再加上刘禹锡、柳宗元的探索，唐诗从内容到风格都有所变化。

韩孟诗派是中唐的一个诗歌创作流派，以韩愈为领袖，包括孟郊、贾岛、李贺、卢仝等人。韩孟诗派尚奇险，求新异，追求诗歌审美情趣与艺术风貌的独树一帜。孟郊和韩愈并称"韩孟"，韩孟诗派由此得名。孟郊又与贾岛齐名，人称"郊寒岛瘦"。

文化名片

### 诗囚——孟郊

孟郊（751—814年），字东野，湖州武康（今浙江德清）人，唐代著名诗人。孟郊46岁时才中进士，曾任溧阳县尉。孟郊工诗，擅长写古体诗，其作以五言古诗居多。其诗长于白描，语言明白淡素而又力避平庸浅易，精思苦炼，雕刻奇险，追求瘦硬奇僻，代表作如《游终南山》《游子吟》。因其诗作多写世态炎凉，民间苦难，故孟郊有"诗囚"之称。

● 孟郊画像

李贺因其"阴凄幽冷"的诗境，被称为"诗鬼"。其诗最大的特色就是想象丰富奇特、语言瑰丽奇峭，别开生面，自成一家，被称为"长吉体"。李贺偏爱借助虚拟的世界（非现实、非人间）来表现怀才不遇的愤懑与人生短暂、光阴易逝的感慨，抒发对理想、抱负的追求，留下了"黑云压城城欲摧"（《雁门太守行》）、"雄鸡一声天下白"（《致酒行》）、"天若有情天亦老"（《金铜仙人辞汉歌》）等千古佳句。

"元白"是中唐诗人元稹、白居易的合称，他们志同道合，互相唱和，诗歌重写实，尚通俗，自成一派。

白居易（772—846年），字乐天，号"香山居士"，因此也称"白香山"。白居易是继杜甫之后的又一位伟大的现实主义诗人。他在总结我国自《诗经》以来诗歌创作经验的基础上，创建了现实主义的诗歌理论，创作了大量优秀诗歌。著作有《白氏长庆集》，现存诗约3000首。其反映民生疾苦的讽喻诗，以《秦中吟》《新乐府》为代表，是"为君、为民、为物、为事而作，不为文而作也"，从而达到"补察时政"的效果。白居易感于时事而作的感伤诗，以《长恨歌》和《琵琶行》为代表，是唐代长篇叙事诗的杰作。《琵琶行》表达了他对人生无常和世态炎凉的感慨。他抒写生活情趣的闲适诗和杂律诗数量较多，有《赋得古原草送别》《钱塘湖春行》《暮江吟》等写景抒情的名篇，艺术价值较高。

● 白居易画像

元稹年少即有才名，与白居易同科及第，并结为终生诗友，二人同是倡导新乐府运动的领袖人物，文学主张也基本相同，他们开创了一种叫作"元和体"的诗风。元稹给世人留下了"曾经沧海难为水，除却巫山不是云"的千古佳句。元稹的诗歌成就主要体现在乐府诗上。其乐府诗关注现实和民生，对社会问题的反映有相当的深度和广度，也具有比较强烈的现实批判精神，代表作有《田家词》《织妇词》等。

刘禹锡（772—842年），字梦得，洛阳人，有"诗豪"之称，因避安史之乱，寓居嘉兴（今属浙江），著作有《刘宾客文集》，存诗800余首。刘禹锡由于参加了以王叔文为首的政治革新运动，曾被贬谪20余年，所以讽刺批评时政和抒发怨愤之情是其诗歌的主要内容，如《元和十年自朗州召至京戏赠看花诸君子》《再游玄都观》等。其咏史怀古诗的名篇主要有《西塞山怀古》《乌衣巷》《石头城》等。在流放巴楚期间，刘禹锡学习巴渝民歌，依调填词，形成了独具特色的诗体，代表作有《竹枝词》《浪淘沙词》《杨柳枝词》等。这些诗采用七言绝句的形式，以民歌情调写爱情、写风物、写地方生活，同时又体现了刘禹锡的艺术个性，既有民歌的朴素自然又有文人的细腻精巧，意境优美，语言清丽。

### 4．晚唐余韵

晚唐主要诗人，前期以杜牧、李商隐、温庭筠等人为代表，后期主要有皮日休、罗隐、韦庄、韩偓等人。晚唐诗歌形成了三大题材：咏史诗、爱情诗、山水诗。在形式上，格律诗是晚唐诗歌的主要形式。在艺术上，晚唐诗人倾向于用精致的语言来表达细腻幽微的情思，诗歌风格呈现唯美主义倾向。

### （1）杜牧

杜牧（803—852年），字牧之，京兆万年（今陕西西安）人，人称"小杜"，以别于杜甫，与李商隐并称"小李杜"，因晚年居长安城南的樊川别墅，故后世也称其为"杜樊川"，著有《樊川文集》，脍炙人口的名篇有《赤壁》《山行》《泊秦淮》《清明》等。他的诗题材广泛，多表达对历史与现实的感怀。在写法上，杜牧的诗有的描绘景物，鲜明如画，如《江南春》；有的表达含蓄，情思蕴藉，如《遣怀》；有的语言轻灵典雅，清响绝伦，如《过华清宫》；有的发议论而伴以情韵，如《题乌江亭》。杜牧诗有清新美丽的语言、深远的意境，常流露出英雄气概、过人的见识和进取的性格，风格俊爽明朗。

（2）李商隐

李商隐（约811—约859年），字义山，号玉谿生、樊南生，原籍怀州河内（今河南沁阳），自祖父起迁居河南荥阳。其诗构思新奇，风格秾丽，尤其是一些爱情诗，写得缠绵悱恻，因此广为传诵，但过于隐晦迷离，难于索解，故有"诗家总爱西昆好，独恨无人作郑笺"之说。李商隐的咏史诗具有思想性和艺术性臻于和谐统一的特点，在咏史诗的发展史上具有里程碑的意义。如《贾生》，委婉地抒发了李商隐怀才不遇的苦闷。李商隐独创的无题诗，含蓄蕴藉，音调谐美，深情绵邈，沉博绝丽，且富于象征和暗示色彩，最能代表其独特艺术风貌，将唐代诗歌的抒情艺术推上了一个新的高峰。

## （五）宋词

宋代被称为词的时代，宋词是可以与唐诗媲美的一大诗体，基本分为婉约派（包括花间派）、豪放派两大类。两宋优秀的词人和词作也蔚为大观。唐圭璋编写的《全宋词》收录的词作较为全面，共收两宋词人1300余家，词作约两万首。

宋词是一种相对于古体诗的新体诗歌之一，标志着宋代文学的最高成就。宋词因是合乐的歌词，故又称"曲子词"。词牌是词调或曲调的名称，每个词牌代表一个曲调。不同曲调的词在句数、字数、平仄、用韵等方面的要求是不一样的。词人中有不少人是懂得音律乐理的，能够自己创制词调，如婉约派词人柳永，格律派词人周邦彦、姜夔等人，他们既是词人，也是音乐家，他们的词集之中就多自制的新调。周邦彦是格律派开派祖师，《兰陵王·柳》就是其自创新调、精致工巧的代表。词人自制的词调称为"自度曲"。下面主要介绍婉约派和豪放派的词人及作品。

微课

走近宋词

### 1．婉约派

婉约派作品修辞婉转、表现细腻，在题材上，多写儿女之情、离别之情；在表现手法上，多用含蓄蕴藉的方法表现情绪。婉约派代表词人有李煜、柳永、李清照等。

李煜（937—978年），五代十国时期南唐元宗李璟第六子，建隆二年（961年）继位，在位15年，史称"李后主"，诗文俱佳，词负盛名，又通晓音律，曾审订《霓裳羽衣曲》残谱。其词的创作以降宋为界，分前后两期：前期多写宫廷生活，绮丽柔靡，有"花间"习气，内涵不深；后期抒写亡国之痛，清新真挚，哀婉凄绝，他也因后期词作的成就而被称为"千古词帝"。他的作品，最鲜明的特点就是"真"，尤其是入宋后的作品，如在《浪淘沙·帘外雨潺潺》中，他把身世之痛与人生哲理交融，用白描手法绘出内心的哀婉。李煜开始冲破词为艳科的樊篱，提升了词的意境。

柳永（约987—约1053年），初名三变，后改名永，字耆卿，福建崇安（今福建武夷山）人，因排行第七，又称"柳七"，官至屯田员外郎，故世称"柳屯田"，是北宋婉约派词人中最具代表性的人物之一。柳永早年因科举失意，写下发牢骚之词《鹤冲天·黄金榜上》，得罪了宋仁宗，从此仕途受阻，成为一个专业词人，存世著作有《乐章集》。其词写城市风貌和市民生活，形式直率，词语通俗，曲调多用"新声"，故为市民喜闻乐见。除表达世俗真情与落拓漂泊外，柳永还有不少歌颂承平气象的优秀词作，如《望海潮·东南形胜》。"望海潮"词调首见于柳永，这首词运用铺叙的手法，多层次、多角度地展示了杭州城市商业的繁荣、湖山的壮丽、人民的安闲、官吏的政绩。

● **杭州西湖荷花掠影**

从敦煌曲子词始，民间已有慢词的创作，但文人很少涉足。柳永以售词谋生，自然要采用当时的流行歌曲——慢词。另外，他不像晏殊、欧阳修等人习惯"语短情长"的写法，而是掌握了慢词的写作技巧，如领字的运用。他对宋词的发展和成熟做出了杰出的贡献。

李清照（1084—1155 年），号易安居士，山东济南人，是婉约派的代表人物。李清照生活在两宋之交，词风受时世影响甚大。李清照早期的词清新婉丽，写少女的明快生活与婚后的相思情意，如《如梦令·常记溪亭日暮》《点绛唇·蹴罢秋千》等；南渡之后词风大变，多悲叹身世、感怀国事，格调深沉而感伤，代表作有《永遇乐·落日熔金》《渔家傲·天接云涛连晓雾》《声声慢·寻寻觅觅》等。李清照的词作品集为《漱玉词》。她还著有《词论》，提出词"别是一家"的观点，反对以诗文之法作词。

### 2．豪放派

豪放派代表词人有苏轼、辛弃疾、陈与义、张元幹、张孝祥、陈亮等。

苏轼（1036—1101 年），字子瞻，号东坡居士，眉州眉山（今四川眉山）人，著作有《东坡乐府》，存词约 360 首，出生于耕读之家，父苏洵，弟苏辙，合称"三苏"。嘉祐二年（1057 年）进士，苏轼官至翰林学士、礼部尚书，调任湖州知州后，遭遇了"乌台诗案"，被贬为黄州团练副使，此后一直在贬谪中度过。仕途的挫折没有击垮苏轼，反而成就了他宠辱不惊的人生态度，其词作也多传达乐观旷达的胸怀，如《定风波·莫听穿林打叶声》中"一蓑烟雨任平生"，寥寥 7 字简练地概括了他对淡泊人生的向往，表达了他笑傲人生的豪迈。

● **东坡笠屐图**

苏轼的词作既有豪放的特点，又显婉约词风。苏轼认为诗词同源，本属一体，因而他把诗人惯用的怀古、感旧、纪游等题材都运用到词当中，并广泛地引用前人的诗句和经史子集的语句入词，使词发展为可抒情述志的新诗体，摆脱了音乐附庸的地位，这是他对词的一大贡献。他开创了豪放中带有清旷的新词风，以其艺术魅力风靡词坛，并影响到南宋以辛弃疾为代表的豪放词派。苏轼生性崇尚自然，词作风格千姿百态，既豪放恢宏，也旷达飘逸、婉约清丽，但以豪放词最为著名，久负盛名的有《江城子·密州出猎》《念奴娇·赤壁怀古》等。其词中也有不少婉约词，如悼念亡妻王弗的《江城子·乙卯正月二十日夜记梦》。

辛弃疾（1140—1207年），字幼安，号稼轩，山东历城（今山东济南）人，著有《稼轩词》，与苏轼合称"苏辛"。绍兴三十一年（1161年），金兵南侵，中原起义军风起云涌，辛弃疾聚众2000人，参加抗金义军，在耿京手下做掌书记，不久投归南宋。辛弃疾一生力主抗金，但仕途坎坷。辛词激昂排宕，别开生面。其词大多抒写收复中原的爱国热情，倾诉壮志未酬的愤懑，对当时统治者亦有谴责之意，如《水龙吟·登建康赏心亭》《永遇乐·京口北固亭怀古》等。辛弃疾亦以文为词，扩大了词的内容范围，拓宽了词的题材，他写政治、哲理、友情、恋情、田园风光、民俗人情、日常生活、读书感受，凡当时能写入其他任何文学样式的，他都将其写入词中，其词内容范围比苏词还要广泛得多。辛词以炽热的感情与崇高的理想来拥抱人生，更多地表现出英雄的豪情与悲愤。当然，辛词也不乏反映田园生活的佳作，如《西江月·夜行黄沙道中》《清平乐·村居》等，词风清新自然，富有生活之趣。

● 辛弃疾画像

微课

以诗文为词——
豪放派

文以立心

词以境界为最上。有境界则自成高格，自有名句。五代、北宋之词所以独绝者在此。

有造境，有写境，此理想与写实二派之所由分。然二者颇难分别。因大诗人所造之境，必合乎自然，所写之境，亦必邻于理想故也。

有有我之境，有无我之境。"泪眼问花花不语，乱红飞过秋千去。""可堪孤馆闭春寒，杜鹃声里斜阳暮。"有我之境也。"采菊东篱下，悠然见南山。""寒波澹澹起，白鸟悠悠下。"无我之境也。有我之境，以我观物，故物皆着我之色彩。无我之境，以物观物，故不知何者为我，何者为物。古人为词，写有我之境者为多，然未始不能写无我之境，此在豪杰之士能自树立耳。

——《人间词话》

## （六）元曲

元曲和唐诗宋词鼎足而立，是中华民族灿烂文化的重要组成部分。元曲包括杂剧、散曲、南戏。杂剧由曲子、宾白、科介3部分组成，是在舞台上表演的。散曲是相对于杂剧而言的，一般只有曲子，不表演，只是清唱，所以又叫"清曲"，当时人们还将其称作"乐府""北乐府""小乐府""新乐府"等。南戏是南曲戏文的简称，是在叙事性说唱文学高度成熟的基础上出现的。下面主要介绍散曲。

### 1．散曲的体制

散曲继承了我国古典诗歌的传统并有所发展。散曲是诗词之外的一种新的韵文形式，由词发展而来，但又推陈出新，有自己独特的体制和风格，是一种更为平易通俗、雅俗并包的诗歌形式，是按一定宫调的曲牌填写出来的能唱的曲词。散曲可分为小令、套曲两种主要形式。

小令，又叫作"叶儿"，是当时令曲的通俗名称，指曲中的一种短小的单支曲子，如马致远的〔越调〕《天净沙·秋思》。

套曲，又称"套数""大令""散套"，是由若干支曲子联组而成的大篇幅作品，但它的联组有一定的规则：这些曲子必须属于同一宫调，押同一韵脚，有首有尾，特别是结束时必用"煞曲""尾曲"，以示首尾完整和音乐的结束。套曲选用的曲子可多可少，少的两三支，多的十几支、几十支。

### 2．散曲代表作家

散曲与杂剧一样，以延祐为界分前后两个时期。前期创作中心在大都（今北京），代表作家有关汉卿、马致远、白朴和张养浩等。后期散曲作家活动中心逐渐南移至杭州，出现了较为专业的散曲作家，代表作家有张可久、乔吉、贯云石、睢景臣等。

● 关汉卿画像

关汉卿（约1230—约1300年），原名不详，字汉卿，号已斋叟，大都人，生而倜傥，博学能文，有"曲家圣人"之称。他长于杂剧，也创作散曲，现存小令37（一说57）首，套曲14首。他的散曲清新纤巧、形象生动，质朴自然，真率爽朗，带有浓厚的市井气息和世俗情趣，无论何种题材，他都写得肆意畅情、淋漓酣畅，而且感情真挚、非常感人。他也有描写自然风光的散曲，其中不仅表现了自然意象的诗意之美，更表现了其崇尚人生的诗意之美。例如，〔双调〕《大德歌·冬》在生活画面的客观描写中，传达出作者崇尚自然的人生态度。

马致远（约 1250—1321 或 1324 年），号东篱，大都人，是元代著名戏剧家、散曲家，与关汉卿、郑光祖、白朴并称"元曲四大家"。马致远是"贞元书会"的主要成员，有"曲状元"之誉。马致远的散曲现存小令 115 首，套曲 22 首，大都辑入《东篱乐府》。〔越调〕《天净沙·秋思》是其中最具影响力的代表作。他的散曲题材广泛，其中叹世归隐一类的作品最多，此外还有描写自然景物、表现男女恋情、咏史怀古等类型的作品。其作品开拓了散曲的题材领域，增强了散曲的艺术表现力，风格疏宕宏放，语言清新俊丽，能创造不同于诗词的独特的意境，这显示了散曲语言由俗转雅的趋向。

白朴（1226—1306 年），原名恒，字仁甫，后改名朴，字太素，号兰谷，祖籍隩州（今山西河曲），生于汴梁（今河南开封）。他的散曲内容大致可分为叹世、写景与恋情 3 类，部分作品抒发了作者内心的抑郁之情，表现了他对现实的愤慨和对遁世归隐生活的向往。白朴散曲的风格较为朴实俊秀，文字清丽婉约，具有较浓郁的诗意。例如，〔越调〕《天净沙·冬》这首小令运用诗歌创作的传统手法，营造出诗的意境。

张可久（约 1280—约 1348 年后），号小山，庆元（今浙江宁波）人，是以毕生精力创作散曲的作家，在元代曲坛上享有盛誉，现存小令 855 首，套曲 9 首，其作品被辑为《小山乐府》。〔中吕〕《卖花声·怀古》是其代表作之一，将用典与俚俗语言结合，是一首更为本色的咏史小令，既有对历史的反思，也有深沉的感慨，篇幅虽短，却有深厚的历史底蕴。他一生奔波于宦海，晚年向往归隐，其描写归隐生活的作品成就较高，如〔沉醉东风〕《秋夜旅思》〔落梅风〕《碧云峰书堂》〔一枝花〕《湖上晚归》等。

### （七）明清诗歌

明代诗歌是在拟古与反拟古的反反复复中发展的。明初的高启、杨基、张羽、徐贲 4 人均为吴人，人称"吴中四杰"。明中期出现了"前七子""后七子"等流派，后期有"公安派""竟陵派"等流派。

"前七子"以李梦阳为核心，他们以复古自命，"反古俗而变流靡"，在某种意义上具有重寻文学出路的意味。他们强调重视真情表现的主情说，提出"真诗乃在民间"。嘉靖中期，以李攀龙、王世贞为首的"后七子"重新在文坛举起了复古的大旗。和"前七子"相比，"后七子"在学古过程中对法度格调的讲究更趋于强化和具体化。

晚明时期，公安派主要人物有袁宗道、袁宏道、袁中道。袁宏道对李梦阳、何景明的文学活动加以肯定，赞赏民间所传唱的作品"多真声"，是李梦阳"真诗说"的某种延续。"性灵说"源自袁宏道《叙小修诗》中的"独抒性灵，不拘格套"。从诗歌创作的角度来说，袁宏道强调真实表现作者个性化思想情感的重要性，反对各种人为的约束以及"粉饰蹈袭"。这一说法受到了李贽"童心说"的影响。以钟惺、谭元春为代表的竟陵派是继公安派之后，在文坛上产生较大影响的派别。竟陵派受到公安派的影响，提出重"真诗"、重"性灵"。

清代诗词流派众多，但大多数作家仍未摆脱拟古主义和形式主义的套子，难有超出前人之处。具体的诗人及流派有以顾炎武、黄宗羲和王夫之为代表的遗民诗人；有受钱谦益的影响，在常熟诞生的虞山诗派；有袁枚及性灵派诗人；有陈维崧和阳羡词派；有朱彝尊和浙西词派；还有纳兰性德和"京华三绝"。清末龚自珍以其先进的思想，打破了清中叶以来诗坛的沉寂，领近代文学史风气之先。他以深刻的史实入诗，把清王朝统治的腐朽没落形势清晰地展现在世人面前。他的诗常从社会、历史和政治的角度来揭露现实，是批判现实社会的工具，具有警世、醒世和惊世的力量，如《己亥杂诗》。

### 朱彝尊与浙西词派

浙西词派因其开创者朱彝尊及其主要成员大都是浙西人而得名。朱彝尊（1629—1709年），字锡鬯，号竹垞，又号金风亭长，浙江秀水（今浙江嘉兴）人。他精通经学考据，工诗能文，在诗歌上，与王士禛合称"南北两大宗"，尤擅长词。其《曝书亭集》中，收有词集《江湖载酒集》《静志居琴趣》《茶烟阁体物集》《蕃锦集》等4种，计7卷，总计500余首词作。浙西词派词人还有李良年、李符、沈皞日、沈岸登、龚翔麟等，他们同气相求、互相唱和，与朱彝尊合称"浙西六家"。龚翔麟曾将各家词作合刻为《浙西六家词》。

● 朱彝尊像

## 二、中国古代散文

在我国源远流长、丰富多彩的文学史上，散文是最为重要的文学形式之一。它与诗歌、小说、戏曲相对。

我国散文的历史与诗歌的历史一样悠久，而小说、戏曲的发展晚于诗歌、散文。诗歌产生于口头，而散文出现在文字发明之后。殷商甲骨文的某些卜辞已可算作散文片断，是散文的萌芽状态，如《殷墟书契前编》里记载的"帝令雨足年？帝令雨弗足年？"商周铜器铭文则在此基础上进一步发展，广泛记述了社会生活。

### （一）先秦散文

先秦散文是中国散文的发端。先秦散文分为两种，一是包括《尚书》《左传》《国语》《战国策》等在内的历史著作，二是包括《周易》《老子》《论语》《孟子》《庄子》《墨子》等在内的诸子百家的哲学、思想性著作。

#### 1．先秦历史散文

《尚书》是商周记言史料的汇编。如《尚书·盘庚》是商代国王盘庚迁都于殷（今河南安阳）的报告辞，语言古朴艰涩，文学性不强。《左传》《国语》《战国策》可以称得上先秦历史散文的代表。《左传》也称《春秋左氏传》或《左氏春秋》，其与齐人公羊高的《公羊传》、鲁人谷梁赤的《穀梁传》合称"春秋三传"。相传,《左传》为鲁国史官左丘明所作,成书于战国中期,是一部自成体系的独立完整的历史著作,全面记载了春秋时期各国的政治、军事、外交、文化等多方面的活动。

### 2.先秦诸子散文

先秦诸子散文是春秋到战国时期诸子百家阐述各自对自然和社会不同观点和主张的哲理性著作。据《汉书·艺文志》载,当时主要的学派有儒家、道家、阴阳家、法家、名家、墨家、纵横家、农家、杂家、小说家10家。

先秦诸子具有鲜明的特点。思想上,他们都坚持独立思考,各抒己见,放言无惮。如孔子提倡仁义礼乐,墨子主张兼爱尚贤,庄子主张自然无为,韩非子则大倡"法术势"。文风上,先秦诸子散文各具个性和风格。如《论语》简括平易、迂徐含蓄,《墨子》质朴明快、善于类推,《孟子》气势恢宏、辞锋雄辩,《庄子》汪洋恣肆、文思奇幻,《荀子》浑厚缜密、比喻丰富,《韩非子》严峻峭拔、论辩透辟。其中,《庄子》想象绮丽,在先秦诸子散文中独树一帜,它寓言丰富,并且很多是作者自创的。这些寓言不是简单的故事,而有着奇幻斑斓的色彩。如《庄子·杂篇·则阳》形容诸侯的战争时说:"有国于蜗之左角者,曰触氏;有国于蜗之右角者,曰蛮氏。时相与争地而战,伏尸数万,逐北旬有五日而后反。"

在文体发展上,先秦诸子散文首先确立了论说文的体制。从有观点、无论证的语录体,到论点明确、论据充分、逻辑严密、结构完整的专题论说文,这一演变过程显示了我国论说文发展的大致风貌。此外,先秦诸子散文中一些故事叙述与小说颇为类似,为后世的叙事文学提供了营养。

### (二)秦汉散文

秦汉散文承袭先秦散文,但较先秦散文有了进一步的发展。

### 1.秦散文

秦王朝作为一个中央集权的统一封建国家,存在时间较短,这期间除李斯的《谏逐客书》,散文作品较少。秦代,有一定影响力的散文是《吕氏春秋》。该书是由秦丞相吕不韦主持、由其门客集体编撰的杂家(儒家、法家、道家等)著作,又名《吕览》。这是一部古代类似百科全书的传世巨著,有"八览""六论""十二纪",近15万言。它同先秦诸子散文一样,有不少地方借寓言说理,富于文学意味;书中还保存了大量先秦时期的文献和佚文遗闻,是后世研究先秦历史文化的重要资料。

### 2.两汉政论文

两汉散文中最先发展起来的是政论文,它在中国文学史上占重要地位。它的出现与秦王朝政治上的失败密不可分。强秦的灭亡给西汉初年的思想家提出了一系列发人深思的课题,也使那些才华横溢的汉初文人有了发挥其聪明才智的广阔天地。西汉初年,一些文人继承先秦诸子的优秀传统,关心国家和社会的发展,或总结历史,借古喻今;或面对现实,针砭时弊,剖析形势,勇于表达自己的政治看法,这使汉初政论文具有鲜明的时代特色。如陆贾的《新语》纵论秦所以失天下、汉所以得天下和古代帝王的兴衰成败之理;贾谊的代表作《过秦论》,从各个方面分析秦代的过失;晁错的《论贵粟疏》主张务农贵粟,立论深刻,把汉代政论体散文的创作推向了一个新的高度。

### 3. 两汉史传文

汉代散文中的史传文造诣突出，在中国古代文学发展史上占领主要的位置。司马迁的《史记》和班固的《汉书》是两汉史传文的代表作。特别是《史记》，它是纪传体通史的鼻祖，是中国文学最杰出的散文作品之一。

《史记》是中国的第一部纪传体通史，由汉代的司马迁历时10余年编写完成，全书共130卷，有十表、八书、十二本纪、三十世家、七十列传，共526 500字，记载了上起中国上古传说中的黄帝时代下至汉武帝太初年间共3000多年的历史。它包罗万象，融会贯通，脉络清晰，翔实地记录了上古时期政治、经济、军事、文化等方面的发展状况。《史记》是一部继往开来的巨著，作者司马迁发明的以人物为中心的纪传体，在汉代以后一直是历代王朝正史所沿用的体制。《史记》对后代文学发展做出了巨大的贡献，鲁迅称赞道："史家之绝唱，无韵之《离骚》。"

汉宣帝以后，有不少文人缀集时事续补《史记》。东汉初年，班彪"继采前史遗事，傍贯异闻，作《后传》数十篇"（《后汉书·班彪列传》）。其子班固在此基础上，撰成《汉书》。《汉书》的体制承袭《史记》，是中国第一部断代史，记录了汉高祖元年（公元前206年）至王莽地皇四年（23年）共230年的断代历史，是继《史记》之后的又一创新，对后代史学和文学都产生了重大影响。长期以来，史学界将司马迁和班固合称"班马"，将《史记》与《汉书》合称"史汉"。

## （三）魏晋南北朝散文

魏晋南北朝是中国古代散文发展的重要阶段。这一时期的散文不仅重视作家情感的自由抒发，而且对作品的表现形式做了多方面的探索。当时既有史传文学的延续，如陈寿的《三国志》、范晔的《后汉书》等；也有新创的地志散文，如郦道元的《水经注》，其有"集六朝地志之大成"之称，文风清朗舒朴，对唐代之后古文家的游记产生了极大影响。此外，刘勰的《文心雕龙》就是采用骈体写作的文论散文。

魏晋之际，思想的觉醒导致新的审美观产生，并由此影响到文风的转变。建安时期的散文开始摆脱汉代散文引经据典的风气，改变其板滞凝重的面目，变得清峻、通脱、华美、壮大。如曹操的文章，清峻简洁平易，代表作品有《请追增郭嘉封邑表》《求贤令》等，文字质朴，感情流露，流畅率真。曹丕、曹植的散文富有抒情性，语言也渐趋华美。孔融、陈琳、阮籍的文章则文气充沛，辞采壮丽，颇具战国纵横家之遗风。

魏末，受司马氏集团大肆杀戮的影响，士大夫为避祸，崇尚清谈，行为放达，文风趋向玄远。嵇康、阮籍的作品激烈批判现实，不仅有深刻的思想内容，而且在艺术上使气任情，接续着慷慨多气的建安风骨，阮籍的《大人先生传》、嵇康的《与山巨源绝交书》可为代表。西晋时期，文人越来越注意文学作品的形式和写作技巧，陆机的《文赋》便代表了这一文学发展的新倾向。该作品讲究辞藻的华美、典故的运用和对偶的工整，显示出着意锤炼的痕迹。东晋散文受风流名士的清谈和隐逸之风的影响，一般清新流畅，自然朴素，大都着意于真实性情的流露，如《兰亭集序》，情旨高妙，风格清淡，为后世称道。陶渊明的散文和辞赋同他的诗歌一样，表现出独立的艺术风貌。他的作品语言平淡自然，感情真挚动人，境界淡泊高远，是作者人格和志趣的生动写照。

南北朝时期，骈文逐渐成为主流文学形式。经过魏晋，再到齐梁时期，已经出现了成熟的骈文。骈文，又称"骈体文""骈俪文""骈偶文"，其多以四字六字相间定句，故也称"四六文"或"骈四俪六"。全篇以双句（俪句、偶句）为主，在声韵上，讲究运用平仄，韵律和谐；在修辞上，注重藻饰和用典。因为文人在用事、对偶、辞藻上下功夫，多数骈文内容贫乏。但是骈文中也有佳作，例如，孔稚珪的《北山移文》对"形在江海之上，心存魏阙之下"的假隐士进行了辛辣的讽刺，运用了拟人化的手法，在思想深度和艺术表现方面都达到了很高的水准。此外，描写山水景物的短小书札，如陶弘景的《答谢中书书》、吴均的《与朱元思书》等，文辞清丽，细致传神，历来传诵。

## 文化名片

### 《与朱元思书》

《与朱元思书》是南朝梁文学家吴均写给朋友朱元思书信的一个片段，被视为骈文中写景的精品。吴均在信中叙述自己乘船自富阳至桐庐途中所见，描绘了这段路的山光水色，创造了一种清新自然的境界。此信开篇"风烟俱净，天山共色。从流飘荡，任意东西。自富阳至桐庐，一百许里，奇山异水，天下独绝。水皆缥碧，千丈见底。游鱼细石，直视无碍。急湍甚箭，猛浪若奔"，仅用几十个字就展示了富春江风景的独一无二，使人读后悠然神往，富春江山水也因此闻名天下。魏晋南北朝时，社会动乱，不少知识分子寄情山水以排解心中的苦闷。吴均在这封信中也表现出他沉湎于山水的生活情趣，流露出对追求名利之徒的蔑视，含蓄地传达了爱慕美好自然、避世退隐的高洁之趣。

### （四）唐宋散文

提及唐代文学，人们往往想到诗歌，事实上，散文的成就亦颇大。《全唐诗》收录作者2200多人，而《全唐文》收录作者达到了3035人。唐初近百年间，奏、疏、章、表、启、记、论等多用骈文写成，著名的作品有魏徵的《谏太宗十思疏》、王勃的《滕王阁序》等。盛唐时期，李白的《春夜宴从弟桃李园序》说理行文简洁明快，已经透露出骈文文风的变化：走向平易晓畅，充满了散体文气。至陆贽的奏议散文更是如此，如《论裴延龄奸蠹书》《奉天改元大赦制》等，这都标示着骈文去赘典浮词，走上了平易晓畅的道路。天宝后期，李华、萧颖士、独孤及、梁肃、柳冕提倡古文，明确提出本乎道、以五经为源泉、重政教之用的主张。

唐宋时期出现了著名的古文运动，它是以提倡古文、反对骈文为特点的文体改革运动。唐宋先后出现了"八大家"，把散文的发展推向了高峰。韩愈强调要以文明道，他提倡古文，目的在于恢复古代的儒学道统。除唐代的韩愈、柳宗元外，宋代的欧阳修、王安石、曾巩、苏洵、苏轼、苏辙等人也是其中的代表。明初，朱右将此8人的文章选编为《八先生文集》，明中叶唐顺之也以此编《文编》，茅坤继而编成《唐宋八大家文钞》。自此，这8人在文学史上被称为"唐宋八大家"。事实上，宋代著名散文家比这多得多，如北宋的王禹偁、范仲淹、晁补之、李格非，南宋的胡铨、陆游、吕祖谦、陈亮等。

### 1. 韩愈与柳宗元

韩愈（768—824年），字退之，河南河阳（今河南孟州）人，因郡望昌黎，世称"韩昌黎"，谥号"文"，又称"韩文公"，唐代文学家，著有《韩昌黎集》。他与柳宗元共同倡导中唐古文运动，合称"韩柳"。苏轼称赞他"文起八代之衰，而道济天下之溺；忠犯人主之怒，而勇夺三军之帅"。他的散文和诗均有名。

韩愈的古文众体兼备，如政论、表奏、书启、赠序、杂说、人物传记、祭文、墓志、传奇等，可大致概括为论说文与记叙文两类。其论说文气势雄浑，结构严谨，逻辑性强，名篇有《谏迎佛骨表》《原道》《原毁》《争臣论》《师说》《马说》等；记叙文则爱憎分明，抒情性强，名篇有《送李愿归盘谷序》《张中丞传后叙》《祭十二郎文》《柳子厚墓志铭》等。韩文雄奇奔放，风格鲜明，语言上亦独具特色，尤善锤炼词句，推陈出新，许多精辟词语已转为成语，至今仍保存在文学语言和日常口语中。

柳宗元（773—819年），字子厚，河东（今山西永济）人，唐宋八大家之一，唐代文学家、哲学家、散文家和思想家，世称"柳河东""河东先生"，因官终柳州刺史，又称"柳柳州"。柳宗元与韩愈并称"韩柳"，与刘禹锡并称"刘柳"，与王维、孟浩然、韦应物并称"王孟韦柳"。

柳宗元一生留存的诗文作品达600余篇，其文的成就大于诗，骈文有近百篇，散文论说性强、笔锋犀利、讽刺辛辣，游记写景状物、多所寄托，著作有《河东先生集》。柳宗元重视文章的内容，主张文以明道，认为"道"应于国于民有利，切实可行，为后世留下了极其优秀的作品。柳宗元的游记最脍炙人口，均写于他被贬后，典范之作为"永州八记"。这些作品既借愚溪周边的美好景物寄寓作者的遭遇和怨愤，也有作者幽静心境的描写，表现在极度苦闷中转而追求精神寄托之意。他以精巧的语言表现自然美刻画的山水景色或峭拔峻洁，或清邃奇丽。

柳宗元还写了不少寓言，如《三戒》，该文语言简洁凝练，以小见大，耐人寻味，具有强烈的现实讽刺意义。柳宗元的论说文笔锋犀利、论证精确。《天说》为其哲学论文代表作，《封建论》《断刑论》为其长篇和中篇政论代表作，《晋文公问守原议》《桐叶封弟辩》《伊尹五就桀赞》等为其短篇政论代表作。

文以立心

元和十年，例移为柳州刺史。时郎州司马刘禹锡得播州刺史，制书下，宗元谓所亲曰："禹锡有母年高，今为郡蛮方，西南绝域，往复万里，如何与母偕行。如母子异方，便为永诀。吾与禹锡执友，何忍见其若是？"即草奏章，请以柳州授禹锡，自往播。裴度亦奏其事，禹锡终易连州。

柳州土俗，以男女质钱，过期则没入钱主，宗元革其乡法。其以没者，乃出私钱赎之，归其父母。江岭间为进士者，不远千里随宗元师法；凡经其门，必为名士。元和十四年十月五日卒，时年四十七。观察使裴行立为营护其丧及妻子还于京师，时人义之。

——《旧唐书·柳宗元传》

### 2．欧阳修、王安石、曾巩

欧阳修（1007—1072年），字永叔，号醉翁，晚号六一居士，北宋政治家、文学家，后人将其与韩愈、柳宗元和苏轼合称"千古文章四大家"。他在政治上支持范仲淹推行新政，在文学上继承韩愈古文运动的精神，推动了北宋诗文革新运动，是北宋诗文革新运动的领袖。他在诗、词、散文方面均有成就，承袭南唐余风，著作有《六一词》。欧阳修之词内容多是恋情相思、酣饮醉歌、惜春赏花之类的，这些词婉转缠绵，词语清丽，与晏殊的词相似，因此世人将二人合称"晏欧"。欧阳修的散文成就与其正确的古文理论相辅相成，从而开创了一代文风。他的文学成就以散文最高，影响也最大。在散文理论方面，他提出文以明道的主张，大力提倡简而有法和流畅自然的文风，反对浮靡雕琢和怪僻晦涩的文风。欧阳修一生写了500余篇散文，有政论文、史论文、记事文、抒情文和笔记文等，各体兼备。他的散文大都内容充实，气势旺盛，具有平易自然、流畅婉转的艺术风格；叙事委婉简约，议论逻辑缜密，章法结构既有曲折变化又十分严密，《朋党论》《新五代史·伶官传序》《醉翁亭记》《丰乐亭记》等都是历代传诵的佳作。欧阳修还开了宋代笔记文创作的先声，其《归田录》《笔说》《试笔》等都很有名。欧阳修的赋也很有特色，著名的《秋声赋》运用各种比喻，把无形的秋声描摹得形象生动。

王安石（1021—1086年），字介甫，号半山，汉族，江西临川（今江西抚州）人，中国历史上杰出的政治家、文学家、思想家和改革家。宋神宗执政之时，王安石任宰相，曾发动改革，史称"王安石变法"，在文学上具有突出成就，著有《临川先生文集》。他的散文雄健简练、奇崛峭拔，大都是书表、记、序等体式的论说文，阐述政治见解与主张，为变法革新服务，其政论文在唐宋八大家中成就突出。他驾驭语言的能力非常强，其语言简练明快，却不影响笔力雄健。例如，《答司马谏议书》以数百字的篇幅，针对司马光指责新法为侵官、生事、征利、拒谏4事，严加剖驳，短小精悍，言简意赅，措辞得体。王安石的一些小品文也脍炙人口，如《鲧说》《读孟尝君传》《伤仲永》等，评价人物，笔力劲健，文风峭刻，富有感情色彩。他还有一部分山水游记散文：《城陂院兴造记》简洁明快而省力，酷似柳宗元的作品；《游褒禅山记》既记游，亦说理，二者结合得紧密自然。

曾巩（1019—1083年），北宋政治家、散文家，字子固，南宋理宗时被追谥为"文定"，世称"南丰先生"，建昌军南丰（今属江西）人，曾致尧之孙，曾易占之子，嘉祐二年（1057年）进士，为"南丰七曾"之一。曾巩是北宋诗文革新运动的积极参与者，宋代新古文运动的骨干。他在古文理论方面主张先道后义，文道结合，"文以明道"。他的散文大都是"明道"之作，文风以"古雅、平正、冲和"见称。其文风源于"六经"又集司马迁、韩愈两家之长，古雅本正，温厚典雅，章法严谨，长于说理，为时人及后辈效仿的典范。曾巩为文，自然淳朴，不甚讲究文采，代表作有《醒心亭记》《墨池记》等。他的书、序和铭也是很好的散文。当西昆体盛行时，他和欧阳修等人的散文一移雕琢堆砌之风，专趋平易自然。

### 3．"三苏"

（1）苏洵

苏洵（1009—1066年），字明允，北宋文学家，四川眉山人。他是苏轼和苏辙的父亲，有《嘉祐集》传世。苏洵特别善于从比较中品评各家散文的风格和艺术特色，例如，《上欧阳内翰第一书》对孟子、韩愈和欧阳修的文章的评论就很精当。

（2）苏轼

苏轼，北宋文豪，其诗、词、赋、散文均成就极高，且善书法和绘画，是公认的文学艺术造诣最杰出的大家之一，与欧阳修合称"欧苏"。苏轼散文中的议论文汪洋恣肆；记叙文结构谨严、明白晓畅，如《石钟山记》《放鹤亭记》等；还有不少史论或政论文，如《上神宗皇帝书》《留侯论》《韩非论》《教战守策》等。这些文章往往就常见的事实翻新出奇，从别人意想不到的角度切入，得出意料之外的结论，文笔在自然流畅中又富于波澜起伏，有较强的感染力。而更能代表苏轼散文成就的是随笔、游记、杂记、赋等感情色彩较浓厚的文体。苏轼这类文体的突出特点是写作手法比前人更自由，常打破各种文体习惯上的界限，把抒情、状物、写景、说理、叙事等多种手法结合起来，以自己的感受、联想为主，信笔写去，文章结构看似松散，却于漫不经心中贯穿了意脉，这使文章更为自然、飘逸和轻快，如《石钟山记》。他的一些小品文也独具风韵，例如，《记承天寺夜游》言简意深，内涵丰厚，先以小序交代自己月夜不寐，至承天寺寻张怀民，恰好张怀民也没睡，便与之一同漫步，正文仅几十字。

"庭下如积水空明，水中藻、荇交横，盖竹柏影也。何夜无月，何处无竹柏，但少闲人如吾两人者耳。"一幅鲜明澄澈的月夜图景，一种空渺寂寥的感受，情与景与理融为一体，意味深长。这类文章对后世小品文的发展有很大的影响。此外，他的《赤壁赋》《后赤壁赋》也是传世名篇。

（3）苏辙

苏辙（1039—1112年），字子由，一字同叔，自号颍滨遗老，眉州眉山（今四川眉山）人，北宋文学家、诗人。他擅长政论和史论，在政论中纵谈天下大事，如《新论》。他的文章风格汪洋澹泊，也有秀杰深醇之气。例如，《黄州快哉亭记》，融写景、叙事、抒情、议论于一体，于汪洋澹泊之中贯注着不平之气。苏辙的赋也写得相当出色。例如，《墨竹赋》赞美画家文同把竹子的情态写得细致逼真，富于诗意。

● 墨竹图（局部）

微课

唐宋八大家

## （五）元明清散文

元明清的散文创作成果颇丰，流派众多。元代，叙事文学（话本）和说唱文学（元曲）

占主导地位，散文成就不突出。至明代，前期以宋濂、刘基为代表，二人主要以传记、寓言散文的创作成就著称。例如，宋濂的《秦士录》文字简洁，寥寥数语便将人物外貌特征刻画得栩栩如生；刘基的《郁离子》则继承了先秦诸子以寓言比喻政事、阐发哲理的传统，用生动而洗练的寓言反映了元末错综复杂、尖锐的社会矛盾，《卖柑者言》是其中的名篇。

明中叶，"前七子"高举复古大旗，批评当时的文章受宋儒理学影响，用同一种道德模式去塑造不同的人、事、物、理，结果导致"其文如其为人"的古文精神丧失。嘉靖中期，以李攀龙、王世贞为代表的"后七子"继承"前七子"的观点，认为"文自西京、诗自天宝而下，俱无足观"（《明史·李攀龙传》）。集大成者王世贞著《艺苑卮言》，提出文章要重视辞采、句法、结构，文章整体风貌应该有"格调"，这为明代拟古之风盛行奠定了理论基础。

嘉靖年间，文坛还兴起了以王慎中、唐顺之、茅坤、归有光为代表的"唐宋派"，其实这也是一个古文复古派，在创作上以唐宋古文名家为效仿的"正统"。其中，成就最高者是归有光，代表作有《先妣事略》《见村楼记》《寒花葬志》《项脊轩志》等，其善于捕捉日常平凡琐事、刻画人物、抒写真情。

明代末年，小品文兴盛，代表人物有公安派袁氏三兄弟（袁宗道、袁宏道、袁中道）。此外，张岱、王思任等人的个人情趣化的小品文也很有名。小品文题材广泛，多以个人情趣和日常生活为表现内容，短小精炼，体裁不拘一格，序、记、跋、传、名、赞等文体样样俱全。小品文的兴盛代表了晚明散文的时代特点，它摆脱了过去散文庄重古板、宗圣载道的传统，注重描写日常生活，表达真情实感。小品文往往从平常细琐之处下笔，"平"是它的一个重要特征。但"平"并非平淡无味、平铺直叙，而是娓娓叙来、情趣盎然。明清易代之际，张岱的小品文更集中体现了"平中之奇"的艺术特色，如《湖心亭看雪》。

清初文学大体承续明"载道"的唐宋古文传统，代表人物有侯方域、魏禧和汪琬，其中以侯方域的影响最大，代表作有如《壮悔堂文集》10卷，《李姬传》《答田中丞书》等是其名篇。

但是清代较有影响力的是桐城派古文和八股文。这与清代压抑的社会文化环境密切相关。八股文是明清科举取士控制知识分子思想意识形态的手段，它总结了散文的基本做法，是散文文本的经典写作模式，但强求每个人都按照一个模式写。清代中叶的散文领域，桐城派古文占据主导地位，出现了方苞、刘大櫆、姚鼐等大家，但其作文讲求"义法"，严重阻碍了散文的发展。

## 三、中国古代小说

先秦两汉的神话、寓言、史传、"野史"等都孕育着小说的因素，为小说的形成提供了条件。鲁迅在《中国小说史略·神话与传说》中认为，中国小说，"探其本根，则亦犹他民族然，在于神话与传说"。中国古代小说经历了魏晋六朝杂史、志怪志人小说的成长，唐传奇的成熟，宋明话本、拟话本的发展壮大，最后在明清章回小说中展示出生命的辉煌。

从语体上说，中国古代小说可分为文言小说和白话小说两大系统。唐代涌现出一系列优秀传奇小说，如陈鸿的《长恨歌传》、元稹的《莺莺传》等。宋代出现了话本小说，它是民间说书人讲史或演说的底本，直接取材于现实生活，表达了市民心声，如《碾玉观音》《快嘴李翠莲记》等，都是脍炙人口之作，也是中国白话小说的滥觞之作。

## （一）志怪、志人小说

### 1. 志怪小说：《搜神记》

魏晋时期，社会动荡，战争和灾荒不断。面对这样的社会现实，底层劳动人民不知所措，他们孤立无援，只能寄希望于神灵，志怪小说应运而生。志怪小说在我国文学史，特别是在古代小说的发展史上有着承前启后的作用。

《搜神记》是志怪小说的杰出代表，对后世影响最大，原本已佚，今本系后人缀辑增益而成，20卷，收录了许多古代的神异故事。作者干宝（？—336年），字令升，河南新蔡人，东晋时期著名的文学家、史学家，在小说方面有很高的造诣。《搜神记》内容十分丰富，其中《三王墓》中干将莫邪的故事广为流传。《搜神记》继承了前代神话中强烈的夸张、丰富的想象和神奇的幻想等浪漫主义手法。

微课

《搜神记》中的
人鬼恋

● 干将莫邪铸剑雕塑

### 2. 志人小说：《世说新语》

志人小说的兴盛与士族文人品评人物和崇尚清谈的风气有很大关系。这一时期的志人小说主要有笑话类，如邯郸淳的《笑林》；也有野史类，如《西京杂记》；还有逸闻轶事类，这是志人小说的主要部分。《世说新语》是成就和影响极大的一部志人小说。《世说新语》又称《世说》《世说新书》，其思想倾向有崇儒的一面，但又有谈玄论佛以及蔑视礼教的内容，编撰者刘义庆（403—444年），南宋彭城（今江苏徐州）人，是宋武帝刘裕的侄子，被过继给临川烈王道规，袭封临川王，官至尚书左仆射、中书令。《世说新语》主要记载汉末、三国、两晋士族阶层的逸闻轶事，是一部魏晋风流故事集，较为集中地反映了当时社会上层人物的精神面貌、人生态度和文化趣味。今存最早版本为日本所藏唐写残卷及宋刊本，全书分《德行》《言语》《政事》《文学》《方正》《雅量》等36篇，语言简约含蓄，隽永传神，透出机智和幽默之感。

鲁迅曾把它的艺术特色概括为"记言则玄远冷峻，记行则高简瑰奇"（《中国小说史略》）。它记述人物注重把握人物的内在精神和神韵，通过人物独特的言谈举止刻画其独特的性格特征。其中对于魏晋名士的种种活动如清谈、品题，种种性格特征如栖逸、任诞、简傲，种种人生的追求及种种嗜好，都有生动的描写。如在《雪夜访戴》中，王子猷雪夜访戴逵兴尽而返，寥寥数语生动地刻画了王子猷潇洒率真的个性。

### （二）唐传奇

唐传奇是唐人文言小说的专称。元稹的名作《莺莺传》，原名《传奇》，今名是宋人将此篇收入《太平广记》时所改。后来裴铏所著小说集也叫《传奇》。唐传奇源于志怪小说，但两者又有根本的区别。尽管志怪小说并不完全是为宣扬神道而作的，也有娱乐的目的，但总体来说，受神道意识的影响较深，作为文学创作的意识反而不明确。到了唐传奇，情况才有根本的改变。鲁迅在《中国小说史略》中明确指出，唐传奇与志怪小说相比，"其尤显者乃在是时则始有意为小说"。正因如此，唐传奇中出现了较志怪小说更为宏大的篇制，建立了比较完整的小说结构，其情节更为复杂，内容更偏向反映人情世态，人物形象的塑造、人物心理的刻画也有了显著的进步。由此，唐传奇宣告中国古代小说进入成熟阶段。

根据历史发展情况，唐传奇的发展大致可分3个时期。

初唐盛唐时期是唐传奇的形成期，也是志怪小说向唐传奇发展的一个过渡时期。从题材上看，此时期的小说仍以志怪为主，但作家的创作意图已有较大变化，由六朝的"发明神道之不诬"变为驰骋才华，结构、规模和表现手法等方面也均有明显的发展和进步，比较追求离奇的故事情节，采用铺陈夸张的手法，而对人物形象的完整性不大重视。唐初，王度的《古镜记》、无名氏的《补江总白猿传》和张鷟的《游仙窟》为这一时期唐传奇的代表作。初唐盛唐时期，多数文人致力于诗歌创作，写唐传奇的作家和作品都较少，因此成就有限。

中唐时期是唐传奇的鼎盛时期。这一时期，唐传奇的作家多、作品多、名作多。从题材看，反映现实生活的作品占据了主要地位，这些作品即使谈神说怪，也往往具有社会现实内容，如沈既济的《枕中记》就是表现唐代官场现实的作品，成语"黄粱美梦"就诞生于此。

这一时期的作品内容由以志怪为主走向多元化，诸如神怪、爱情、时政、历史、侠义等，并且相当多的优秀作品直接反映现实社会中的重大题材，尤以爱情题材为多。从作家的创作动机看，他们更倾向于立足现实、抒情达意。在艺术技巧方面，作家们除追求情节曲折、描写生动、文笔流畅外，更加重视人物形象的塑造，即更突出了"传"的特点，成功地塑造了不同社会地位的人物形象。唐传奇中成就较高的作品有白行简的《李娃传》、元稹的《莺莺传》、陈鸿的《长恨歌传》、蒋防的《霍小玉传》、李公佐的《南柯太守传》、李朝威的《柳毅传》等。这些作品语言精简工细，叙事很有条理，富于组织和表现能力。在这些作品里，市民的生活气息展现得颇为鲜明。

晚唐时期是唐传奇的转变时期。这一时期唐传奇的数量大大超过前两个时期，但成就已不及中唐。从题材看，反映时事和爱情的作品减少，而反映侠义和历史的作品增多，神仙鬼怪等内容又重新成为热点。从形式上看，单篇传奇较少，且成绩平平；传奇专集大量出现。这种情况既与晚唐的时局有关，又与作家的思想状态有关。作家倾向于搜奇猎异、言神志怪，因此反映神仙鬼怪、宣扬封建伦理纲常的内容增加，六朝遗风复炽，这使唐传奇表现出明显的脱离现实倾向。艺术上，唐传奇不仅俪词偶语增加，而且故事简略，手法趋于粗俗，表现出衰微的趋势。这一时期影响较大的传奇专集有牛僧孺的《玄怪录》、李复言的《续玄怪录》、裴铏的《传奇》、皇甫枚的《三水小牍》等。这一时期的唐传奇也采用了一些新的题材，描写剑侠的作品便属此例，如杜光庭的《虬髯客传》等。

唐传奇通过虚构的故事和虚构的人物能够更自由、更方便、更具体地反映人们的生存状态和生活理想，从而影响人们的生活趣味，由此而言，它在文学史上有着非常深远的意义。唐传奇为后世面向市井民众的文艺吸收，最突出的表现是元明戏曲大量移植唐传奇的人物故事进行创作，例如，王实甫的《西厢记》取材于《莺莺传》，郑德辉的《倩女离魂》取材于《离魂记》，石君宝的《李亚仙诗酒曲江池》取材于《李娃传》，汤显祖的《紫钗记》取材于《霍小玉传》，等等，不下于数十种。可以说，唐传奇为中国古代一大批优秀的戏曲提供了基本素材。

### （三）宋元话本

宋元时期是中国小说史上一个继往开来的阶段，是以话本为基础的白话小说开始发展的时代。话本，是宋元时代说书人演讲故事所用的底本，是由讲唱艺术衍生出的一种文学体裁，在由讲唱艺术衍生出通俗小说的发展阶段，话本发挥了桥梁作用。

●《清明上河图》里描绘的说书人

"说话"是宋代一种非常流行的表演艺术，分为小说、讲史、说经、合生4家。小说是说话中影响最大的一家。由于小说多从现实生活获取题材，形式短小精悍，内容新鲜活泼，因此最受群众欢迎。现存的小说话本以爱情、公案两类作品最多，成就也最高。在以爱情为主题的作品中，已有较多的市井细民成为故事的主人翁。这些作品表现了他们对封建势力的反抗，尤其突出了妇女在斗争中的坚决和勇敢。如《碾玉观音》中的璩秀秀和《闹樊楼多情周胜仙》中的周胜仙对爱情的追求和执着，反映了当时妇女民主意识的觉醒；再如《乐小舍拚生觅偶》突出了乐和与顺娘之间的深挚爱情。公案类的作品反映了当时复杂的阶级矛盾，有的还表现了人民与统治阶级的直接斗争，《错斩崔宁》和《宋四公大闹禁魂张》是其中较有特色的作品。此外，《快嘴李翠莲》《万秀娘仇报山亭儿》等也是优秀作品的代表。在《万秀娘仇报山亭儿》中，尹宗母子被万秀娘的不幸遭遇感动，挺身而出，将她从恶霸手里救出，尹宗还因此牺牲了自己的生命，表现了下层人民舍己救人的高尚品质。

在艺术上，话本比之以前的小说已有很多新的发展。说书人为了吸引听众，特别注意故事情节的动人，如《简帖和尚》的开篇巧妙布局，引人入胜。同时，说书人已开始运用具有典型意义的细节来刻画人物性格，而且还出现了关于人物内心活动的描写。话本在故事结构、人物刻画上的这些特点，表现了中国古代小说中的现实主义创作方法，与唐传奇相比又有了很大进步，趋向成熟。

宋元时期是我国小说发展史上的一个崭新阶段，有承前启后的重要作用。讲史本身成就虽然不高，但对后来的《三国演义》《水浒传》《封神演义》等历史小说有很大的影响。

### （四）明清小说

明清是中国小说史上的繁荣时期。从明代开始，小说这种文学形式充分显示出其社会作用和文学价值，打破了正统诗文的垄断，在文学史上取得了与唐诗、宋词、元曲并列的地位。

明代经济的发展和印刷业的发达为小说脱离民间口头创作进入文人书面创作提供了物质条件，白话小说蓬勃发展的时期随之到来，出现了拟话本，即明代文人模仿话本体制、形式创作的小说，著名的作品有冯梦龙的"三言"、凌濛初的"二拍"等。

明清时期，在话本小说的基础上，还出现了长篇章回体小说。这一时期，我国古代小说发展到顶峰，产生了一大批不朽的名著，《三国演义》《水浒传》《西游记》等杰出的作品相继问世，标志着中国小说史进入了一个新的阶段。

清代则是长篇小说创作的高潮，不仅出现了《红楼梦》这样的中国古代长篇小说的巅峰之作，还出现了《儒林外史》《醒世姻缘传》《隋唐演义》《说岳全传》《镜花缘》等著名的长篇小说，以及《聊斋志异》这部优秀的文言短篇小说集。

#### 1．明代四大奇书

明代四大奇书是指《三国演义》《水浒传》《西游记》《金瓶梅》。这4部小说基本上代表了中国古代小说的4种类型，即历史演义小说、英雄传奇小说、神魔小说和世情小说。

（1）《三国演义》

《三国演义》诞生于元末明初，是罗贯中在民间传说和有关话本、戏曲的基础上写成的。全书始于黄巾起义，终于西晋统一，展现了公元169年到280年间的历史风云画卷。全书以蜀汉矛盾为中心，以三国矛盾斗争为主线来展开情节，这既保证了前后发展的一贯性，又富于曲折和变化，于清晰明朗的脉络间构造了一个中国古代小说中少见的、既宏伟又严密的结构。

《三国演义》的艺术成就更重要的是在战争描写和人物塑造上，罗贯中擅长描写战争，并能写出每次战争的特点。其注意描写在具体条件下不同战略战术的运用与指导作战的主观能动性的发挥，而不把主要笔墨花在单纯的实力和武艺较量上。每次战争的写法也随战争特点发生变化，罗贯中在写战争的同时，兼写其他活动，将其作为战争的前奏、余波或是战争的辅助手段，使紧张激烈、惊心动魄的战争表现得有张有弛、疾缓相间。在人物塑造上，罗贯中特别注意把人物放在现实斗争的尖锐矛盾中，通过人物的言行或周围环境表现其思想性格。例如，曹操奸诈，一举一动都似隐伏着阴谋诡计；张飞心直口快，无处不带有天真、莽撞的色彩；诸葛亮神机妙算，临事总可以得心应手、从容不迫。关羽"温酒斩华雄"、张飞"威震长坂桥"、赵云"单骑救幼主"、诸葛亮"七擒孟获"等更是流传极广的篇章。

● 诸葛亮"七擒孟获"

（2）《水浒传》

《水浒传》是明初施耐庵在民间故事和话本、戏曲的基础上创作而成的。全书语言具有突出的口语化特点——明快、洗练、生动、准确、富于表现力，并在个性化上取得了很高的艺术成就。

《水浒传》的艺术成就最突出地表现在英雄人物的塑造上。全书宏大的历史主题主要是通过对起义英雄的歌颂和对他们斗争的描绘表现出来的。因而英雄形象的成功塑造是作品具有光辉艺术生命的重要因素。在人物塑造方面，《水浒传》最大特点是善于将人物置身于真实的历史环境中，紧扣人物的身份、经历和遭遇来刻画他们的性格。全书几乎没有什么具体的社会环境的介绍，但通过对各阶层人物及他们之间的关系的描绘，为读者呈现出一幅逼真、清晰的北宋社会生活图景。统治阶级的骄奢淫逸以及受压迫人民"撞破天罗归水浒，掀开地网上梁山"的愿望则是组成这幅历史图景的经纬。书中的人物正是在这样的环境中成长起来的。林冲和鲁智深虽同是武艺高强的军官，但由于身份、经历和遭遇的不同，因而走上梁山的道路也不一样，作者以此表现他们不同的性格特征。

（3）《西游记》

《西游记》是明代中叶吴承恩在前期民间艺人创作的基础上加工完成的。《西游记》不仅有较深刻的思想内容，在艺术上也取得了很高的成就。它以丰富奇特的艺术想象、生动曲折的故事情节、栩栩如生的人物形象、幽默诙谐的语言，构筑了一座独具特色的《西游记》艺术宫殿。

浓郁的浪漫主义是《西游记》的基本艺术特征。在书中，作者幻想了一个超自然的世界，在这个世界里，神话人物、他们的神奇法宝和所处的环境又大都有现实世界的基础，同时体现了人们的某种意愿。正如鲁迅先生在《中国小说史略》中指出的那样，《西游记》"讽刺揶揄则取当时世态，加以铺张描写"，又说"作者禀性，'复善谐剧'，故虽述变幻恍惚之事，

● 《孙悟空三打白骨精》连环画其一

亦每杂解颐之言，使神魔皆有人情，精魅亦通世故"。我们通过《西游记》中虚幻的神魔世界，可以看到现实社会的投影。在各色神魔形象的塑造上，作者既表现了他们超自然的神性和动物属性，又表现了他们的社会化个性，使得作品既有色彩瑰丽的奇想，又有真实的细节。

如孙悟空灵活多变、急躁、好动的个性，分明就是猴的特点，这一动物特性与他乐观反叛的人格化个性和谐地融为一体。

（4）《金瓶梅》

《金瓶梅》是中国文学史上第一部由文人独创的长篇小说，大约成书于明代隆庆至万历年间，作者署名兰陵笑笑生。全书100回，结构大而不乱，数百个人物中，潘金莲、西门庆、陈经济、吴月娘都很有个性。书中还运用了大量方言、歇后语、谚语、词曲，不少词曲用得颇为精妙，还富含杂学知识。《金瓶梅》是中国古代小说发展的重要里程碑。《金瓶梅》之前的长篇小说莫不取材于历史故事或神话、传说，《金瓶梅》摆脱了这一传统，以现实社会中的人物和家庭日常生活为题材，使中国小说现实主义创作方法日臻成熟，为其后《红楼梦》的出现做了必不可少的探索和准备。

微课

明代四大奇书

## 2．《红楼梦》

《红楼梦》是中国现实主义文学的经典之作。作者曹雪芹（1715—1763年），名霑，字梦阮，号雪芹，又号芹圃、芹溪，祖籍辽阳，清代小说家、诗人、画家，曹寅之孙。曹家曾三代任江宁织造，后因事被抄家而衰落。曹雪芹的家世背景和生活经历为其创作《红楼梦》提供了丰富的养料。

《红楼梦》是中国古代章回体长篇小说，其通行本共120回，一般认为前80回是曹雪芹所著，后40回作者为无名氏，由高鹗、程伟元整理。该书以曹家生活为原型，以贾、史、王、薛四大家族的兴衰为背景，从大荒山青埂峰下由顽石幻化而成的通灵宝玉的视角切入，以贾宝玉与林黛玉、薛宝钗的爱情婚姻悲剧为主线，描写了贾氏家族由盛而衰的历史，同时描绘了一些闺阁佳人的人生百态，既反映出进入末期的中国封建社会不可避免的崩溃结局和初步的民主主义思想倾向，又展现了真正的人性美和悲剧美。

《红楼梦》善于处理虚实关系，有虚有实，虚实互补，创造了含蓄深沉的艺术境界。全书情节缜密，细节真实，语言优美。作者总揽全局，按照主题的需要和生活的逻辑进行了独具匠心的安排，完全打破了传统小说的单线式结构，展现的情节像生活本身那样，具有多层次、多方面的特点。作者善于刻画人物，通过对比、细节描写、人物描写等手法塑造出许多栩栩如生

●《全本红楼梦图》（局部）

的艺术形象，如贾宝玉、林黛玉、薛宝钗、王熙凤、晴雯等，艺术成就卓越。

《红楼梦》也是一部百科全书式的长篇小说。它以一个贵族家庭为中心，展开了一幅广阔的社会历史图景，社会的各个阶级（上至皇妃国公，下至贩夫走卒）都得到了生动的描画。它对贵族家庭的饮食起居各方面的生活细节都进行了真切细致的描写，对园林建筑、家具器皿、服饰摆设、车轿排场等的描写都具有很强的可信性。它还表现了作者在烹调、医药、诗词、小说、绘画、建筑、戏曲等各种文化艺术方面的丰富知识和精到见解。《红楼梦》的博大精深在世界文学史上是罕见的。它是一部具有世界影响力的人情小说、中国

封建社会的百科全书、传统文化的集大成者，其作者以"大旨谈情""实录其事"自勉，只按自己的事体情理书写，按迹循踪，摆脱旧套，新鲜别致，取得了非凡的艺术成就。20 世纪以来，《红楼梦》更以其丰富深刻的思想底蕴和异常出色的艺术成就使学术界产生了以其为研究对象的专门学科——红学。

微课

曹雪芹与《红楼梦》

微课

刘姥姥人物形象分析

### 3.《聊斋志异》

《聊斋志异》简称《聊斋》，俗名《鬼狐传》，是中国清代著名小说家蒲松龄创作的文言短篇小说集，全书共有短篇小说近 500 篇。"聊斋志异"的意思是在书房里记录的奇异的故事。《聊斋志异》通过叙写花妖狐鬼的思想和行为来反映社会现实，题材广泛，内容丰富，取得了极高的艺术成就。作品成功地塑造了婴宁、连城、小谢、席方平等众多鲜活的艺术典型形象，他们或追求爱情、对爱情忠贞不二，或仗义救人，或为亲人申冤雪恨；故事情节曲折离奇，结构严谨巧妙，文笔简练，描写细腻。

● 蒲松龄故居正房

微课

蒲松龄和《聊斋志异》

## 四、中国古代戏曲

### （一）概说

中国古代戏曲与古希腊戏剧和古印度梵剧被誉为世界"三大古老戏剧文化"。戏曲是中国传统艺术之一，剧种繁多有趣，表演形式载歌载舞，有说有唱，有文有武，集"唱、念、做、打"于一体，在世界戏剧史上独树一帜。戏曲是我国传统戏剧的一个独特称谓。历史上最先使用"戏曲"这个词的是宋代的刘埙（1240—1319 年），他在《词人吴用章传》中提出"永嘉戏曲"，他所说的"永嘉戏曲"就是后人所说的"南戏""戏文""永嘉杂剧"。从近代王国维开始，"戏曲"才被用作中国传统戏剧文化的通称。

戏曲是我国最具有民族特点和风格的艺术样式之一。戏曲最显著、最独特的艺术特点就是"曲"。"曲"主要由音乐和唱腔两部分构成，辨别一个地方戏剧的种类主要依靠声腔、音乐旋律和唱念上的地方性语言，如四川的川剧、浙江的越剧、广东的粤剧、河南的豫剧、陕西的秦腔、山东的吕剧、福建的闽剧、湖北的汉剧、河北的评剧、江苏的昆剧等。

戏曲是一种历史悠久的综合舞台艺术样式。从汉魏到中唐，先后出现了以竞技为主的"角抵"（百戏）、以问答方式表演的"参军戏"和呈现生活小故事的歌舞"踏摇娘"等，这些都是萌芽状态的戏曲。随后，中国戏曲迅速发展，历经宋代的杂剧、南宋的南戏、元代的杂剧、明代的传奇，逐渐走向成熟。清代地方戏曲空前繁荣，也形成了被誉为"中国四大国粹"之一的京剧。

### （二）南戏

南戏是南曲戏文的简称，盛行于江浙一带。它是宋杂剧角色体系完备之后，在叙事性说唱文学高度成熟的基础上出现的，是民间艺人"以宋人词而益以里巷歌谣"（《南词叙录》）构成曲牌连缀体制，用代言体的形式搬演长篇故事，从而创造出的一种新兴艺术样式。就形式而言，它综合了宋代众多的技艺（如宋杂剧、影戏、傀儡戏、歌舞大曲），以及唱赚、缠令等在表演上的优点；与诸宫调的关系则更为密切。宋代所有存在的民间伎艺都是南戏综合吸收的对象，说唱文学则是其叙事方式的主要来源。

南戏，可考的有《赵贞女蔡二郎》《王魁》《乐昌分镜》《张协状元》《宦门子弟错立身》《小孙屠》等。其中《张协状元》《宦门子弟错立身》《小孙屠》因被收入《永乐大典》，得以保存，人们统称它们为《永乐大典戏文三种》。其中，《张协状元》是南宋时期温州九山书会的才人创作的，其故事则是从诸宫调里移植的。

《赵贞女蔡二郎》讲的就是蔡伯喈与赵五娘的故事，原剧本虽已不见，但元末高则诚将这一古剧改编为《琵琶记》，使其成为南戏后期的一部杰作。全剧结构完整巧妙，语言典雅生动，显示了文人的细腻目光和酣畅手法，是高度发达的中国抒情文学与戏剧艺术结合的作品。但原故事中背亲弃妇的蔡伯喈变为了全忠全孝的人。《琵琶记》在中国戏剧史上被称为"南戏中兴之祖"，是南戏时代与传奇时代间的桥梁，对明代戏曲创作的影响非常深远。

元代南戏著名的作品有《荆钗记》《刘知远白兔记》《拜月亭记》《杀狗记》，它们合称"四大南戏"，在明清时期传演甚广，影响深远。

### （三）元杂剧

元杂剧又称"北杂剧"，是元代用北曲演唱的传统戏曲形式。它是在宋代的杂剧和讲唱形式的诸宫调的基础上发展起来的。它具备了戏曲的基本特点，这标志着中国戏曲进入成熟阶段。元杂剧的主要代表作家有关汉卿、郑光祖、马致远、白朴等，元杂剧的主要代表作有《窦娥冤》《倩女离魂》《汉宫秋》《梧桐雨》《赵氏孤儿》《西厢记》等。

元杂剧的剧本体制绝大多数是"四折一楔"。四折，是4个情节的段落，像文章的起承转合一样。楔子的篇幅短小，通常放在第一折之前，这有点类似于后来的"序幕"。元杂剧是以歌唱为主、结合说白表演的艺术形式。每一折由同一宫调的若干支曲子联成一个套曲，全套只押一个韵，由扮演男主角的正末或扮演女主角的正旦演唱。这种"一人主唱"的方式可以极大地发挥歌唱艺术的特长，酣畅淋漓地塑造主要人物形象。念白部分受参军戏传统的影响，常常插科打诨，富于幽默趣味。元杂剧将音乐结构与戏剧结构统一起来，达到体制上的规整，这表明其成熟和完善。

微课

王实甫与《西厢记》

### （四）明清传奇

到了明代，传奇发展起来了。传奇是明清时以演唱南曲为主的戏曲形式，由宋元南戏发展而来，也吸收了元杂剧的优点。由于传奇这种戏剧样式一直延续至清代，故又被人称作明清传奇。明清传奇在形式上承继南戏体制，且更加完备。一个剧本大多只有30出左右，常分为上、下两部分；作家还特别注意结构的紧凑和科浑的穿插。传奇的音乐也采取曲牌联套的形式，但相比南戏有所发展，一折戏中不再局限于一个宫调；曲牌的多少也取决于剧情的需要；所有登场的角色都可以演唱。

明清传奇包括"南戏四大声腔"的众多地方声腔，其中流传较广、影响较深远的是昆山腔和弋阳腔。昆山腔经过嘉靖时期的魏良辅的改革，创造了委婉细腻、流利悠远的"水磨调"，讲究字清、板正、腔纯，将弦索、箫管、鼓板3类乐器合在一起，形成了规模完整的乐队伴奏。诞生在江西的弋阳腔则主要流行于民间，由江湖戏班演出，每流传到一地，即结合当地的语言和民间音乐，衍变为地方化的声腔。弋阳腔不用管弦伴奏，仅以锣鼓为节奏，一唱众和，采用徒歌、帮腔的形式，通俗性、民间性和注重演出效果是它的特色。它与昆山腔形成了中国戏曲内部的两种不同走向。明代戏曲经过长期的舞台实践，角色分工更加细致。比如昆山腔就有12个角色，主角不限于正生、正旦，净、丑的作用也不只是调笑。

明清时期各种声腔都有一定数量的剧目，昆山腔自梁辰鱼按本系统声律的要求创作《浣纱记》获得成功之后，在文人士大夫中掀起了创作的热潮。明末清初，昆山腔因统治阶级的提倡和昆、弋争胜形势下表演艺术的精进，仍能维持剧坛领袖的余势；弋阳诸腔则在民间广泛流传，发展为许多新的地方戏曲声腔。

传奇在明初并不发达。明代中叶以后，嘉靖、万历年间，社会经济有明显的发展，传奇的题材也随之增加，出现了一批抨击时政、歌颂青年男女突破封建礼教藩篱、追求个性解放的剧作。

汤显祖，江西临川人，字义仍，号海若、若士、清远道人，明代戏曲家、文学家。他一生写了许多传奇剧本，最有名的是"临川四梦"，又被称为"玉茗堂四梦"，分别是《牡丹亭》《紫钗记》《邯郸记》《南柯记》，其中《牡丹亭》是其代表作。该作品通过杜丽娘和柳梦梅死生离合的故事，歌颂了反对封建礼教、追求幸福爱情、要求个性解放的反抗精神。

● 《牡丹亭·写真》（武林七峰草堂刊本）

清代初年，剧坛出现了洪昇和孔尚任两位著名的剧作家。他们运用历史题材，总结人们关心的与国家兴亡相关的历史教训，"垂戒来世""惩创人心"。洪昇创作的《长生殿》和孔尚任创作的《桃花扇》，是思想性和艺术性达到高度统一的杰作，成为清代传奇的压卷之作，他们因此也有了"南洪北孔"的美誉。乾隆以后，清代统治者进一步加强了对士大夫的思想控制，大兴文字狱，传奇创作步入衰微，它的地位被蓬勃兴起的各种地方戏曲取代。中国戏曲又跨入另一个崭新的阶段。

此外，明末清初的作品多写人民群众心中的英雄，如穆桂英、陶三春、赵匡胤等。这时的地方戏主要有北方的梆子和南方的皮黄。京剧是我国传统戏曲中的一个剧种，从其产生、形成的时间来说，至今已有200多年的历史。乾隆五十五年（1790年），为庆贺乾隆皇帝80岁寿辰，以安徽著名徽剧艺人高朗亭为台柱的徽班三庆班进京献艺。之后，又有十几个徽班相继进京，其中实力最强的是三庆班、四喜班、和春班、春台班，合称"四大徽班"。徽班进京后，广泛吸收流行在北京的京腔、秦腔以及其他剧种的长处，南北融合，逐渐形成了自己的艺术风格。徽班进京意味着京剧的发端。道光年间，湖北的汉调进京，与徽调相互吸收、融合。徽、汉两调合流，逐渐形成了一个新的剧种——京剧。同治、光绪年间，出现了名列"同光十三绝"的第一代京剧表演艺术家及不同流派的宗师。京剧被北京市民承认，成为他们最喜爱的舞台艺术，并很快风靡全国。京剧是我国戏曲中最具有普遍性、典型性的剧种之一，它的剧目最丰富、表演最精细、流行最广泛、观众最普遍、影响也最大，被公认为"国剧"，将中国的戏曲艺术推进到一个新的高度。

● 《同光十三绝》（局部）

**文化名片**

### 海盐腔

　　海盐腔，又被称为"浙调""越调""海盐高调"等，因形成于海盐而得名。海盐腔曾是"四大声腔"之首，在我国戏曲发展史上占有重要的地位。

　　海盐腔的剧目主要有《白兔记》《玉环记》《双忠记》《还带记》《四节记》《香囊记》《南西厢》《蚌精舞》等。汤显祖曾赞海盐腔"体局静好"，认为海盐腔唱腔轻柔婉折，紧慢有致，疾徐相错，适宜演唱才子佳人风流情事，并专为海盐腔撰写了著名的"临川四梦"。

海盐腔盛行以后，成为南戏的重要演唱形式，对戏曲声腔的发展产生了重要影响。明代万历年间中后期，昆山水磨腔兴起，海盐腔逐渐衰落。2009年，海盐腔被列入第三批浙江省非物质文化遗产名录。

● 海盐腔《游园》剧照

**文化漫谈**

　　一个更大的问题是，如此久远、早成陈迹的古典文艺，为什么仍能感染着、激动着今天和后世呢？即将进入新世纪的人们为什么要一再去回顾和欣赏这些古迹斑斑的印痕呢？解决艺术的永恒性秘密的钥匙究竟在哪里呢？一方面，每个时代都应该有自己时代的新作，诚如车尔尼雪夫斯基所说，尽管是莎士比亚，也不能代替今天的作家；艺术只有这样才能流成变异而多彩的巨川。譬如说，凝冻在上述种种古典作品中的中华民族的审美趣味、艺术风格，为什么仍能与今天人们的感受爱好吻合呢？为什么会使我们有那么多的亲切感呢？是不是积淀在体现在这些作品中的情理结构，与今天中国人的心理结构有相呼应的同构关系和影响？人类的心理结构是否正是一种历史积淀的产物呢？也许正是它蕴藏了艺术作品的永恒性的秘密？也许，应该倒过来，艺术作品的永恒性蕴藏了也提供着人类心理共同结构的秘密？生产创造消费，消费也创造生产。心理结构创造艺术的永恒，永恒的艺术也创造、体现人类流传下来的社会性的共同心理结构。然而，它们既不是永恒不变，也不是倏忽即逝、不可捉摸的，它不会是神秘的集体原型，也不应是"超我"（Super-ego）或"本我"（id）。心理结构是浓缩了的人类历史文明，艺术作品则是打开了的时代魂灵的心理学。而这，也就是所谓"人性"吧？

重复一遍，人性不应是先验主宰的神性，也不能是官能满足的兽性，它是感性中有理性，个体中有社会，知觉情感中有想象和理解，也可以说，它是积淀了理性的感性，积淀了想象、理解的感情和知觉，也就是积淀了内容的形式，它在审美心理上是某种待发现的数学结构方程，它的对象化的成果是本书第一章讲原始艺术时就提到的"有意味的形式"（significant form）。这也就是积淀的自由形式，美的形式。

美作为感性与理性、形式与内容、真与善、合规律性与合目的性的统一（参阅拙作《批判哲学的批判》第十章，人民出版社，1979年），与人性一样，是人类历史的伟大成果，那么尽管如此匆忙的如此粗糙的随笔礼记，历史巡礼，对于领会和把握这个巨大而重要的成果，该不只是一件闲情逸致或毫无意义的事情吧？

俱往矣。然而，美的历程却是指向未来的。

（节选自李泽厚《美的历程·结语》，有删改）

以"古诗词的意境美"为主题，选取一首古诗词，利用书法、绘画、雕塑或音乐等艺术形式来展现一句或整首的意境美，作品名称自拟，具体要求如下。

（1）学生自由分组，5～8人为一组，并填写任务分配表。

（2）各小组在课堂上进行现场作品展示，教师根据评分表评分。

任务分配表

评分表

# 参考文献

[1] 许慎 . 说文解字注 [M]. 段玉裁，注 . 2 版 . 上海：上海古籍出版社，1998.

[2] 孔颖达 . 礼记正义 [M]. 郑玄，注 . 上海：上海古籍出版社，2008.

[3] 程裕祯 . 中国文化要略 [M]. 3 版 . 北京：外语教学与研究出版社，2011.

[4] 龚鹏程 . 中国传统文化十五讲 [M]. 北京：北京大学出版社，2006.

[5] 金元浦 . 中国文化概论：精编本 [M]. 中国人民大学出版社，2014.

[6] 秦其良 . 中国传统文化 [M]. 大连：大连理工大学出版社，2010.

[7] 冯友兰 . 中国哲学简史 [M]. 北京：中华书局，2019.

[8] 茅建民 . 中国饮食文化 [M]. 北京：北京师范大学出版社，2010.

[9] 方晓阳，陈天嘉 . 中国传统科技文化研究 [M]. 北京：科学出版社，2013.

[10] 梁思成 . 中国建筑史 [M]. 北京：生活·读书·新知三联出版社，2011.

[11] 游国恩，王起，萧涤非，等 . 中国文学史 [M]. 2 版 . 北京：人民文学出版社，2002.